FRENCH

Rosi McNab
Dave Carter
David Crossland

Heinemann

Heinemann Educational Publishers,
Halley Court, Jordan Hill, Oxford OX2 8EJ
A division of Reed Educational & Professional Publishing Limited

OXFORD MELBOURNE AUCKLAND
IBADAN JOHANNESBURG
GABORONE PORTSMOUTH NH (USA)
CHICAGO BLANTYRE

First published 1999

02 01 00
10 9 8 7 6 5 4 3 2

A catalogue record is available for this book from the British Library on request

ISBN 0435 38197 0

Produced by Gecko Ltd

Illustrations by Sue Billetop, David Birdsall, Josephine Blake, Chris Brown, Phillip Burrows, Julie Chapman, Jon Davis, Nick Duffy, DTP Gecko, Helen Herbert, Jane Jones, Patricia Moffat, Bill Piggins, Jane Spencer, Stan Stevens, Charles Whelon, Celia Witchard

Cover photograph provided by Tony Stone Worldwide

Printed and bound in Spain by Mateu Cromo

Acknowledgements

The authors would like to thank Jacques Debussy, Elise and Jean-Paul Jolivet, Sam Atkinson, the directors and staff of the Société Ozona, Rouen, Nathalie Barrabé and the pupils of the the Atelier Théâtre, Rouen, for their help in the making of this course.

The author and publishers would like to thank the following for permission to reproduce copyright material: **Amnesty International** p.117 logo; © **Bayard Presse International** 1994 pp.152-3 text extracts and photograph of De Wilde from OKAPI No.532; p.76 shortened article from OKAPI No.532; p.162 shortened article from OKAPI No.533; © **Bayard Presse International** pp120-1 facts about TV channels and audience figures (source CSA) from Phosphore Dec.93; **Office de tourisme de Besançon** p.64 Besançon tourist information, pp.98-99 map of Besançon; **Crédit Commercial, Rouen** p.90 exchange rates table; **Croix-rouge française** p.117 logo; **Editions Gallimard** p.158 poem 'Déjeuner du matin' from *Paroles* by Jacques Prévert); **Gwen Howell Management** p.149 text and photo of Cann sisters; **Médecins sans Frontières** p.117 logo; **Nestlé Rowntree** p.45 translated extracts from Sweet Facts; **This Month in Oxford** p.141 advertisements and detail from map in Oxford; **Office du Tourisme et du Thermalisme d'Yverdon** p.65 poster, p.140 hotel listings and map of Yverdon

Photographs were provided by **Allsport/Vandystadt** p.104 (hang-glider; bungee jumping); **Ardea/Liz Bomford** p.152–3 (wolves); **Campagne Campagne!/Gouilloux** p.63 Grenoble, **Campagne Campagne!/Perrodin** p.136 no.1, **Campagne Campagne!/Le Naviose** p.136 no.2, **Campagne Campagne!/Huguet** p.137 no.4; **Chris Ridgers** p.4 nos 4 & 6, p.10, p.11, p.14, p.16, p.31, p.36, p.39, pp.46–47, p.64, p.74, p.84, pp.98–99, p.114, p.132, p.137 no.3; **Claude Bousquet** p.100 hypermarché; **Corbis** p.66, p.67, p.95, p.144; **Elise Jolivet** p.42, p.44; **Explorer** p.41, p.66 (both), p.111; **Famille Barrabé** p.150; **Jacques Debussy** p.22, p.30, p.59; **Jacqui Matthews/Gwen Howell Management** p.149; **Keith Gibson** p.7, p.38 bottom; **Life File/Mike Evans** p.4 no.2, **Life File/David Thompson** p.12, p.38 top, **Life File/Mark Hibbert** p.34; **Mary Evans Picture Library** p.148, p.149; **Nestlé Rowntree** p.43; **Rex Features** p.126; **Ronald Grant Archive** p.123, p.148; **Small Print/Anna Samuels** p.19 no.3, **Small Print/SJ Laredo** p.19 no.4, p.153, **Small Print/R Laredo** p.63, **Small Print/NA Laredo** p.100, **Small Print/Jon Reed** p.118; SSM p.104 surf (Reichenfeld 1994); **Office du Tourisme et du Thermalisme d'Yverdon-les-Bains** p.65 (Jean-Luc Iseli). Remaining photographs are by Rosi McNab and Heinemann Educational Books.

Tel: 01865 888058 email: info.he@heinemann.co.uk

Table des matières

*(*Letters refer to Areas of Experience)*

1 Choisir sa voie

A Qu'est-ce qu'on peut faire dans la vie?

1a C'est quel métier? Choisis le bon symbole.

cuisinier/ière
fermier/ière
horticulteur/trice
instituteur/trice
maçon
mécanicien(ne)
médecin
photographe
secrétaire
serveur/se
surveillant(e) de baignade
vétérinaire

1b A deux: Faites des recherches. Trouvez cinq autres métiers.

Exemple: *A:* Comment dit-on 'fireman' en français?
B: Je ne sais pas. Il faut le chercher dans le petit dico.

1c Ecoute: Que font-ils dans la vie? Quel est le métier de chaque personne? (1–8)

1d Lis: C'est quel métier? **Exemple:** 1 Il/Elle est fermier/ière.

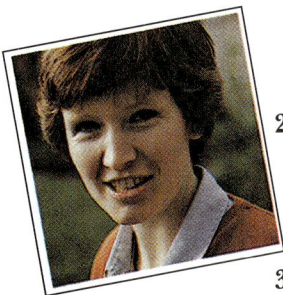

1 Je travaille dans les champs. Je cultive le maïs et j'ai des vaches.

2 Je soigne des malades. Je suis pédiatre, donc je m'occupe surtout des enfants malades.

3 ***Je fais des photos des mariages et pour la presse aussi.***

4 Je fais pousser des légumes, surtout des choux et des carottes.

5 ***Je travaille dans le centre de sports.***

6 Je travaille dans un bureau. Je tape les lettres sur un ordinateur et je réponds au téléphone.

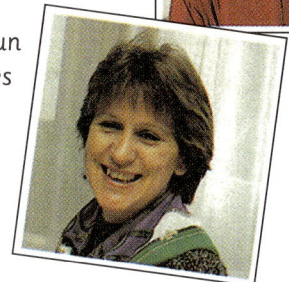

2a A deux: A votre avis, quelles sont les qualités nécessaires pour ces métiers?

Exemple: *A:* Quelles sont les qualités nécessaires pour être instituteur?
B: Pour être instituteur, il faut avoir le sens de l'humour ...

il faut	avoir	la vocation/le sens de l'humour de l'ambition/du courage/de l'énergie/de la force/de l'imagination
	être	adroit(e)/calme/charmant(e)/organisé(e)/patient(e)
	aimer	la mode/la solitude/le travail manuel travailler avec des machines/des ordinateurs/les autres/les personnes âgées voyager

2b Ecris: Fais une liste de dix métiers et trouve deux qualités nécessaires pour chacun.

2c A deux: Choisis deux métiers et prépare trois phrases sur chacun. Ton/Ta partenaire doit deviner le métier. S'il/Si elle devine au bout d'une phrase, il/elle marque trois points; au bout de deux phrases, deux points; et au bout de trois phrases, un point.

Exemple: Il faut avoir la vocation. On travaille dans un cabinet médical. On s'occupe des gens malades.

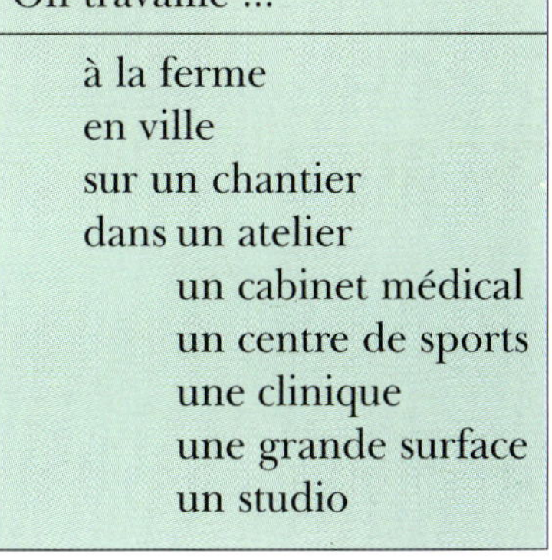

3a Ecoute: Quels sont les avantages et les inconvénients de chaque métier? (1–8)

3b Positif ou négatif? Mets les expressions dans les deux catégories.

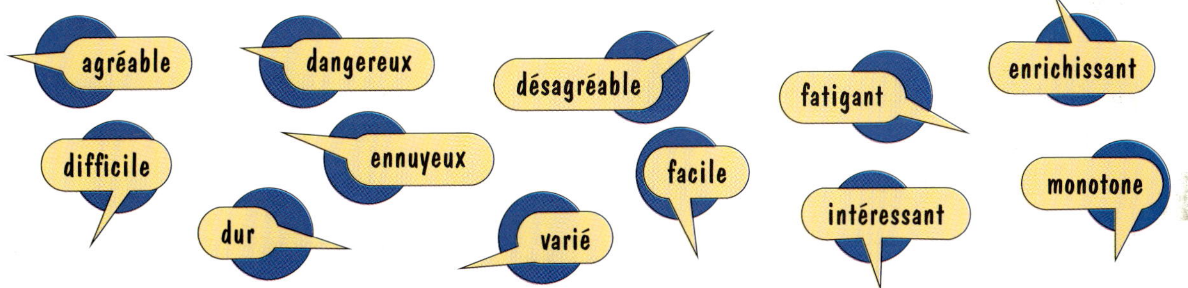

3c Ecris un résumé des avantages et inconvénients des huit métiers.

Exemple: Le travail de fermier est agréable, parce qu'on peut travailler en plein air. Mais il est dur, parce qu'on doit travailler en dehors des heures normales.

Le travail de/d'... est agréable/difficile/dur/...		
... parce	qu'il faut qu'on doit qu'on peut	travailler à l'extérieur/à l'intérieur/en plein air/dans un atelier/... travailler en dehors des heures normales (= *unsocial hours*)/ à mi-temps/quand on veut faire les quarts (= *work shifts*)
	que/qu'	il (n')y a (pas) beaucoup de vacances/de jours de congé c'est/ce n'est pas bien payé les horaires/les études (ne) sont (pas) long(ue)s

4a Dans quel secteur veulent-ils travailler?

A	Agriculture/horticulture	21	K	Hôtellerie/restauration	27
B	Arts et arts appliqués	22	L	Information/communication	27
C	Automobile	22	M	Mécanique	28
D	Bâtiment	23	N	Publicité	28
E	Bureautique-secrétariat	24	O	Santé	29
F	Commerce	24	P	Sciences et techniques	29
G	Cosmétique et esthétique	25	Q	Social	29
H	Droit	25	R	Sports	30
I	Électrotechnique	25	S	Tourisme	30
J	Enseignement	26	T	Transports et logistique	30

① Je voudrais travailler avec les personnes âgées.

② Je suis fort en informatique et je veux travailler avec des ordinateurs.

③ Je veux travailler dans un bureau.

④ Je m'intéresse à la beauté et au maquillage.

⑤ Je ne sais pas, mais je veux travailler manuellement avec des machines.

⑥ Je voudrais travailler dans une entreprise de travaux publics.

⑦ Je veux être vendeuse dans une grande surface.

⑧ Je veux travailler dans le théâtre.

⑨ J'aime les enfants. Je voudrais

⑩ J'aime beaucoup cuisiner.

⑪ Je veux être plombier.

⑫ J'aime bricoler les voitures.

4b Ecoute: Dans quel(s) secteur(s) devraient-ils travailler? (1–6) Donne des conseils!

Exemple: Marc/Jeanne devrait travailler dans le secteur... parce qu'il/elle...

Flash info

Verbe: vouloir

présent:	je veux	*imparfait:*	je voulais
	tu veux	*passé composé:*	j'ai voulu
	il/elle veut	*futur:*	je voudrai
	nous voulons	*conditionnel:*	je voudrais
	vous voulez		
	ils/elles veulent		

4c A deux: Que fait ton père/ta mère/ton frère/ta soeur etc. dans la vie?

Exemple: Ma mère travaille dans le commerce. Elle est épicière. Mon père travaille dans le secteur mécanique. Il est garagiste.

boucher
boulangère
dactylo
facteur
garçon de café
hôtesse de l'air
informaticien
ouvrier
chômeur/au chômage
profession
serveur

5a Une interview: Trouve la bonne réponse à chaque question.

1 Quel métier avez-vous choisi?
2 Vous travaillez où?
3 Quelles qualités sont nécessaires pour ce métier?
4 Quelles sont vos horaires de travail?
5 Quels sont les avantages et les inconvénients de ce métier?
6 Vous aimez votre métier?
7 Combien de temps faut-il pour apprendre ce métier?

A *Ma journée commence à huit heures du matin et je finis à dix-huit heures. Je fais 39 heures par semaine, comme un ouvrier normal.*
B *Il faut être adroit. C'est un travail manuel. Il faut comprendre comment marche un moteur.*
C *Je travaille dans un atelier.*
D *Je suis apprenti mécanicien.*
E *Les études ne sont pas longues. Il faut avoir un CAP de mécanique. On le prépare en deux ans après le collège comme apprenti chez un employeur.*
F *Oui, j'aime bricoler sur les voitures, mais les horaires sont pénibles, et nous avons beaucoup moins de vacances qu'au collège.*
G *Le travail est dur, et on a toujours les mains sales. Même quand on les a lavées, elles sont toujours noires. Mais le travail est intéressant et varié.*

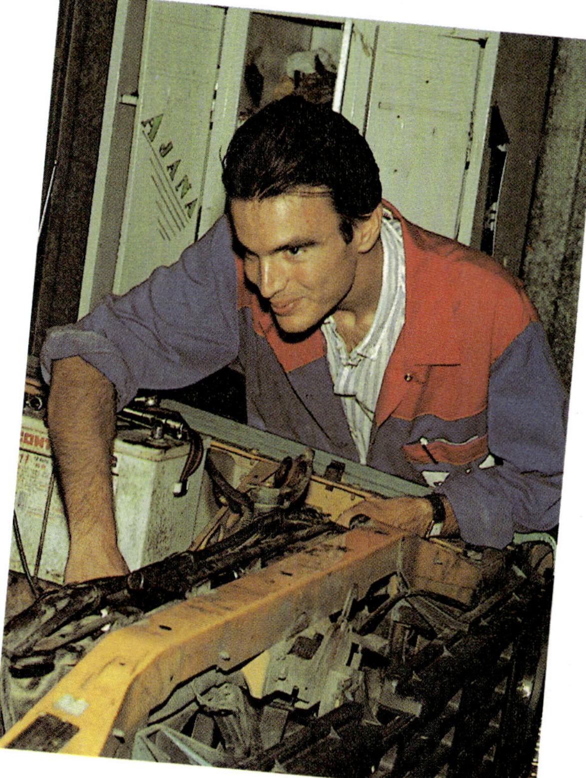

5b Choisis un métier. Ecris un paragraphe sur ce métier et prépare un petit discours:

- Dans quel secteur veux-tu travailler? Pourquoi?
- Quelles qualités faut-il avoir?
- Quels sont les avantages et les inconvénients de ce métier?

Exemple: Je veux travailler dans le secteur information, parce que je voudrais travailler avec des ordinateurs. Pour faire ce métier, il faut être intelligent ...

5c Ecoute: Quand j'étais petit(e) ... Qu'est-ce qu'ils voulaient faire? (1–6)

5d Est-ce que tu voulais faire un métier particulier quand tu étais petit(e)?

Exemple: Quand j'étais petit(e), je voulais toujours être pilote.

6a Combien de ces pays sont en Europe? Lesquels?

1 l'Afghanistan *(m)*
2 l'Algérie *(f)*
3 l'Allemagne *(f)*
4 l'Andorre *(f)*
5 l'Argentine *(f)*
6 l'Autriche *(f)*
7 la Belgique
8 la Bolivie
9 le Burkina Faso
10 le Cameroun
11 le Canada
12 la Colombie
13 le Danemark
14 l'Espagne *(f)*
15 les Etats-Unis
16 la Finlande
17 la France
18 la Grèce
19 la Guadeloupe
20 le Guatemala
21 la Hongrie
22 l'Irlande (du Nord)*(f)*
23 l'Italie *(f)*
24 la Jamaïque
25 le Japon
26 le Luxembourg
27 le Malawi
28 la Martinique
29 le Mexique
30 la Norvège
31 le Pakistan
32 les Pays-Bas
33 la Pologne
34 le Portugal
35 la Russie
36 le Royaume-Uni
37 la Suède
38 la Suisse
39 la Tunisie
40 la Turquie

6b Peux tu identifier sur la carte … ?

Boulogne	Dieppe
Calais	Douvres
Cherbourg	Le Havre
le Rhône	la Garonne
le Massif Central	le Midi
la Méditerranée	la Manche
la Mer du Nord	

6c C'est quelle langue?

l'allemand	le français	l'irlandais
l'anglais	le gallois	l'italien
le danois	le grec	le portugais
l'espagnol	le hollandais	

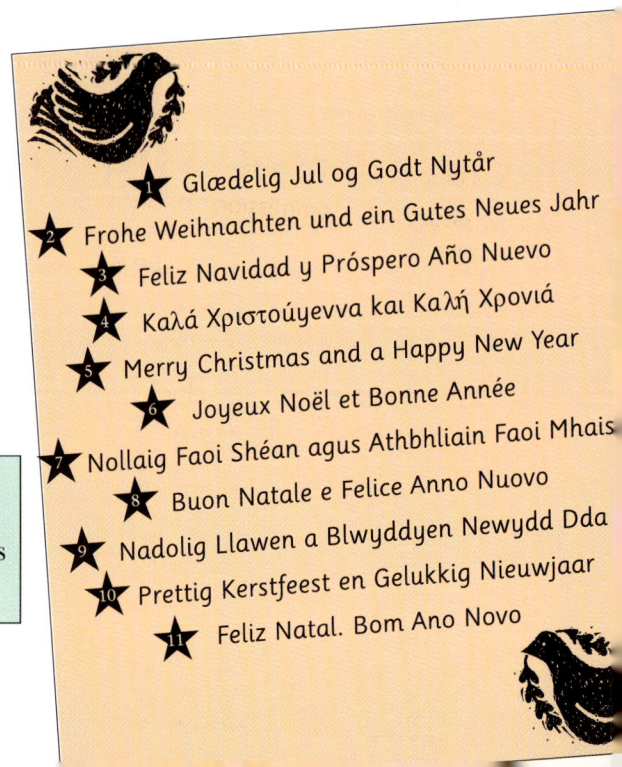

1. Glædelig Jul og Godt Nytår
2. Frohe Weihnachten und ein Gutes Neues Jahr
3. Feliz Navidad y Próspero Año Nuevo
4. Καλά Χριστούγεννα και Καλή Χρονιά
5. Merry Christmas and a Happy New Year
6. Joyeux Noël et Bonne Année
7. Nollaig Faoi Shéan agus Athbhliain Faoi Mhais
8. Buon Natale e Felice Anno Nuovo
9. Nadolig Llawen a Blwyddyen Newydd Dda
10. Prettig Kerstfeest en Gelukkig Nieuwjaar
11. Feliz Natal. Bom Ano Novo

6d L'Europe la nuit: Peux-tu trouver ces grandes villes sur la carte? Dans quels pays sont-elles?

Exemple: Berlin est en Allemagne.

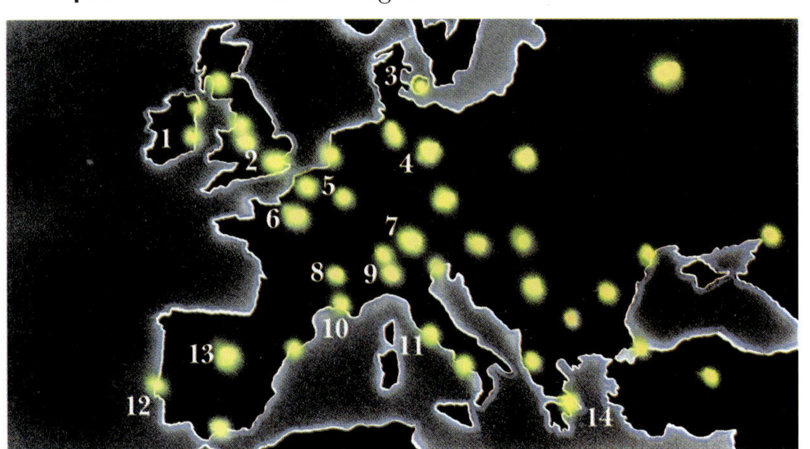

Athènes
Berlin
Bruxelles
Copenhague
Dublin
Lisbonne
Londres
Lyon
Madrid
Marseille
Milan
Munich
Paris
Rome

Flash info

Avec un nom de pays féminin on utilise **en:** en France, en Ecosse, en Afrique, en Hollande
masculin **au:** au Luxembourg, au Pays de Galles
pluriel **aux:** aux Antilles, aux Pays-Bas
et devant un nom masculin qui commence par une voyelle
on utilise **en:** en Afghanistan

6e Le savez-vous?

Quelle est la bonne réponse?

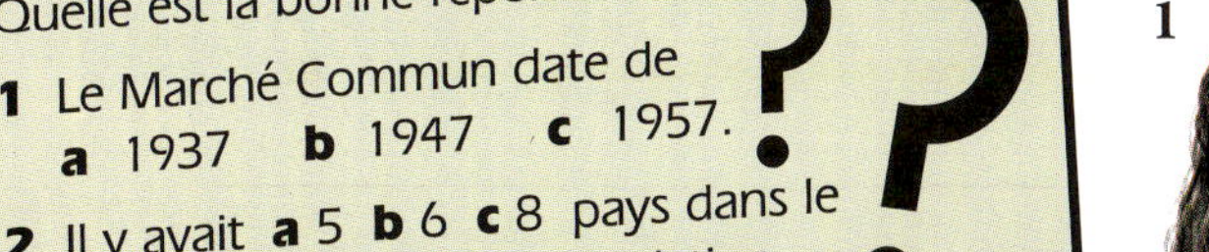

1 Le Marché Commun date de
a 1937 **b** 1947 **c** 1957.

2 Il y avait **a** 5 **b** 6 **c** 8 pays dans le Marché Commun à sa fondation.

3 La fondation du Marché Commun a été signée à
a Paris **b** Bruxelles **c** Rome.

4 Le siège de la Commission de l'UE se trouve à
a Paris **b** Strasbourg **c** Bruxelles.

5 Le Royaume-Uni est membre de l'UE depuis
a 1973 **b** 1983 **c** 1993.

6 Le pays le plus grand de l'UE est
a l'Espagne **b** la France
c l'Allemagne.

7 Le pays qui a le plus grand nombre d'habitants est
a l'Italie **b** le Royaume-Uni
c l'Allemagne

8 Le pays le plus petit est
a les Pays-Bas **b** le Luxembourg
c le Danemark.

6f Ecoute: Qu'est-ce qu'ils/elles disent? (1–6)

Exemple: 1 Je suis anglaise.

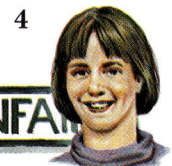

B Quelle sorte de personne es-tu?

1a L'emploi du temps:
Fais une liste des matières.

1b Ecoute: Quelles matières a Mélisse? Rédige son emploi du temps.

1c Quelles matières as-tu? Rédige ton emploi du temps.

2a Ecoute: Quelles sont les matières qu'ils aiment et celles qu'ils n'aiment pas? (1–6)

2b A deux: Quelles sont les matières que vous aimez et que vous n'aimez pas?

J'aime ...	parce que	c'est intéressant/utile/facile ... le/la prof est marrant(e)/sympa/ ...
Je n'aime pas ...		c'est peu intéressant/ennuyeux/difficile ... le/la prof est sévère/nul(le)/ ...
Je suis fort(e) en ...		

2c Classe les matières que tu fais par ordre d'importance. Commente ta liste avec un(e) partenaire. D'accord ou pas?

Je trouve que	la matière la plus/moins importante est ...
	l'histoire/... est plus/moins important(e) que ...
	les maths/... sont plus/moins important(e)s que ...

2d Choisis une question et fais un sondage dans la classe.

Comment trouves-tu ...?

Quelle est la matière la plus difficile?

Quelle est la matière que tu n'aimes pas?

Quelle est ta matière préférée?

Selon toi, quelles sont les deux matières les plus importantes?

Rédige le rapport de tes résultats.

J'ai trouvé que/qu'	la plupart des élèves 50% des élèves il y a 5 élèves qui	aiment/n'aiment pas ... trouvent que ... préfèrent ...
	personne	n'aime/ne trouve que ...

3a Quelle sorte de personne est Christophe?

Exemple: Il aime … . Il n'aime pas …
Il préfère … . Il est fort en …
Il voudrait …

Nom: Christophe Barrant

Vous préférez travailler … ?

à l'extérieur — à l'intérieur:
usine ; bureau ; atelier ; cuisine ; hôtel ; autre ....

seul(e) — avec les autres

avec des machines ; des ordinateurs ; autre ....

avec les enfants de bas âge ; les jeunes ; les personnes âgées ; le public ;

les malades ; les animaux ; autre ....

Cochez la bonne case.

Vous avez beaucoup de/d':				Vous avez peu de/d':
imagination	✓			imagination
confiance			✓	confiance
initiative		✓		initiative
sens pratique			✓	sens pratique
sens artistique	✓			sens artistique

Vous êtes:				
bavard(e)			✓	plutôt silencieux/se
ouvert(e)		✓		timide
adroit(e)	✓			maladroit(e)
créatif/ve	✓			peu créatif/ve
sportif/ve			✓	sportif/ve

Je suis fort(e) en dessin

Je n'aime pas français et musique

3b Ecoute: Remplis la fiche pour Corinne.
Quelle sorte de personne est-elle?

Exemple: Elle aime ... . Elle n'aime pas ...
Elle préfère ... . Elle est forte en ...
Elle voudrait ...

3c Quelle sorte d'emploi est-ce que tu conseillerais à Christophe et à Corinne?

Christophe/Corinne devrait être .../travailler dans le secteur ...	
parce qu'il/elle	est bavard(e)/fort(e) en .../... a le sens de l'humour/beaucoup d'imagination/... préfère travailler dans/avec .../...

3d Remplis la fiche pour toi-même.
Echange ta fiche avec un(e) partenaire.
Quel métier est-ce que tu lui conseillerais?

4 Trouve un emploi pour Philippe.

CURRICULUM VITAE

Nom: Guignard
Prénom: Philippe
Nationalité: Français
Age: 18 ans
Adresse: 20, rue Marie Curie, 63500 Nevers
Situation de famille: célibataire

Etudes: Collège Verlaine, Nevers

Qualifications: BEP hôtellerie

Expérience professionnelle: Stage de standardiste/réceptionniste dans un hôtel

Langue(s) étrangère(s): anglais

Loisirs: tennis; cyclisme; lecture; cinéma

BEP = Brevet d'études professionnelles

Dans le cadre de son développement
SOCIETE HOTELIERE
région de Besançon recherche
2 APPRENTIS CUISINIERS
1 EMPLOYE(E) DE BUREAU
Connaissance de l'anglais appréciée
Formation BEP exigée
Envoyer lettre, CV, photo

sys-chaud
Société spécialisée dans la GESTION D'ÉNERGIE
recherche
TECHNICIEN(NE) CHAUFFAGISTE
Expérience souhaitée
Niveau BEP, BAC ou tout autre formation similaire
Envoyer C.V. à sys-chaud

SOCIETE IMPORTANTE REGIONALE
recherche
SECRETAIRE COMMERCIALE
Ayant :
— connaissances informatique
— le sens de l'organisation
— une grande adaptabilité
Envoyer C.V. manuscrit + photo

Famille française cherche **JEUNE FILLE OU GARÇON AU PAIR** pour parler anglais à enfant de six ans. Nanterre (Paris, banlieue). Petits travaux ménagers demandés. Envoyer CV à Mme Broumont, 6 av des Cerisiers, Nanterre 92400.

Société de travail temporaire pour région Franche-Comté, Alsace, Jura recherche
OUVRIERS AGRICOLES
basés dans le Doubs
Références exigées. Téléphoner au 81.92.03.00

SOCIÉTÉ DE MEUBLES
recherche
ARTISTE GRAPHIQUE CREATIF/VE
Formation arts appliqués
Doué/e d'un bon sens artistique
Ecrire à BP 192
Montbéliard, no. 2293.06

5 Prépare et enregistre une présentation de toi-même: ton nom, ton âge, ton adresse, tes qualités, le genre de travail que tu voudrais faire, et pourquoi.

Exemple: Je m'appelle …
Je suis né(e) le …
J'habite (numéro) (Fountain Street) …
Ça s'écrit F-O-U-N-T-A-I-N.
Je suis … (qualités).
Je suis fort(e) en …
Je voudrais …, parce que …

Flash info

Verbe: être

présent:		*imparfait:*	j'étais
	je suis	*passé composé:*	j'ai été
	tu es	*futur:*	je serai
	il/elle est	*conditionnel:*	je serais
	nous sommes		
	vous êtes		
	ils/elles sont		

C Tel père, tel fils (Telle mère, telle fille)

1a Ecoute: Trouve les dessins qui correspondent.

A B C D E F

1b A deux: Vous étiez comment quand vous étiez petit(e)s?

Flash info

présent:		*imparfait:*	
Maintenant ...	j'ai	Quand j'étais petit(e) ...	j'avais
	je suis		j'étais
	je fais		je faisais
	je porte		je portais
	je peux		je pouvais

2a Ecoute: Qui parle?

Jacky
Marielle
Didier
Anne
Sandra
Marc

2b Ecoute une deuxième fois: Les six jeunes, à qui ressemblent-ils?

Exemple: Didier ressemble à son/sa ...

beau-père belle-mère
beau-frère belle-soeur
demi-frère demi-soeur

Note: belle-mère *can mean 'step-mother' and 'mother-in-law'.*

(Physiquement,)	je il elle	ressemble (un peu) à ... ne ressemble pas à ... ne ressemble à personne de ma/sa famille

3a Regarde les photos des familles. Est-ce que tu trouves des ressemblances?

Exemple: Dans la première photo, le fils ressemble à sa mère: ils ont tous les deux les cheveux roux et les yeux bleus.

3b Et toi? Ressembles-tu physiquement à quelqu'un de ta famille? A qui?

4a Lis la lettre et fais un résumé en anglais.

Tu me demandes à qui je ressemble. Eh bien, physiquement, à mon avis, je ne ressemble à personne de ma famille. Pourtant, maman dit que je lui ressemble un peu. Je ne suis pas d'accord! Mais quand j'étais beaucoup plus jeune, j'avais les cheveux blonds et bouclés comme elle. En ce qui concerne mon caractère, je suis un peu comme maman et un peu comme mon père. Comme maman, je suis très calme, plus ou moins patiente et je ne me fâche jamais. Même avec mon petit frère! Mon père est très drôle, il a le sens de l'humour. Moi, j'aime bien rire aussi, donc je suis comme lui. Il est très sportif, moi aussi. Je sais que je ne ressemble pas du tout à mon petit frère, qui s'énerve vite et qui n'a pas de patience. Et toi, ressembles-tu à quelqu'un de ta famille?

4b Et ton caractère? Es-tu comme quelqu'un de ta famille? Ecris une réponse à la lettre.

2 Au collège

A Un portrait du collège

1a Un portrait du collège: Thomas répond aux questions.
Ecoute et note les réponses.

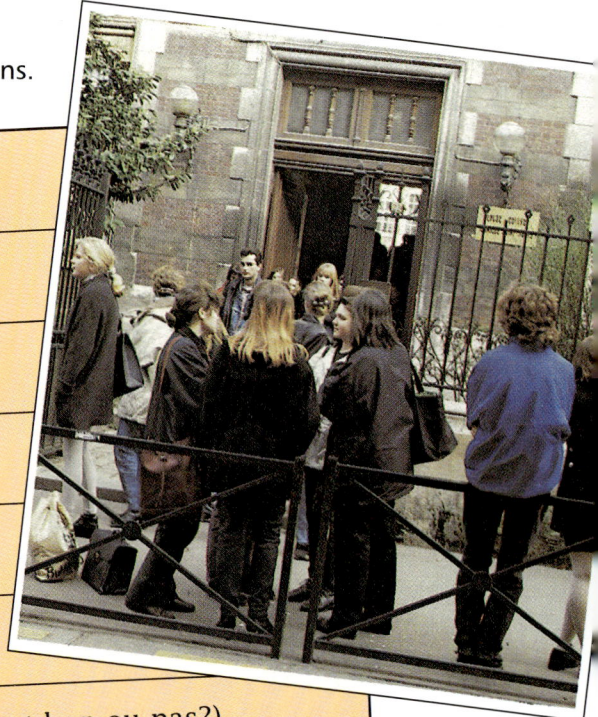

1 Comment s'appelle ton collège?

2 Il y a combien d'élèves?

3 Tu es en quelle classe?
En troisième

4 Le collège commence à quelle heure?

5 Et finit à quelle heure?

6 Tu as combien de cours par jour?

7 Est-ce que tu manges au collège? (C'est bon ou pas?)

8 Les récrés durent combien de temps?

9 Combien d'heures de devoirs dois-tu faire par jour?

10 Quelles matières as-tu?

11 Quelles autres matières est-ce qu'on peut étudier?

12 Quels examens peut-on passer?

13 Qu'est-ce que tu vas faire après le collège?

14 Qu'est-ce que tu aimes et n'aimes pas au collège?

1b Prépare et enregistre tes réponses aux mêmes questions.

Exemple: Mon collège s'appelle ...

1c C'est où, en France ou chez toi? Ecris deux listes.

Exemple: En France ... Chez nous ...

Les cours sont plus longs.

On commence plus tard.

On fait plus de sport.

On a plus de matières à partir de la quatrième.

On va au collège le samedi matin.

On a plus de cours d'informatique.

On a moins de devoirs.

On a plus de choix.

On finit plus tard.

On ne va pas au collège le mercredi.

On passe plus de temps au collège.

Il faut rester au collège toute la journée, même quand on n'a pas cours.

On a beaucoup de contrôles.

Les récrés sont plus longues.

Les grandes vacances sont plus longues.

Les cars de ramassage passent à quatre heures et à cinq heures de l'après-midi.

1d Fais une comparaison entre le collège en France et chez toi. Lequel préfères-tu? Pourquoi?

Exemple: En France, on commence normalement à huit heures; chez nous, ...
Je préfère le système français, parce que j'aime commencer tôt.

1e Fais une description de ton collège pour Thomas. Tape-la à l'ordinateur. Echange des informations avec un collège en France.

Flash info

Verbe: faire *(to do, make)*

présent:	je fais	*imparfait:*	je faisais
	tu fais	*passé composé:*	j'ai fait
	il/elle/on fait	*futur:*	je ferai
	nous faisons	*conditionnel:*	je ferais
	vous faites		
	ils/elles font		

2a Le système scolaire en France

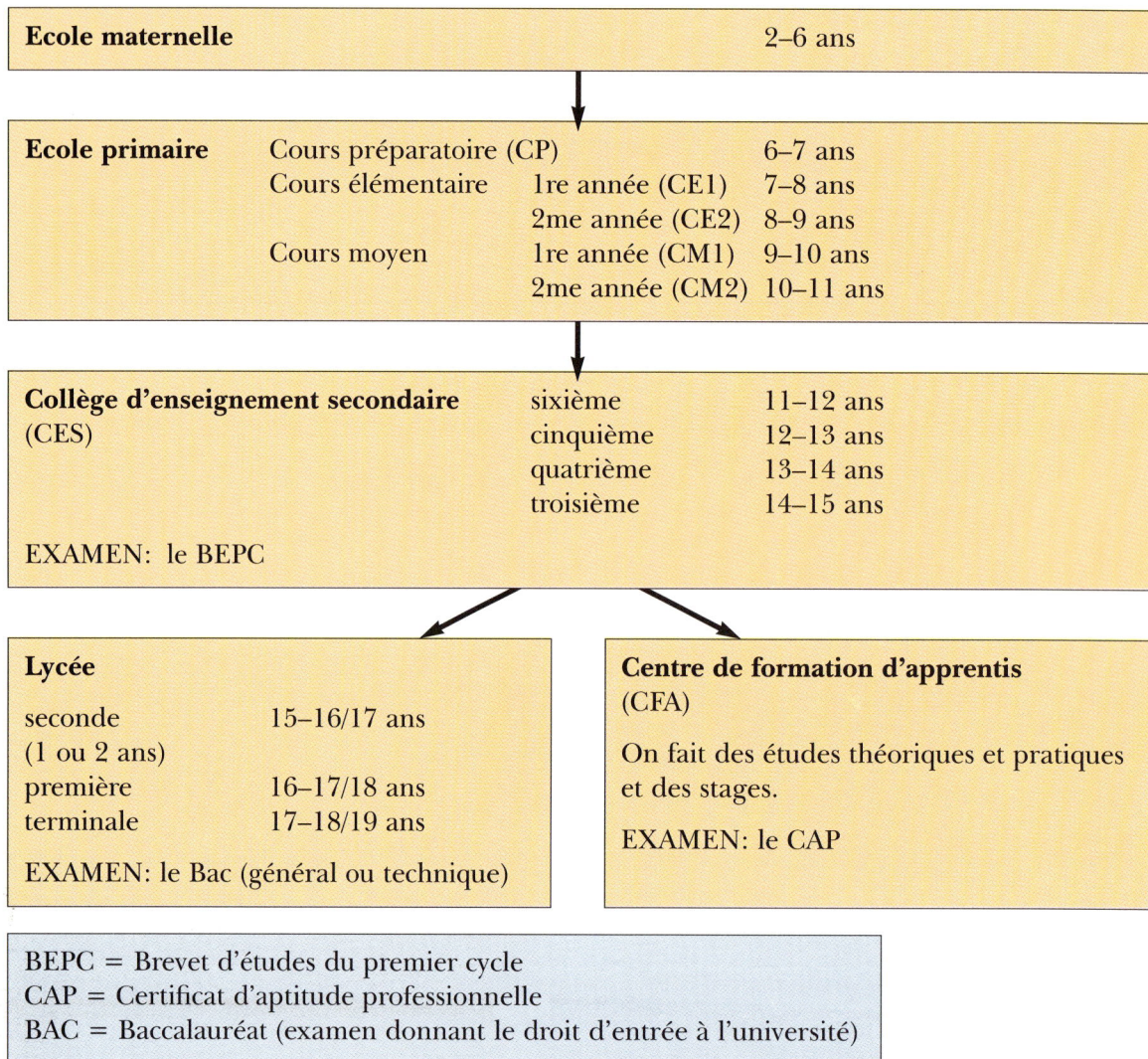

Ecole maternelle			2–6 ans

↓

Ecole primaire	Cours préparatoire (CP)		6–7 ans
	Cours élémentaire	1re année (CE1)	7–8 ans
		2me année (CE2)	8–9 ans
	Cours moyen	1re année (CM1)	9–10 ans
		2me année (CM2)	10–11 ans

↓

Collège d'enseignement secondaire (CES)	sixième	11–12 ans
	cinquième	12–13 ans
	quatrième	13–14 ans
	troisième	14–15 ans
EXAMEN: le BEPC		

Lycée

seconde (1 ou 2 ans)	15–16/17 ans
première	16–17/18 ans
terminale	17–18/19 ans

EXAMEN: le Bac (général ou technique)

Centre de formation d'apprentis (CFA)

On fait des études théoriques et pratiques et des stages.

EXAMEN: le CAP

BEPC = Brevet d'études du premier cycle
CAP = Certificat d'aptitude professionnelle
BAC = Baccalauréat (examen donnant le droit d'entrée à l'université)

2b Copie et remplis le texte.

En France les enfants vont à ____________________ dès l'âge de ______ ans.

A l'âge de ______ ans, ils vont à ____________________ . Ils sont alors en ______________ .

A l'âge de ______ ans, ils vont au _____________ et ils sont en _____________.

A l'âge de _______ou ______ ans, ils passent le ________ et ils choisissent leur orientation.

On peut continuer ses études dans un lycée et passer le ________, l'examen qui permet l'entrée à ___________________ , ou on peut choisir de suivre un apprentissage, c'est-à-dire de travailler à mi-temps et de continuer ses études en même temps dans un _______________________ , où les études sont moitié théoriques, moitié ________________ .

2c Explique comment est le système chez toi.

Exemple: Chez nous, on va à l'école maternelle ou 'play school' dès l'âge de ... ans.

3 Le collège dans le monde. Devine: C'est dans quel pays?

1

2

3

4

Je crois que c'est en/au/aux ...	parce que/qu'	les enfants portent un uniforme il fait chaud/froid on voit des palmiers/... il y a ... c'est dans un pays où ...

4 Qui dit ça? C'est le prof, ou c'est un élève? Fais une liste en deux colonnes.

Assieds-toi!
Asseyez-vous!
Oui, c'est exact.
Viens ici!
Voulez-vous répéter, s'il vous plaît?
On peut regarder la télé?
Bravo!
Je m'excuse, madame.
Ça s'écrit comment?
Je ne comprends pas ce mot.
Qu'est-ce que c'est en français?
C'est correct?
Arrêtez de faire ce bruit!
Que veut dire ... en anglais?
Ce n'est pas bien précis.
Venez ici!
Pouvez-vous l'expliquer?
Je ne sais pas prononcer ce mot.
Ça se dit comment?

Flash info

L' impératif

Pour donner des ordres:

A *à une adulte, à plusieurs personnes, à qui on dit 'vous':*

Choisissez une carte!	*Choose a card!*
Attendez un instant!	*Wait a moment!*
Regardez le film!	*Watch the film!*

Pour les verbes réfléchis:

Levez-vous	*Stand up!*
Taisez-vous	*Be quiet!*

B *à un copain, à un parent, à un animal, à quelqu'un à qui on dit 'tu':*

Choisis une carte!	*Choose a card!*
Attends un instant!	*Wait a moment!*

* *Pour un verbe en – er, il faut supprimer le 's' final:*

(Tu regardes le film.	*You are watching the film.*)
Regarde le film!	*Watch the film!*

Pour les verbes réfléchis:

Lève-toi	*Stand up!*
Tais-toi!	*Be quiet!*

5 A deux: Parlez d'une journée typique au collège. Parlez de:

- comment vous allez au collège
- vos cours
- ce que vous faites pendant la récré
- et pendant la pause déjeuner
- ce que vous pensez des profs
- et du collège.

N'oubliez pas de poser des questions à votre partenaire.

6 Ecoute cette conversation, puis pour chaque phrase, écris V (vrai), F (faux) ou ? (on ne sait pas) et pourquoi.

	V/F/?	Raison
Exemple: Elodie préfère le lundi.	F	se lève/commence tôt
1 Le lundi, elle est fatiguée.		
2 Elle est douée en anglais.		
3 Elle apprend l'anglais depuis 3 ans.		
4 Elle n'aime pas son prof d'anglais.		
5 Elle déteste la prof de biologie.		

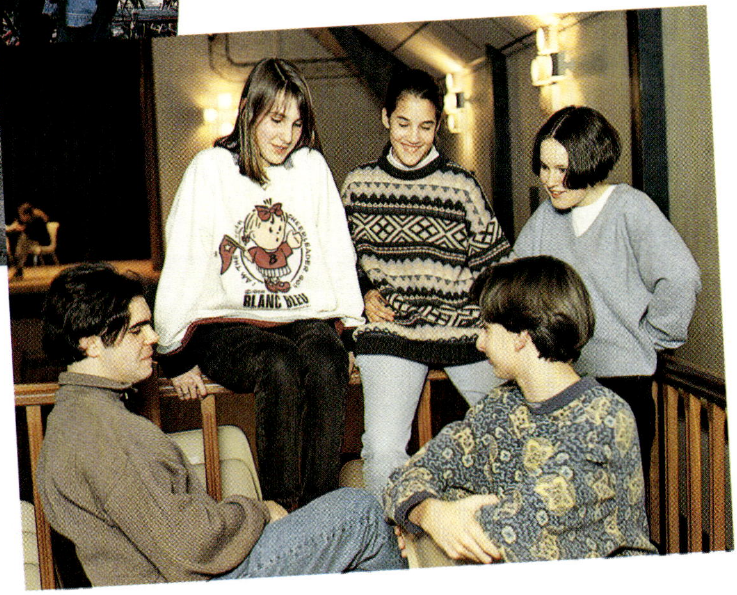

7 Ecris quelques phrases pour donner tes opinions sur le collège.

Parle:
- de ce que tu aimes et ce que tu n'aimes pas
- des professeurs
- du côté social du collège

N'oublie pas de donner tes raisons.

B L'emploi du temps

1a C'est quelle matière?

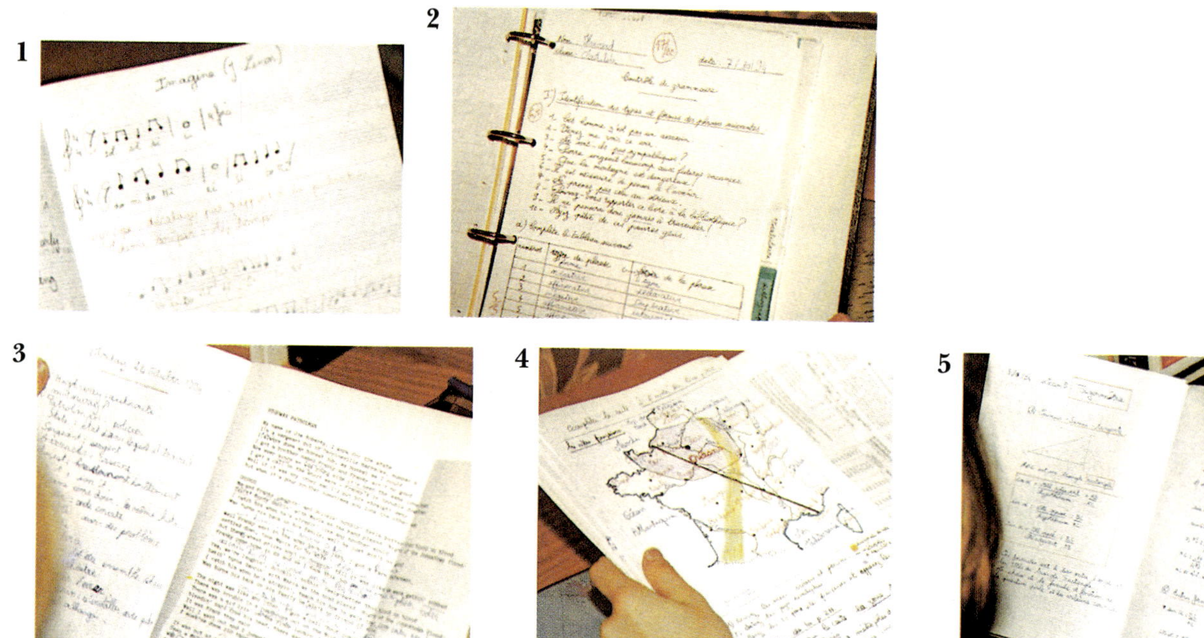

1b Ecoute: Qu'est-ce qu'on fait? C'est quelle matière? (1–8)

1c A deux: Comment trouvez-vous vos matières? Pourquoi?

Exemple:
Je trouve le français difficile/facile parce que ...
Ma matière préférée, c'est ...

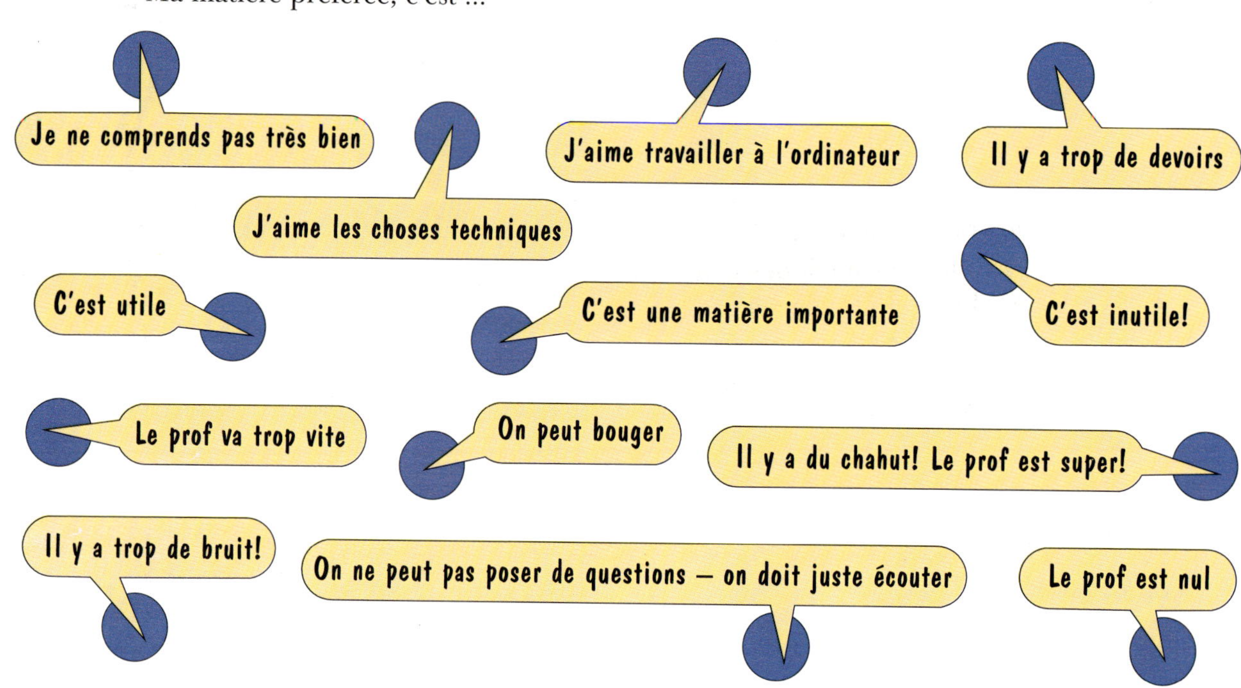

Je ne comprends pas très bien
J'aime travailler à l'ordinateur
Il y a trop de devoirs
J'aime les choses techniques
C'est utile
C'est une matière importante
C'est inutile!
Le prof va trop vite
On peut bouger
Il y a du chahut! Le prof est super!
Il y a trop de bruit!
On ne peut pas poser de questions – on doit juste écouter
Le prof est nul

2 Une leçon de grammaire

Pronoms personnels

Les *pronoms personnels* remplacent des noms ou des groupes nominaux :

Jean → ils	Jean et Marie → ils
Marie → elle	Marie et Simone → elles
	Marie et moi → nous

1. – Remplace les mots soulignés par des pronoms personnels :

a) Jean est parti.
b) Jean et Marie sont arrivés.
c) Marie est allée en ville.
d) Jean-Paul et Patrice sont allés à la piscine.
e) Marie et Simone sont entrées dans le café.

2. – Complète les phrases en remplaçant les mots soulignés par des pronoms personnels :

le pull-over → le la robe → la les fleurs → les

a) Paul a perdu son pull-over.	*Il l'a perdu.*
b) Martine a acheté les glaces.	*Elle ___ a achetées.*
c) J'ai vu le film deux fois.	*Je ___ ai vu deux fois.*
d) Martin a rencontré Simone en ville.	*Il ___ a rencontrée en ville.*

3. – Remplace les mots soulignés par des pronoms personnels :

Jean a donné un cadeau à Marie/à Marie et Corinne.
Jean lui/leur a donné un cadeau.

a) Paul a passé le livre à Delphine.
b) Barbara a acheté des gants pour sa soeur.
c) Stéphane a fait des sandwichs pour ses copains.
d) Eric a prêté son vélo à Simone.
e) Olivier a promis un jeu vidéo à son copain.
f) Mon ami Paul a acheté des chocolats pour ses grands-parents.
g) J'ai dit merci à Paul.

3a Le bulletin trimestriel
Fais une comparaison.
Qui est le/la meilleur(e) élève?

Mickael/Céline est	fort(e)/faible			en ...
	le/la	plus moins	fort(e)/faible	

COLLEGE JEAN JACQUES ROUSSEAU, 2 Rue de la Table de Pierre, 76160 DARNETAL
Tél. : 35 08 56 56

RELEVE
2° TRIM 1° PERIODE

Nom : CRESPIN Céline
Non redoublant

TROISIEME 1
Effectif : 30

Disciplines	Notes								Appréciations des professeurs
FRANCAIS EXPRESSION ECRITE	12,00	12,00	14,00	8,00	11,00	11,00			Ce peut être très bien mais résultats irréguliers. Participer à l'oral !
GRAMMAIRE	12,50	18,00	16,00	11,00	18,00	9,00	14,50	12,50	
MATHEMATIQUE	15,00	19,00	9,00	9,50					Résultats irréguliers - j'attends mieux !
ALLEMAND 1° LANGUE	Abs.	15,00	16,00	15,00	13,00	15,00			Très bon travail - Oral productif et raffiné.
ANGLAIS 2° LANGUE	13,00	10,00	12,00	15,00					Ensemble passable.
HISTOIRE GEOGRAPHIE	12,75	12,00	13,00	19,00	16,00				Très bons résultats écrits mais oral trop faible. J'attends plus de motivation
EDUCATION CIVIQUE TP									
PHYSIQUE	15/30		14	test de rapidité 5e 13					
BIOLOGIE	18,50	10,50	9,50						Ensemble irrégulier - Céline doit prendre confiance dans ses possibilités.
TECHNOLOGIE	15,00	14,00	15,00	11,00					

COLLEGE JEAN JACQUES ROUSSEAU, 2 Rue de la Table de Pierre, 76160 DARNETAL
Tél. : 35 08 56 56

RELEVE
2° TRIM 1° PERIODE

Nom : LECOURT Mickael
Non redoublant

TROISIEME 2
Effectif : 29

Disciplines	Notes								Appréciations des professeurs
FRANCAIS EXPRESSION ECRITE	12,00	12,00	13	11		13,50			Bon ensemble
GRAMMAIRE	13,50	14,50	10,50	13,00					
MATHEMATIQUE	16,50	16,00	18,00	11,00	13,00				bons résultats; un peu moins de bavardages !
ALLEMAND 1° LANGUE	17,00	13,00	13,50	13,00	14,00				Très bien à l'écrit et à l'oral.
ANGLAIS 2° LANGUE	8,50	9,00	12,00	14,00					Toujours prêt au travail oral. Convenable.
HISTOIRE GEOGRAPHIE	9,00	12,50	15,00						Parfois irrégulier, souvent bavard
EDUCATION CIVIQUE TP	14,00								
PHYSIQUE	13,00	10,50	10,00						Assez bon travail – Il faut poursuivre ses efforts
BIOLOGIE	11,50			10,50					Les résultats sont corrects, il est vrai, mais sans plus... Beaucoup de bavardages.
TECHNOLOGIE	10,00	18,50							

3b Le BEPC

Pour obtenir le Brevet, un élève de troisième passe un examen écrit qui comporte trois épreuves: français, maths et histoire-géographie. Pour être reçu, l'élève doit avoir une moyenne de 10/20 au moins à cet examen. Le calcul de la moyenne est donné par la formule:

$$\frac{(\text{maths} \times 4) + (\text{français} \times 4) + (\text{histoire-géo} \times 2)}{10}$$

1 Catherine a eu 12 en maths, 9 en français et 8,5 en histoire-géo. Peut-elle obtenir le Brevet?

2 Thomas a eu 11 en maths, 8 en français et 11 en histoire-géo. Peut-il obtenir le Brevet?

3c Ecoute, copie et remplis le bulletin pour Guillaume.

 **4a** A deux: Quels vêtements portez-vous au collège? Faites une liste de vêtements.

Flash info

Attention à l'orthographe!

Je porte ...

m sing	*f sing*	*m pl*	*f pl*
un pantalon gris	une veste bleue	des gants blancs	des baskets blanches

4b Porter un uniforme: Qu'en pensent-ils? Qui est pour et qui est contre?

Je trouve ça bien parce que, le matin, on sait toujours quoi mettre. On ne fouille pas dans l'armoire en se disant: Qu'est-ce que je vais mettre?
Lydie

Il faut avoir des vêtements pour le collège et d'autres pour les sorties, et pour moi, ça coûte trop cher.
Vincent

C'est bien, parce qu'on ne voit pas les différents niveaux sociaux.
Etienne

Je trouve ça bien pour les jeunes, mais pas après quatorze ans. Il y a deux ans, on essayait de porter les mêmes fringues que ses copains. Si on allait à une boum, on se téléphonait toujours pour demander: Qu'est-ce que tu vas porter? parce qu'on ne voulait pas se faire remarquer. Maintenant, au contraire, on cherche à porter des choses différentes, un peu bizarres, pour se faire remarquer.
Annabelle

Ici, on porte ce qu'on veut et on fait ce qu'on veut, et il y a ceux qui font des bêtises en classe et empêchent les autres d'apprendre. Je veux être architecte, et je dois passer des examens et avoir de bonnes notes. Je crois qu'un uniforme est bien pour la discipline.
Véronique

4c Ecoute: Qui est pour et qui est contre? (1–8)

4d Et toi? Es-tu pour ou contre? Pourquoi?

Flash info

Verbe: avoir

présent:			
j'ai		*imparfait:*	j'avais
tu as		*passé composé:*	j'ai eu
il/elle a		*futur:*	j'aurai
nous avons		*conditionnel:*	j'aurais
vous avez			
ils/elles ont			

5a Regarde les affiches, et écoute les élèves. Quel jour font-ils leur passe-temps? (1–4)

CLUBS ET ACTIVITÉS

Section anglaise
Match de cricket
Tous les jeudis au terrain de sports.
Rendez-vous 17h00 précises.

Ecole de l'eau
Le mercredi après-midi, sur le lac.
Nous vous proposons des leçons de
voile • ski nautique
planche • canoë-kayak

Club des philatélistes
Vous avez une belle collection?
Vous voulez parler avec d'autres collectionneurs?
Venez à la salle de géographie après les cours le mardi.

Club de pêche
Vendredi
18h00 au lac.

Tu aimes jouer de la musique?
Tu fais partie d'un orchestre?
Tu aimes simplement écouter tes compact disc?
Tu préfères la musique pop ou classique, le hard rock, le jazz?
Lundi soir, dans la salle de musique, il y a quelque chose pour toi!

Club de rugby
Nous avons toujours besoin de joueurs.
Entraînement tous les lundis soirs à 17h30.
Venez vous amuser – et nous aider à remporter le championnat!

5b Pour chacune des phrases suivantes écris V (vrai) ou F (faux).
Si la phrase est fausse, écris une phrase correcte.

1 Lundi soir, il n'y a rien si on n'aime pas le sport.
2 La réunion du club des philatélistes a lieu mardi à mercredi.
3 Les matchs de cricket sont organisés par les étudiants d'anglais.
4 Pour aller au club de musique, il faut savoir jouer d'un instrument.
5 Le club de rugby recherche de bons joueurs.
6 A l'école de l'eau on apprend à nager.
7 Les réunions du club de pêche n'ont pas lieu au collège.
8 Le club de musique est pour les élèves qui aiment n'importe quelle sorte de musique.

6 Ecoute ces discussions. Puis, pour chaque phrase, écris J (Julien), C (Claire), N (Noémie) ou ? (on ne sait pas).

1 Je suis fanatique des ordinateurs.
2 Je participe à beaucoup de clubs.
3 Je n'aime que les clubs sportifs.
4 Il y a trop de clubs de sport.
5 L'année dernière, je n'étais pas membre d'un club.
6 Je déteste le sport.

7 A deux: Discutez des clubs qui existent à votre collège, de ceux que vous aimez, et de ceux que vous voudriez voir.

Est-ce qu'il y a un club de … ?
Tu es membre d'un club? Pourquoi (pas)?
Tu fais une activité après le collège? C'est quoi?
Tu fais partie d'une équipe?
Il y a une activité que tu voudrais voir à ce collège?

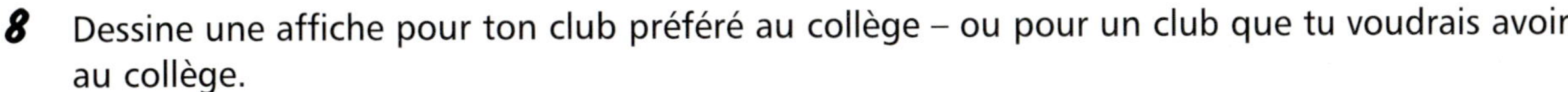

8 Dessine une affiche pour ton club préféré au collège – ou pour un club que tu voudrais avoir au collège.
Attention! Il faut donner des renseignements précis sur:

- le nom du club
- le lieu de rendez-vous
- le jour et l'heure
- une description de ce qu'on fait au club
- une ou deux phrases pour encourager les collégiens à venir à ce club

Et si on a de mauvaises notes?

1a Lis et écoute.

6/20 Plus d'efforts, s'il te plaît

13/20 Bon résultat

4/20 A refaire

En France, les élèves reçoivent une note pour chaque devoir corrigé par le professeur. La note, c'est un nombre sur vingt.

Douze sur vingt représente une assez bonne note. Même dix sur vingt est acceptable. Mais cinq ou six sur vingt, ça représente une mauvaise note. Et si un élève reçoit beaucoup de mauvaises notes, ça pose un problème!

A la fin de l'année scolaire, les professeurs considèrent la moyenne des notes de chaque élève. Si la moyenne est mauvaise, surtout dans les matières importantes (c'est-à-dire les maths, le français et l'anglais) l'élève doit **REDOUBLER**: c'est-à-dire, recommencer la même classe.

On trouve quelquefois (mais assez rarement) des jeunes qui ont redoublé deux ou trois fois: dans une classe d'élèves de quatorze ans, il est possible de trouver un ou deux élèves qui ont seize ans.

11/20 Assez bon travail

15/20 Excellent travail

10/20 Travail satisfaisant

8/20 Pourrais mieux faire

1b Quelle est ta réaction immédiate à ce système? Pour ou contre?

Exemple: Pour: Le système de redoublement, c'est un bon système.
Contre: Redoubler, ce n'est pas une bonne idée.

1c Trouve dans cette liste des *pour* et des *contre*. Ecris deux listes.

A Les jugements des professeurs sont basés sur les notes.
B Je ne voudrais pas être dans une classe avec des élèves plus jeunes que moi.
C C'est humiliant, surtout si les amis ne redoublent pas!
D C'est bien d'avoir une deuxième chance.
E Etre avec les copains, c'est le plus important.
F La classe est composée d'élèves du même niveau.

Peux-tu suggérer d'autres *pour* et *contre*?

1d Maintenant, justifie ton opinion.

Exemple: Le système de redoublement est bon/n'est pas bon, parce que ...

2a Cette année, Thomas est en quatrième. L'année dernière, il était en quatrième aussi! Pourquoi? Parce que Thomas redouble. Il redouble parce que, à la fin de l'année scolaire, ses professeurs ont décidé que son travail était insuffisant.

Ecoute: Les professeurs discutent de Thomas et de son travail scolaire. Prends des notes.

MATIERE	PROGRES (✓/✗)	POINT-CLE
maths	✓	*attitude plus sérieuse*

2b A ton avis, est-ce que Thomas a fait des progrès cette année? Explique ta réponse.

2c Lis: Thomas compare cette année avec l'année dernière.

Je pense que je travaille mieux cette année, et que mon attitude a changé.
L'année dernière, j'étais très paresseux, je faisais le minimum. Cette année, je fais plus. En français, par exemple, l'année dernière, je n'aimais pas écrire, j'écrivais quatre ou cinq lignes ... maximum! Tandis que maintenant, j'écris deux ou trois pages, je fais des efforts de rédaction. En maths, c'est pareil. Avant, je ne faisais pas d'efforts, tandis que cette année, je travaille dur. Je ne faisais pas mes devoirs, je préférais regarder la télé ou écouter mes disques dans ma chambre.
Evidemment, je préfère toujours la télé, mais la plupart du temps, c'est seulement si j'ai complètement fini mes devoirs. Et maintenant, je discute de mon travail avec mes parents. L'année dernière, je ne parlais pas de l'école avec papa et maman. Ils m'ont promis des leçons de conduite quand j'aurai seize ans, si j'ai de bons résultats cette année.

2d A deux: Trouvez au moins quatre différences entre cette année et l'année dernière.

Exemple: Cette année, il **fait** des efforts; l'année dernière, il **faisait** le minimum.

3a Compare ton travail de cette année et de l'année dernière. Pense aussi à ton attitude envers tes études.

3b Travaillez en groupes de quatre ou cinq. Posez-vous ces questions:

- Comment travailles-tu cette année en (maths/français/...)?
- Comment travaillais-tu l'année dernière en (sciences nats/musique/...)?
- Quelle est/était ton attitude en (anglais/histoire-géo/...)?

Cette année, je travaille L'année dernière, je travaillais	bien/moins bien (que ...) mieux (que ...) aussi bien (que ...)
Cette année, mon attitude est L'année dernière, mon attitude était	positive/négative

Est-ce que les autres membres du groupe sont d'accord?

Tu blagues!
Mon oeil!
Pas d'accord.
Mais c'est pas vrai!
Je suis d'accord.
Oui, c'est vrai.

3c Ecris un résumé de tes progrès de cette année, et de ton travail de l'année dernière. Compare les deux années scolaires.

4a Ecoute: Anne-Marie parle de ses devoirs. Vrai ou faux?

1 En rentrant après l'école, Anne-Marie fait ses devoirs immédiatement.
2 Quelquefois, elle fait des devoirs à l'école.
3 Elle finit ses devoirs après le dîner.
4 Elle a moins de devoirs que l'année dernière.
5 D'habitude, elle sort après avoir fini ses devoirs.

4b Des élèves de troisième t'offrent des conseils concernant les devoirs. Lis!

1

Quand tu arrives à la maison après une journée à l'école, relaxe-toi tout d'abord. Ne fais pas tes devoirs tout de suite – fais plutôt autre chose pendant quelques minutes. Et surtout, ne travaille pas tous les soirs. Un soir dans la semaine, c'est sacré pour la détente ou le sport. Cela détend le corps ... et l'esprit.

2

Prépare un plan de travail pour la semaine. Décide à l'avance le nombre d'heures pendant lesquelles tu travailleras. Et la quantité de travail que tu feras. Et, avant les examens, prépare un plan de révisions, cela t'aidera à revoir tes cours.

3

Quand tu as terminé ton travail pour la semaine, offre-toi une petite récompense – une tablette de chocolat, ou une boîte de coca. Tu la mérites!

4

Ne reporte pas au lendemain ce que tu peux faire le jour même.

5

Si tu prépares un contrôle, fais ça avec un copain ou une copine. Travaillez à deux, comme ça c'est moins ennuyeux. Posez-vous des questions l'un à l'autre, pour vous aider.

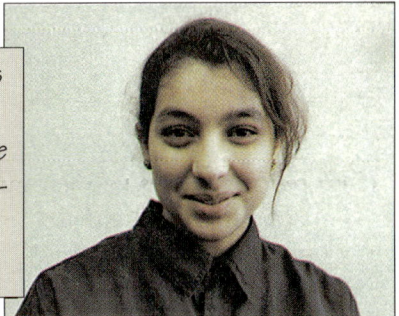

4c Travail de classe: Avez-vous des conseils à ajouter?
Vous pouvez les écrire, et en faire un poster à mettre sur les murs de la salle de classe.

Le saviez-vous?

En Europe, au collège, ce sont les Belges qui travaillent le plus avec 1216–1368 heures de cours par an. Viennent ensuite les Allemands, puis les Hollandais. Les Français traînent loin derrière avec 1 067 heures annuelles.

4d Travaillez en groupes de six.
Faites un sondage: répondez à ces questions.

1 A quel moment de la soirée fais-tu tes devoirs?
2 Combien d'heures par semaine occupent tes devoirs?
3 Et l'année dernière?
4 Est-ce que tu fais le minimum, ou plus d'efforts?
5 Que fais-tu après avoir fini tes devoirs?

4e Calcule le nombre d'heures annuelles de cours dans ton collège.

3 Au boulot

A En stage chez Microscene

1a Ecoute: Comment s'appellent-ils? Quel est leur numéro de poste?

le P.D.G. = (président-directeur général) = *managing director*
la directrice générale adjointe = *assistant general manager*
le service d'achats = *buying department*
la comptabilité = *accounts*
la formation = *training*

La Société Savonetta

le P.D.G.

la directrice générale adjointe

le chef du marketing

le chef de production

la chef du service achats

la chef du service comptabilité

la secrétaire du P.D.G.

le chef d'atelier

la chef de formation d'apprentis

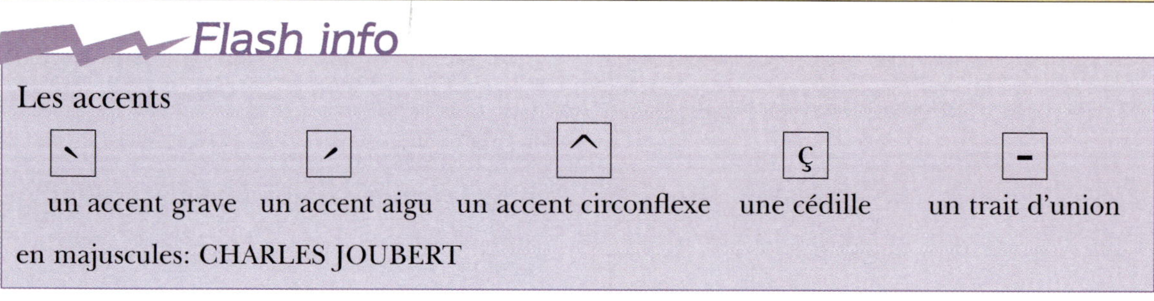

Flash info

Les accents

`	´	^	ç	-
un accent grave	un accent aigu	un accent circonflexe	une cédille	un trait d'union

en majuscules: CHARLES JOUBERT

1b A deux: Qu'est-ce que vous dites? Attention à la prononciation!

Exemple: Je voudrais parler à ..., le chef du marketing.

1c Ecoute: C'est quelle image? On peut rappeler à quelle heure?

2a Tu fais un stage chez Microscene. Tu dois téléphoner à la société Savonetta et donner des renseignements sur les employés de Microscene. Epelle leur nom, et donne leur numéro de poste et leur fonction dans l'entreprise.

Microscene Ltd. Internal telephone list

Mr Harrison	301	Managing director	Miss Richards	304	Secretary
Mrs Haigh	306	Marketing manager	Mrs Dennis	309	Accounts manager
Mr Thomas	307	Buying dept manager	Mr Marshall	314	Production manager

2b Envoie un fax! Prépare les mêmes informations pour les transmettre par fax.

Exemple:

Microscene Ltd.

For the attention of: Mme Bichon, Société Savonetta
Fax no:
Pages:

Les numéros des postes de téléphone sont:

M. Harrison	poste 301	P.D.G.
		Secrétaire du P.D.G.

2c A deux: C'est à vous d'être standardiste, à tour de rôle. Qu'est-ce que vous dites?

Exemple: *A:* Je voudrais parler à M./Mme ...
B: Je regrette, ... Vous pouvez rappeler ...

3a Au téléphone
A deux: Travaillez le dialogue et enregistrez-le.

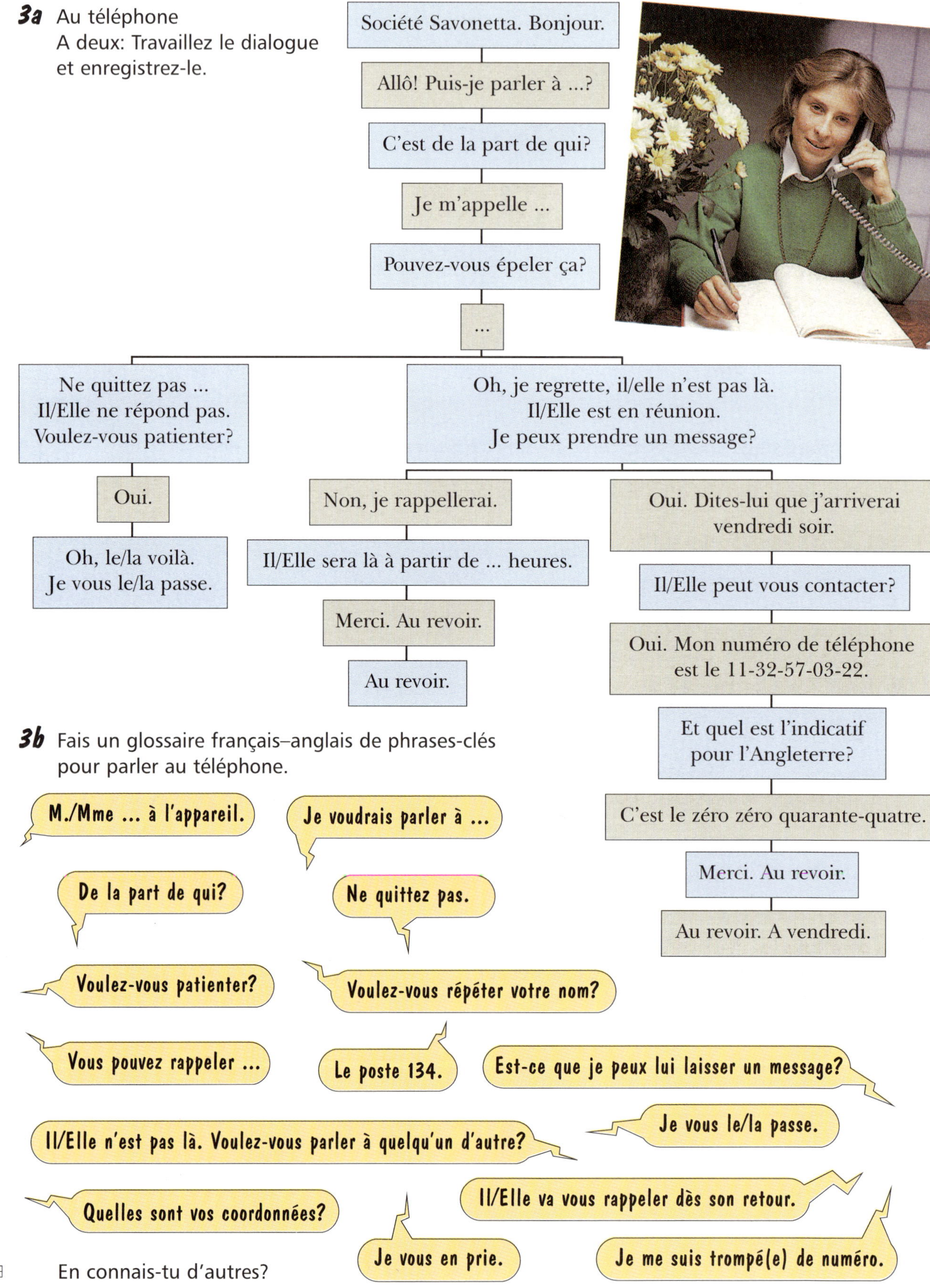

Société Savonetta. Bonjour.
Allô! Puis-je parler à ...?
C'est de la part de qui?
Je m'appelle ...
Pouvez-vous épeler ça?
...
Ne quittez pas ... Il/Elle ne répond pas. Voulez-vous patienter?
Oui.
Oh, le/la voilà. Je vous le/la passe.
Oh, je regrette, il/elle n'est pas là. Il/Elle est en réunion. Je peux prendre un message?
Non, je rappellerai.
Il/Elle sera là à partir de ... heures.
Merci. Au revoir.
Au revoir.
Oui. Dites-lui que j'arriverai vendredi soir.
Il/Elle peut vous contacter?
Oui. Mon numéro de téléphone est le 11-32-57-03-22.
Et quel est l'indicatif pour l'Angleterre?
C'est le zéro zéro quarante-quatre.
Merci. Au revoir.
Au revoir. A vendredi.

3b Fais un glossaire français–anglais de phrases-clés pour parler au téléphone.

M./Mme ... à l'appareil.
Je voudrais parler à ...
De la part de qui?
Ne quittez pas.
Voulez-vous patienter?
Voulez-vous répéter votre nom?
Vous pouvez rappeler ...
Le poste 134.
Est-ce que je peux lui laisser un message?
Il/Elle n'est pas là. Voulez-vous parler à quelqu'un d'autre?
Je vous le/la passe.
Quelles sont vos coordonnées?
Il/Elle va vous rappeler dès son retour.
Je vous en prie.
Je me suis trompé(e) de numéro.

En connais-tu d'autres?

Pour téléphoner
Il faut quelles pièces?
Vous avez des pièces de cinquante centimes?
Vous vendez des télécartes?
Je voudrais une carte de téléphone de vingt unités.

4a M. Thomas se rend en France. Il veut prendre rendez-vous avec M. Vincent, le chef du marketing de la société Romique. M. Thomas est libre quand?

Itinéraire pour M. Thomas Visite en France 15-20 février

Dimanche 15:	arrivée: 18.24 Paris, aéroport Charles de Gaulle transfert à l'hôtel Principal, Paris
Lundi 16:	matin: visite du musée des Sciences après-midi: rendez-vous avec M. Albert, de la société Boniou
Mardi 17:	matin: rendez-vous avec M. Tourbillon, de la société Nouveauté après-midi: libre
Mercredi 18:	matin: libre après-midi: visite de l'usine Boniou
Jeudi 19:	matin: visite de l'usine Nouveauté après-midi: libre
Vendredi 20:	matin: libre départ: 14.25 Paris-Charles de Gaulle pour Londres–Heathrow

4b Ecoute: Quand M. Vincent est-il libre? Remplis son agenda.

4c Ils sont tous les deux libres quand? Propose un rendez-vous. Prépare un message à laisser sur le répondeur et écris un fax à M. Vincent.

Exemple: A l'attention de M. Vincent, société Romique, Paris

M. Thomas est libre le ... et vous propose un rendez-vous à ... à l'hôtel Principal à Paris.

Veuillez confirmer si cela vous convient.

Veuillez agréer, Monsieur, nos meilleurs sentiments.

f·é·v·r·i·e·r·
15 dimanche
16 lundi
17 mardi
18 mercredi
19 jeudi
20 vendredi
21 samedi

Chez Ozona

1a Ecoute: Comment s'appellent-ils et que font-ils? (1–7)

A 1 2

B 3 4

C 5

D

E 6

F

G

H 7

1b Qui est-ce?

A Il travaille les pulls sur l'ordinateur: il fait la programmation des motifs.
B Elle surveille la production des vêtements, le repassage et l'emballage.
C Il répare les machines et surveille la formation des apprentis.
D Il est opérateur des machines de tricotage.
E Il est responsable de la fabrication des vêtements.
F Il est stagiaire. Il fait un apprentissage de mécanicien. Il est étudiant au CFA et fait un stage de six semaines dans l'entreprise.
G Elle fait un apprentissage de confection. Elle apprend en travaillant dans l'entreprise et fait une journée d'études par semaine à l'école.

1c Ecoute: Quels sont les avantages et les inconvénients de leur travail?

Exemple: Les avantages sont ... et les inconvénients sont ...

2 Choisis des photos à la page 36 pour illustrer les textes.

1 *Un styliste prépare des dessins et on en sélectionne les meilleurs. On choisit les tissus, les couleurs, la broderie, les étiquettes, les boutons, etc.*

La planète
a besoin des enfants
Ozona
habille l'âge tendre

2 *La modéliste fait des patrons et le mécanicien de modèles monte les prototypes.*

3 *L'industrialisation: On coupe le tissu et on fait les vêtements.*

4 *On plie les vêtements, les emballe et les envoie dans les magasins.*

3a Ecoute et lis: Jobs d'été

Normalement, il faut avoir au moins 16 ans pour travailler en Europe, mais les adolescents âgés de plus de 14 ans peuvent effectuer des travaux légers ou faire un stage de travail pendant leurs vacances, à condition que la période de travail ne dépasse pas la moitié du congé scolaire.

Animation et sports: Vous travaillez dans une colonie de vacances ou dans un centre aéré, comme employé de service dans la cuisine, ou comme surveillant de baignade, maître nageur, sauveteur, etc., mais pour ces derniers il faut avoir un brevet d'aptitude ou un autre diplôme. Vous pouvez contacter: le Centre Régional Information Jeunesse dans la ville jumelée.

Baby-sitting: Vous travaillez comme au pair ou aide familiale. Pour travailler légalement comme au pair, il faut avoir 17 ans. Vous pouvez mettre une petite annonce dans un journal, ou contacter des familles directement.

Hôtellerie et restauration: Vous faites un stage de travail comme réceptionniste, garçon d'étage, femme de chambre, serveur, cuisinier, aide de cuisine ou plongeur. Les emplois qualifiés des hôtels et restaurants sont réservés aux élèves des écoles hôtelières. Il faut contacter chaque hôtel directement.

Commerce: Vous travaillez dans les supermarchés et hypermarchés et chez les petits commerçants. Pour un stage dans un magasin, il faut contacter chaque établissement directement.

Emplois de bureau: Pour faire un stage dans un bureau, il faut contacter le responsable dans une ville jumelée, ou chaque bureau ou entreprise directement. Les enfants du personnel sont souvent prioritaires. Utilisez vos contacts, exploitez vos connaissances!

3b Choisis un paragraphe et lis-le à haute voix. Attention à la prononciation et à l'intonation!

3c Lis le C.V. de Claudine.
Qu'est-ce qu'elle pourrait faire?

Curriculum vitae

Nom:	Blanchot
Prénom:	Claudine
Age:	18 ans
Adresse:	28 rue de Paris, Orléans
Collège:	Collège Proudhon, Orléans
Etudes:	maths, français, anglais, espagnol, physique, sciences naturelles, histoire-géographie
Expérience:	stage comme au pair en Angleterre; monitrice de ski
Langue(s) étrangère(s):	anglais, espagnol
Loisirs:	sport, ski, tennis, planche à voile, plongée sous-marine, etc.

Expériences

Je livre du lait.

J'aide mes parents à la ferme/à la maison.

Je promène le chien.

J'ai fait un stage chez ... /comme ... /dans ...

Je sers dans un café.

Je garde mon petit frère.

J'aide au garage.

Je distribue les journaux.

Je remplis les rayons dans le magasin du coin.

Mes parents ont un bar et je lave les verres.

Je lave la vaisselle.

Je fais du baby-sitting.

4a Ecoute: L'argent de poche (1–6)

- Que font-ils pour gagner de l'argent?
- Combien gagnent-ils?
- Comment dépensent-ils leur argent?

4b Et toi? Que fais-tu pour gagner de l'argent? Combien gagnes-tu et que fais-tu avec ton argent?

Exemple:
Je ... . Je gagne ...
Je dépense mon argent pour ... /
J'économise pour ...

Flash info

Verbe: choisir

présent:	je choisis	*imparfait:*	je choisissais
	tu choisis	*passé composé:*	j'ai choisi
	il/elle choisit	*futur:*	je choisirai
	nous choisissons	*conditionnel:*	je choisirais
	vous choisissez		
	ils/elles choisissent		

5 Ecoute Joël, et puis Elodie, qui veulent tous deux travailler dans un hôtel. Ils parlent avec Mme Dumas, la propriétaire.
Pour chacune des phrases suivantes, écris J (Joël), E (Elodie), J et E (Joël et Elodie) ou ✗ (ni Joël ni Elodie).

a Ses études lui seront utiles dans ce poste.
b Il/Elle a souvent travaillé dans un hôtel.
c Ce poste sera une bonne expérience dans sa future carrière.
d Il/Elle n'est pas doué(e) pour les langues.
e Il/Elle aime travailler dans un hôtel.
f Il/Elle va continuer ses études.

6 Jeanne wants to work in France, as an au-pair, and sees this advert in a magazine.

Read her letter, then make a list of her strengths and weaknesses for the job. Would you give her the job?

Famille, trois enfants 3 à 8 ans, parents travaillent tous deux, cherche jeune fille au pair pour le mois d'août. Quelques tâches ménagères légères, et charge des enfants. Bonne salaire. Petit village tranquille à vingt kilomètres d'Aubenas.

Madame, j'ai lu votre annonce dans le magazine "Jobs Abroad", et je voudrais poser ma candidature. J'ai dix-sept ans. Au collège, je suis bonne en histoire-géo et en langues. L'année prochaine, je vais étudier l'anglais, la géographie et le français.

Je suis assez ouverte, et j'adore sortir le soir ou le week-end avec mes copines dans une boîte ou pour aller au cinéma. Mais je suis aussi sérieuse et je travaille bien.

Je suis fille unique, et j'ai l'habitude d'aider ma mère dans la maison, surtout dans la cuisine. J'aime aussi faire du jardinage.

J'ai fait plusieurs petits jobs depuis l'âge de quatorze ans. En ce moment, je travaille dans un bureau, où je distribue le courrier, mais je n'aime pas beaucoup le travail, alors je cherche un autre job.

Dans l'attente de votre réponse,
veuillez agréer, Madame, l'expression de mes sentiments les meilleurs.

7 Choisis une de ces petites annonces. Ecris une lettre pour poser ta candidature.

Parle: des emplois que tu as déjà eus
de ta personnalité
de tes études
de tes connaissances de langues
Dis: pourquoi tu veux ce poste
pourquoi on doit te l'offrir

Colonie de vacances recherche moniteur pour s'occuper des enfants de 11 à 13 ans
juillet ou août
PERSONNALITÉ OUVERTE
SPORTIF/VE

Supermarché
recherche caissiers/ères
connaissance d'anglais souhaitable
mois d'août
6 jours sur 7

Camping
recherche jeune homme/femme pour aider le gardien
responsable bureau d'accueil
anglais courant essentiel

Restaurant
clientèle internationale recherche serveur/euse
20 juin au 22 septembre midi ou soir
Tél: 04 72 32 27 65
(Répondeur téléphonique)

Agence de voyages
recherche réceptionniste
langue(s) européenne(s)
bonne présentation
expérience courrier électronique
excellentes conditions de travail

8 A deux: Choisissez un des emplois. A tour de rôle imaginez que vous êtes le patron/la patronne. Posez des questions à votre partenaire.

Exemple: *A:* Vous avez déjà travaillé dans ...
B: Oui, tous les samedis je ...

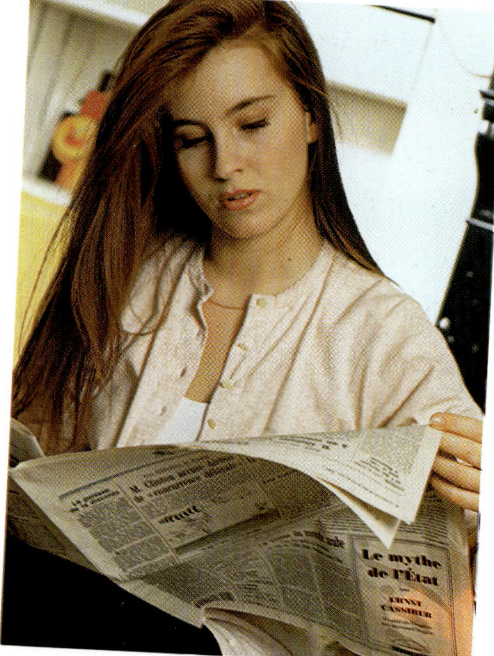

Un stage à l'étranger

Elise a vingt-deux ans. Elle est née à Sillé-le-Guillaume, dans la Sarthe. C'est là où sa famille habite toujours.

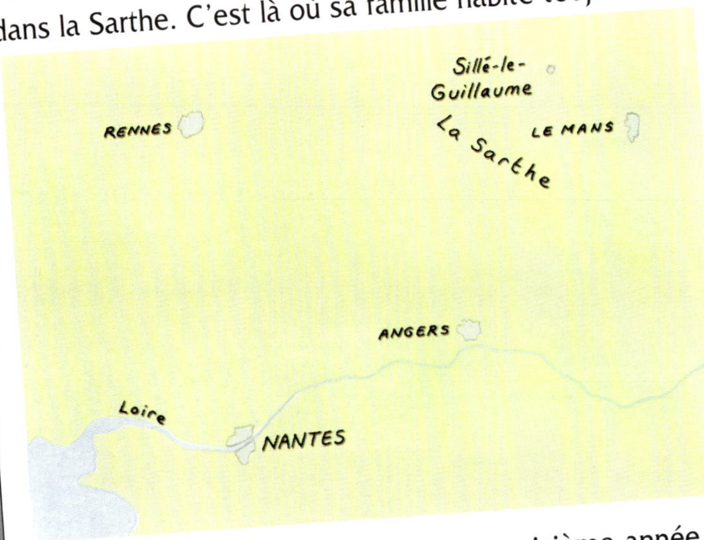

Elise est actuellement étudiante – en troisième année – dans une grande école à Nantes en Bretagne. Elle fait des études agro-alimentaires: c'est-à-dire qu'elle étudie l'industrie de la nourriture.

Les études supérieures d'Elise

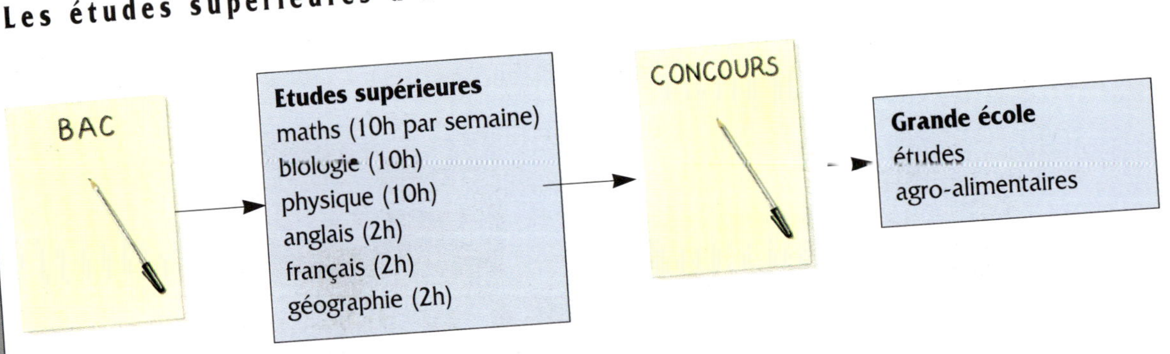

Quelle est la différence entre **une université** et **une grande école?**

Si on est reçu au Bac, on a le droit d'entrer dans une université. En fait, le Bac est la seule méthode de sélection. L'accès à une grande école est sélectif. Après le Bac, il faut passer encore deux ans à préparer un Concours (c'est-à-dire, une semaine d'examens!). Les étudiants qui ont les meilleurs résultats gagnent. Chaque grande école en France se spécialise dans une branche. La grande école où Elise va se spécialise dans les sciences agro-alimentaires.

1a Ecoute: Elise n'a pas toujours eu l'ambition de faire des études d'agronomie. Qu'est-ce qu'elle voulait faire?

1b Elise a parlé d'autres membres de sa famille. Ecoute encore une fois et note les points-clés. Compare avec un(e) partenaire.

Pendant ses études, Elise doit faire des stages, c'est-à-dire des périodes de travail, en France ou ailleurs. Il y a deux ans, elle a passé l'été en Angleterre: là, elle a travaillé pour une grande compagnie célèbre – Nestlé Rowntree – qui fabrique les chocolats à York.

Elle a beaucoup aimé cette expérience. En fait, elle en était ravie! Elle a donc demandé à retourner chez Nestlé Rowntree, cette fois-ci pour une plus longue période: un séjour de six mois.

2a Voici des réactions possibles à l'idée de passer six mois dans un pays étranger. Quelles réactions sont pour? Lesquelles sont contre? Fais deux listes.

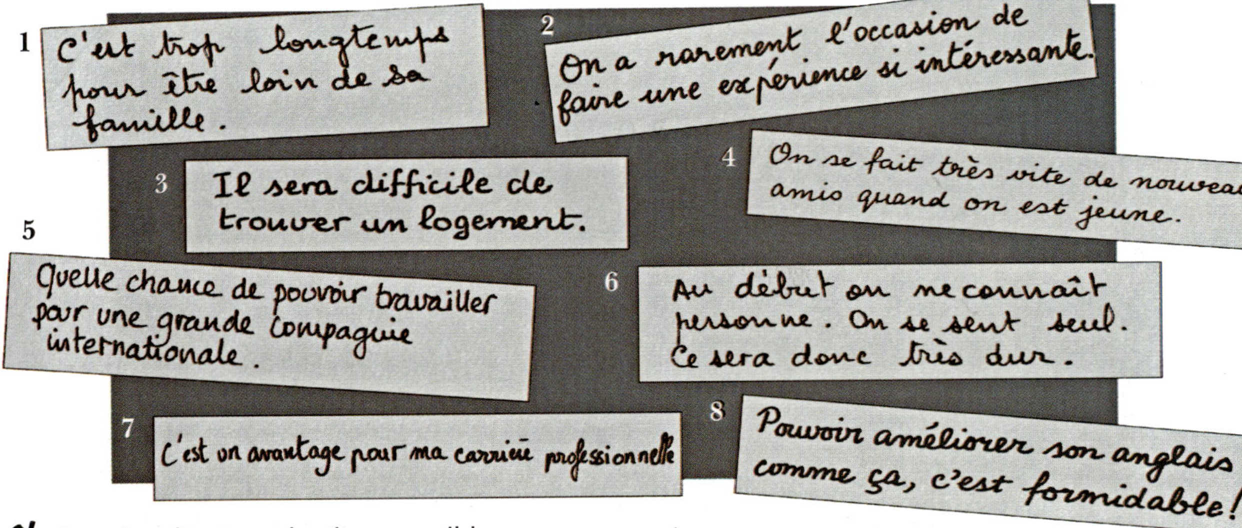

1 C'est trop longtemps pour être loin de sa famille.
2 On a rarement l'occasion de faire une expérience si intéressante.
3 Il sera difficile de trouver un logement.
4 On se fait très vite de nouveaux amis quand on est jeune.
5 Quelle chance de pouvoir travailler pour une grande compagnie internationale.
6 Au début on ne connaît personne. On se sent seul. Ce sera donc très dur.
7 C'est un avantage pour ma carrière professionnelle
8 Pouvoir améliorer son anglais comme ça, c'est formidable!

2b Suggère d'autres réactions possibles, pour ou contre.

2c A deux: Discutez en prenant deux points de vue opposés. Partenaire A réagit favorablement à l'idée de faire un stage à l'étranger; partenaire B trouve des objections!

3a Un journaliste du journal *OUEST-FRANCE* est venu interviewer Elise, avec l'intention de faire un article sur son stage à l'étranger. Ecoute et note les réponses.

3b Maintenant tu es journaliste! Ecris un petit article pour accompagner la photo. Utilise les réponses d'Elise.

1 Vous irez où, précisément, en Angleterre?
2 Vous partirez quand?
3 Vous y voyagerez comment?
4 Combien de temps resterez-vous en Angleterre?
5 Quel travail ferez-vous exactement?
6 Vous logerez où?
7 Combien d'heures par semaine travaillerez-vous?
8 Vous parlez déjà anglais?
9 Vos parents sont contents de vos projets?

Voir 1.10 p.172 Le futur

4a Lis les observations d'Elise sur l'Angleterre et la vie britannique. C'est vrai, ce qu'Elise a dit? Discute avec un(e) partenaire.

La consommation de bière est excessive.

Les Anglais ne portent pas de manteau.

Sur les autoroutes, c'est gratuit.

La plupart des voitures sont rouges.

On trouve des cabines téléphoniques partout.

Les Anglais finissent de travailler tôt le soir.

4b A deux: Pour vous, qu'est-ce qui caractérise la Grande-Bretagne? Et le caractère britannique? Faites un portrait (oral ou écrit) de l'Anglais typique.

LES CONSOMMATEURS DE LA CONFISERIE

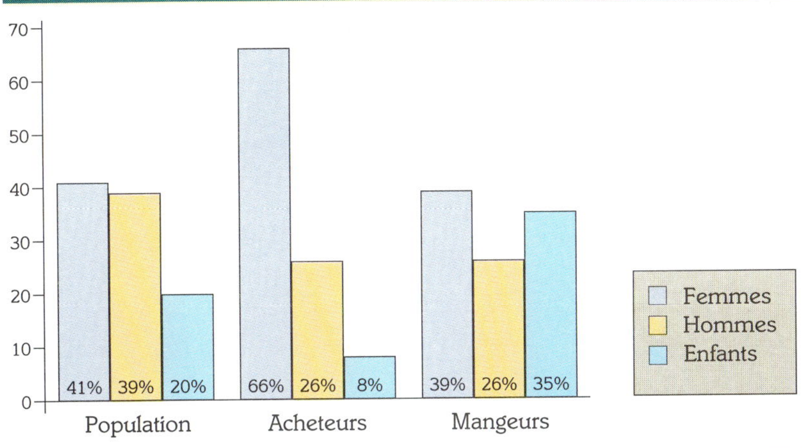

Les femmes achètent le plus de confiserie, mais elles en mangent moins de 40% elles-mêmes. Le reste est destiné à leur famille.

Par contre, les hommes en achètent en général pour eux-mêmes.

LE MARCHE EUROPEEN DE LA CONFISERIE

CONSOMMATION PAR PERSONNE (par an)

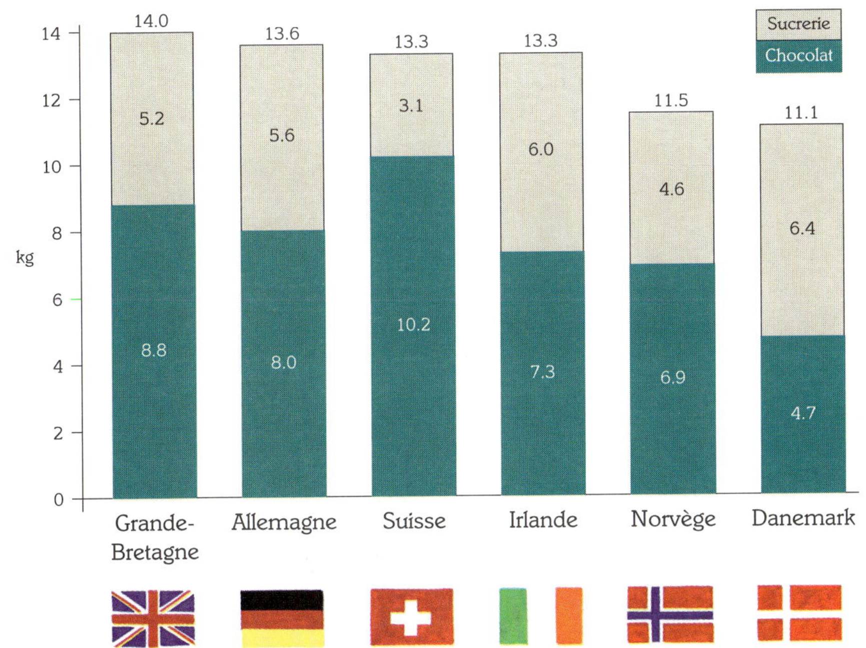

L'Allemagne est le plus grand marché d'Europe pour la confiserie, mais les Britanniques en mangent légèrement plus par personne.

Les Européens du nord sont tous grands amateurs de la confiserie, tandis que les marchés les plus petits se trouvent dans les pays plus chauds d'Europe du sud.

5a Réponds aux questions, puis compare tes réponses avec les réponses d'un(e) partenaire.

1. Est-ce que tu achètes souvent du chocolat et des bonbons?
2. Si oui, c'est pour toi, ou pour quelqu'un d'autre?
3. Qui mange le plus de chocolat dans ta famille? (Dessine un 'camembert' qui le montre.)
4. Quand le manges-tu?

5b Réponds aux questions, puis compare avec un(e) partenaire.

1. Quelle nation mange le plus de chocolat? Suggère pourquoi.
2. Quelle nation en mange le moins?
3. Selon le texte, les habitants des pays d'Europe du sud mangent le moins de chocolat. Suggère pourquoi.
4. Les habitants de Grande-Bretagne mangent combien de chocolat par personne?

Essaie de calculer ta consommation annuelle.

4 Les ados

A C'est la vie

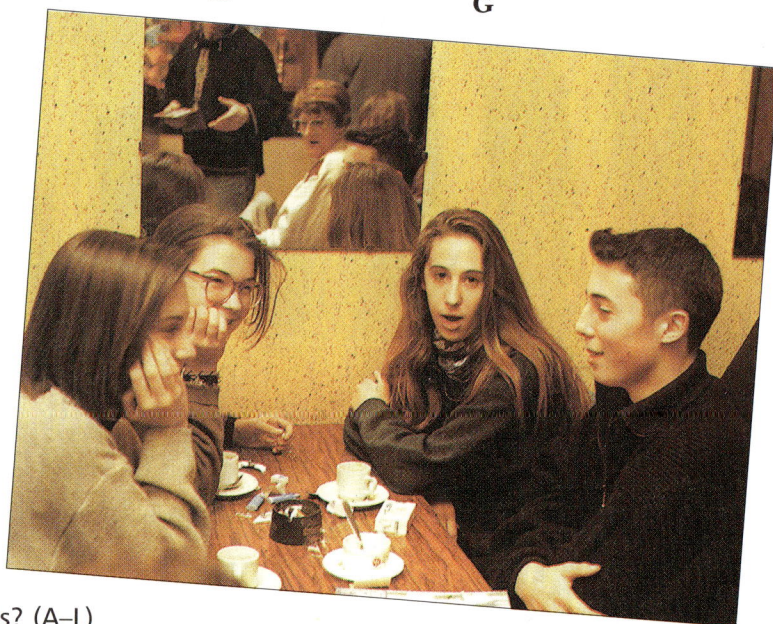

B

A

C

E

G

F

H

1a Ecoute: Comment s'appellent-ils? (A–L)

1b A deux: Chaque partenaire décrit une personne dans chaque photo.
Le/La partenaire doit deviner de qui il s'agit.

Il/Elle	est grand(e)/petit(e)/joli(e)/mince/... a les cheveux ... porte ... rigole/fume/parle/boit/mange/flirte/...

D

K L

I J

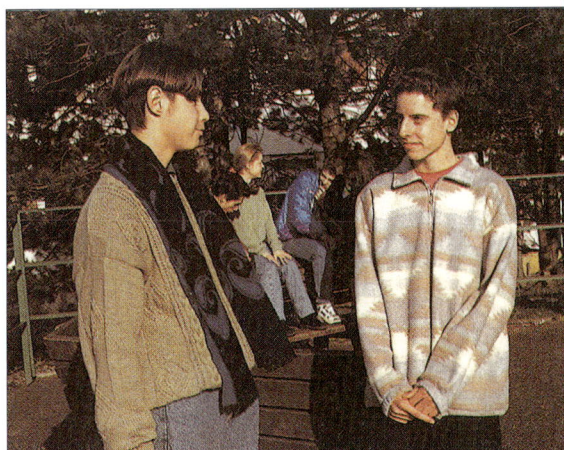

1c Jeu d'imagination. Choisis une photo. Qu'est-ce qu'ils ont fait? Qu'est-ce qui se passe? Qu'est-ce qu'ils vont faire? Ecris un petit rapport.

Flash info

Passé:	Il/Elle lui a demandé de .../l'a invité(e) à ...
	Ils ont fini de .../sont rentrés de ...
Présent:	Ils jouent/mangent/boivent/parlent/se disputent/discutent ...
Futur:	Ils vont rentrer/aller.../sortir ...

1d Qu'est-ce que tu dis? Prépare un petit rapport.

- Qu'est-ce que tu as fait hier soir?
- Qu'est-ce que tu fais maintenant?
- Qu'est-ce que tu vas faire ce soir?

Exemples: J'ai .../Je suis allé(e) .../On m'a invité(e) ...
Je travaille/lis/J'écris ...
Je vais ...

2a A deux: Jeu d'imagination. Quelle sorte de personne est-il/elle?

Il/Elle	aime/se passionne pour ... fait .../joue ... s'entend bien/ne s'entend pas bien avec ses parents/ses copains

Mon copain **Ma copine**

2b A deux: C'est quoi le plus important pour un copain ou une copine? Classe par ordre d'importance!

A Il/Elle a le sens de l'humour.

B On aime les mêmes choses, la même musique, les mêmes copains.

C On fait les mêmes sports.

D Il/Elle est là quand j'ai besoin de quelqu'un.

E Il/Elle ne fume pas.

F On s'entend bien ensemble.

G Il/Elle m'écoute.

H On rigole ensemble.

I Il/Elle s'habille bien.

J Il est beau.

K Elle est belle.

2c Ecris un texte: Mon copain/Ma copine/ Mon petit ami/Ma petite amie

Il/Elle	s'appelle ... est ... a ... fait ...
Je m'entends bien avec lui/elle Je l'aime	parce que ...

3a Fumer ou ne pas fumer? Lis et comprends.

Le saviez-vous?

On compte chaque année deux millions et demi de nouveaux fumeurs dans le monde, y compris de plus en plus de femmes et de jeunes. En six ans, le tabagisme a doublé en France chez les jeunes de moins de vingt ans.

En quarante ans, les chiffres de la mortalité masculine due au cancer du poumon ont augmenté de 366%. 25% des fumeurs meurent à cause du tabagisme et on risque le cancer de la bouche et du poumon ainsi que des problèmes cardio-vasculaires.

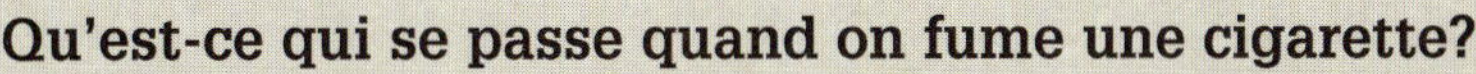

Qu'est-ce qui se passe quand on fume une cigarette?

A chaque bouffée, le fumeur inhale trois substances toxiques principales: la nicotine, le monoxyde de carbone et le benzopyrène. Après sept secondes, la nicotine arrive au cerveau où elle provoque l'équivalent d'une mini-décharge d'adrénaline. Chez certaines personnes, elle stimule l'activité cérébrale, et chez d'autres, elle a un effet tranquillisant. Le corps s'habitue au stimulus et en demande de plus en plus pour avoir le même effet; ainsi on devient dépendant.

3b Fumeurs ou non-fumeurs? Qui est pour et qui est contre?

A C'est dégoûtant! Ça pue!

B C'est de l'argent gaspillé.

C Ça me donne confiance en moi.

D Ça me détend.

E On n'a pas le droit de nous dire de ne pas fumer. C'est un monde libre.

F Si on veut mourir tôt c'est très bien!

G On risque le cancer du poumon!

H Tous mes copains fument, alors moi, je fume aussi.

I On se moque de ceux qui ne fument pas.

J Je trouve ça stupide. Si on veut jeter son argent par les fenêtres.

3c Ecoute: Pour ou contre? Qu'est-ce qu'ils disent? (1–8)

3d Et toi, es-tu pour ou contre? Pourquoi?

Flash info

Verbe: venir

présent:	je viens	*imparfait:*	je venais
	tu viens	*passé composé:*	je suis venu(e)
	il/elle vient	*futur:*	je viendrai
	nous venons	*conditionnel:*	je viendrais
	vous venez		
	ils/elles viennent		

4 Que fais-tu pour aider à la maison?
Fais une liste de toutes les tâches qu'il faut faire à la maison.
Tu as deux minutes.

5 Claire et Nicolas vont aider maman à la maison.
Ecoute leur conversation.
Qui fera quoi?
Remplis et coche la grille.

Tâche	Claire	Nicolas	Maman
Exemple: Préparer le petit déjeuner		✔	
Donner à manger aux lapins			
Promener le chien			
Faire la cuisine			
Faire la vaisselle			
Ranger le salon			
Passer l'aspirateur			
Faire le jardinage			
Nettoyer les chambres			
Faire les lits			

6a Tu veux faire ces tâches pour aider tes parents?
Qu'est-ce que tu dis?

Exemple: A Est-ce que je peux faire la cuisine?

6b Maintenant, tu veux demander à ton frère/ta soeur de faire ces tâches.
Qu'est-ce que tu dis?

Exemple: A Tu veux faire la cuisine?

7 Tu écris à ton/ta correspondant(e) pour lui parler de ce que tu fais pour aider à la maison.

- Tu aides beaucoup?
- Que fais-tu?
- Et ton frère/ta soeur?
- Qui aide le plus?
- Que fait ta mère?
- Et ton père?
- Pose-lui une question sur ce qu'il/elle fait pour aider à la maison.

8 Lis cette lettre.

Chère Delphine

J'en ai vraiment marre! Ma mère est continuellement sur mon dos
en ce moment! Je dois ranger ma chambre, je dois l'aider à faire la
vaisselle, pourquoi est-ce que je ne repasse jamais mes chemisiers
quand je rentre du collège? C'est pas juste! Contrairement à celle
de ma soeur, ma chambre est toujours en ordre, et du moins, moi, je
passe l'aspirateur de temps en temps. Mon frère, il ne fait rien,
mais absolument rien, à part promener le chien!

Je sais bien que ma mère travaille beaucoup, et qu'elle est fatiguée
quand elle rentre du bureau, mais moi aussi, je suis fatiguée. A
mon avis, il faut partager le travail entre tous les enfants.

C'est comme ça chez toi? Tes frères et soeurs aident à la
maison?

Les parents sont vraiment injustes, tu trouves pas?

Josiane

Réponds à ces questions en français.

1 Qu'est-ce que sa mère reproche à Josiane? (Donnez deux détails)
2 Pourquoi est-ce qu'elle trouve Áa injuste? (Donnez deux détails)
3 Comment est la chambre de sa soeur, selon Josiane?
4 Que fait son frère pour aider à la maison?
5 Pourquoi est-ce que la mère de Josiane est fatiguée?
6 Quelle est la solution que propose Josiane?

Flash info

Les adverbs

Adjectif	*Adverbe*
continuel	continuellement
vrai	vraiment
absolu	absolument

B

Sois classique!
Pour elle: chemisier poignets mousquetaire, pantalon, gilet sans manches.
Pour lui: pantalon en laine, chemise en coton, cravate en soie et veste en laine fine.

Sois branché!
Pour elle: t-shirt manches longues, gilet en jean, jean délavé, veste en jean.
Pour lui: veste en cuir avec franges, chemise à carreaux à l'américaine, jean large à boutons, casquette de baseball à l'envers.

1a Ecoute: Ça coûte combien?

Exemple: Le look classique: chemisier 259F, ...

1b A deux: Choisissez un look et décrivez-le. Attention à l'orthographe!

Exemple: Le look classique: elle porte un chemisier blanc, ...

Flash info

Les adjectifs de couleur simples s'accordent avec le nom:

m sing	*f sing*	*m pl*	*f pl*
un jean noir	une jupe noire	des gants noirs	des chaussures noires

Les adjectifs composés sont invariables:

m sing	*f sing*	*m pl*	*f pl*
un gilet bleu foncé	une veste bleu nuit	des tennis bleu-vert	des chaussettes bleu pâle

Sois écolo!
Pour elle: pull chaussette, gilet, jupe en coton, mocassins en Nubuck, et pendentif.
Pour lui: t-shirt et pantalon en coton, chaussettes et baskets, pull en laine.

Le Look

Sois raffiné!
Pour elle: robe longue, chaussures en cuir, collier et bracelet.
Pour lui: chemise en soie, cravate, noeud papillon, pantalon en coton, chaussures en cuir.

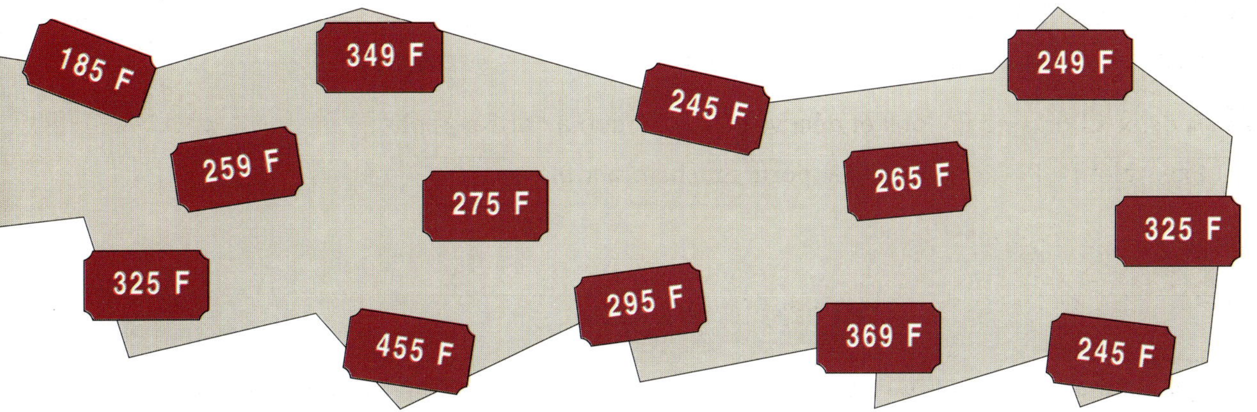

2a En deux minutes fais une liste de 12 vêtements.
Commente ta liste avec un(e) partenaire.

2b Ecoute: Qu'est-ce qu'ils achètent? Ça coûte combien? (1–5)

2c A deux: Travaillez et enregistrez ce dialogue.

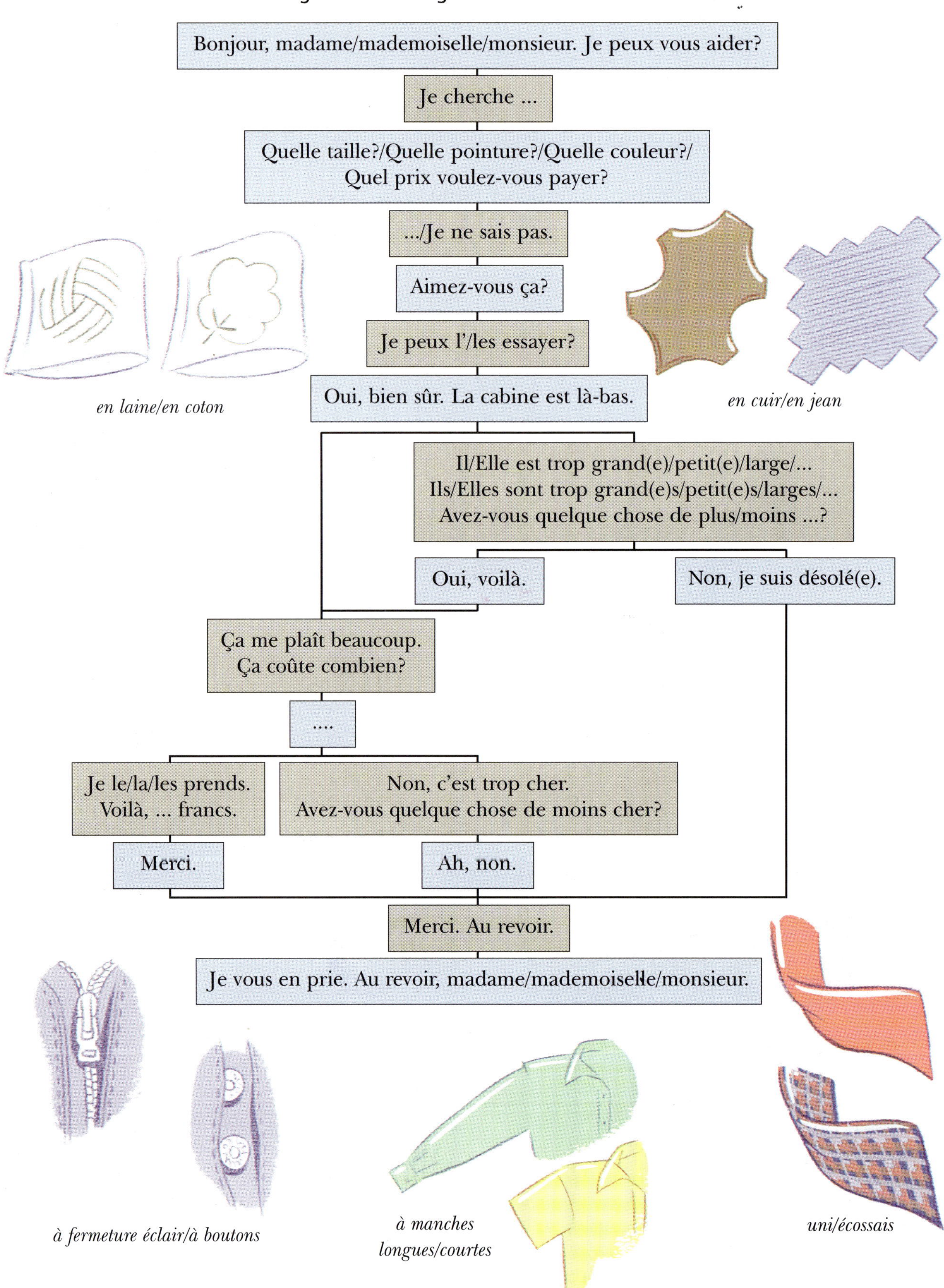

Bonjour, madame/mademoiselle/monsieur. Je peux vous aider?
Je cherche ...
Quelle taille?/Quelle pointure?/Quelle couleur?/
Quel prix voulez-vous payer?
.../Je ne sais pas.
Aimez-vous ça?
Je peux l'/les essayer?
Oui, bien sûr. La cabine est là-bas.
Il/Elle est trop grand(e)/petit(e)/large/...
Ils/Elles sont trop grand(e)s/petit(e)s/larges/...
Avez-vous quelque chose de plus/moins ...?
Oui, voilà.
Non, je suis désolé(e).
Ça me plaît beaucoup.
Ça coûte combien?
....
Je le/la/les prends.
Voilà, ... francs.
Non, c'est trop cher.
Avez-vous quelque chose de moins cher?
Merci.
Ah, non.
Merci. Au revoir.
Je vous en prie. Au revoir, madame/mademoiselle/monsieur.
en laine/en coton
en cuir/en jean
à fermeture éclair/à boutons
à manches longues/courtes
uni/écossais

3a A deux: Lesquels préférez-vous?

Exemple: *A:* Quel pull-over préfères-tu? *B:* Je préfère celui-là, en rouge.
A: Quelle robe préfères-tu? *B:* Celle-ci, en bleu.

Flash info

	m sing	*f sing*	*m pl*	*f pl*
this one/these	celui-ci	celle-ci	ceux-ci	celles-ci
that one/those	celui-là	celle-là	ceux-là	celles-là

3b A deux: Chaque partenaire décrit son look et le look de son/sa partenaire.

Exemple: Mon look, c'est le look ... . Mon/Ma partenaire a le look ...

Comparez vos descriptions. D'accord ou pas?

Comment dit-on 'scruffy' en français?

'Débraillé'.

3c Jeu d'imagination:
Tu sortiras samedi soir.
Où est-ce que tu iras?
Qu'est-ce que tu porteras?

Exemple: J'irai en boîte et je porterai ...

Flash info

Verbe: aller

présent:	je vais	*imparfait:*	j'allais
	tu vas	*passé composé:*	je suis allé(e)
	il/elle va	*futur:*	j'irai
	nous allons	*conditionnel:*	j'irais
	vous allez		
	ils/elles vont		

4 Une leçon de grammaire.

Le comparatif

Pour faire la comparaison entre deux choses/personnes, on utilise:
plus … que   moins … que   aussi … que

Exemples:
La machine à laver est plus chère que le lave-vaisselle.
Les cuisinières électriques sont moins efficaces que les cuisinières à gaz.
Le fauteuil est aussi confortable que le canapé.

N'oubliez pas de faire l'accord:
machine à laver … chère
cuisinières électriques … efficaces

Le superlatif

Quand une chose/personne est plus (grande/chère/courte etc.) que toutes les autres, on utilise 'le/la plus …'.

Exemples:
C'est la plus belle moquette de la maison.
C'est le tapis le plus élégant du magasin.

Note: On dit 'de la maison', 'du magasin', etc.

Note: bon → meilleur(e) (que) → le meilleur/la meilleure
mauvais → pire (que) → le/la pire

1. – Fais la comparaison:

Exemple: histoire/géographie (+ intéressant)
L'histoire est plus intéressante que la géographie.

a) cette chaîne-stéréo/celle-là (– cher)
b) la chaise en plastique/celle en métal (+ confortable)
c) les magnétophones à cassettes/les chaînes hi-fi (= bon)
d) mon beau-frère/ma belle-soeur (+ sympathique)
e) la salle à manger/le salon (+ clair)

2. – Au superlatif:

Exemple: une bonne équipe (Angleterre)
La meilleure équipe de l'Angleterre.

a) une grande ville (département)
b) une belle pelouse (quartier)
c) un petit transistor (année)
d) une jolie chanson (disque compact)

Tu as envie de changer de look?

Nous avons transformé deux jeunes qui n'auraient jamais cru qu'il serait possible de changer leur routine vestimentaire.

Que fais-tu quand tous tes vêtements se ressemblent à tel point que tes amis pensent que tu ne te changes jamais? Ben, tu nous demandes de t'aider, évidemment!

Avant

« Je suis lycéenne, et toutes mes copines ont l'air si branchées par rapport à moi. Mon look, c'est le noir et le gris. Je veux quitter mon jean, être un peu plus osée. »

Après

« J'adore ce cardigan – super avec ce chemisier. La jupe est très longue, mais je l'aime beaucoup. Les perles dans les cheveux sont vraiment jolies. Ce n'est peut-être pas très pratique pour tous les jours, mais pour une soirée, c'est parfait. »

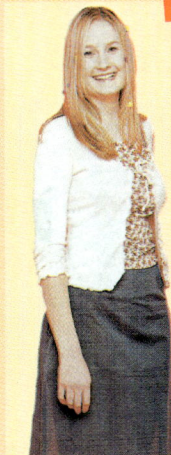

Avant

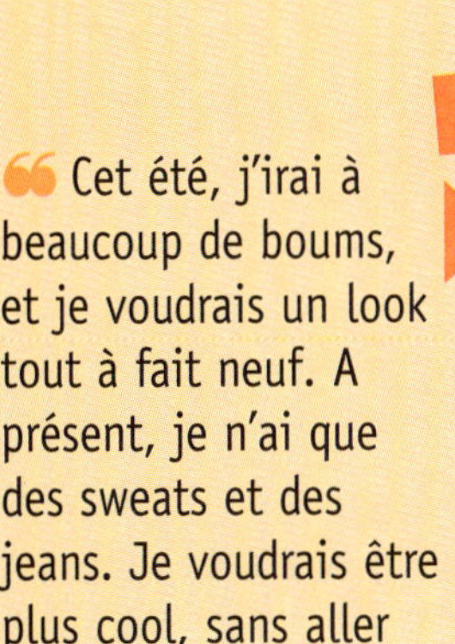

« Cet été, j'irai à beaucoup de boums, et je voudrais un look tout à fait neuf. A présent, je n'ai que des sweats et des jeans. Je voudrais être plus cool, sans aller jusqu'au costume-cravate. »

Après

« Ce costume en lin, ce n'est pas du tout mon genre – je ne le porterais jamais au lycée! Mais pour sortir le soir, c'est hyper-cool, et j'adore vraiment ce look. »

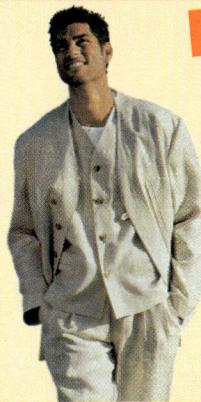

5 A deux: Parlez de ce changement de look.
Préférez-vous le look 'avant' ou 'après'? Pourquoi?
Décrivez votre look.
Est-ce que le look est important? Pourquoi (pas)?
Achetez-vous beaucoup de vêtements?
Est-ce que vous choisissez un partenaire à cause de son look?
Voudriez-vous changer le look? Comment?

Le look 'après' est plus branché que le look 'avant'.

Je préfère les sweats et les jeans – ils sont plus pratiques.

Mon look, c'est la chose la plus importante pour moi.

La vie des jeunes

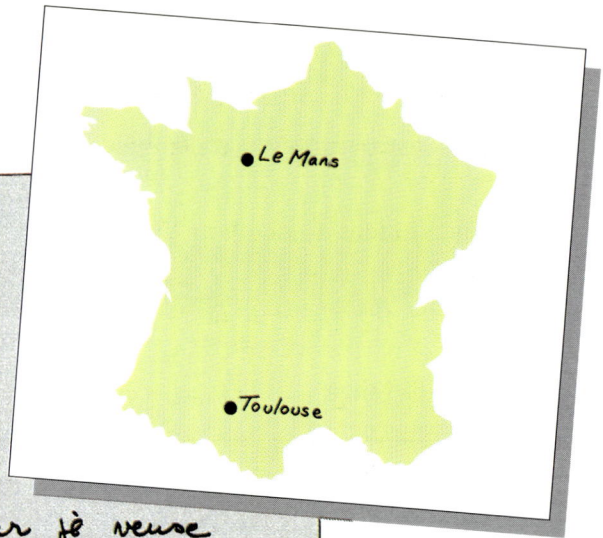

Le Mans, le 20 août

Cher Patrick,

J'ai passé mon bac cet été, juste après mon dix-huitième anniversaire. J'ai même obtenu de très bons résultats. J'en suis ravi, car je veux absolument continuer mes études en octobre. J'irai sans doute à l'université. Mais voilà le problème : laquelle ?

Aller à l'université du Mans, ça me permettra de continuer à vivre avec ma famille ; si je pars ailleurs, je serai loin de mes parents.

Il y a un autre aspect au problème : tu sais déjà que j'ai une petite amie, Magali. Elle étudie à l'université de Toulouse. Nous voudrions être ensemble. Si je pars pour Toulouse, je serai avec elle.

Qu'est-ce que tu en penses ?

Amitiés,

Jean-Yves

Le Mans
Toulouse

1a Quelle est ta réaction immédiate à la situation? D'accord ou pas?

1 Jean-Yves est trop jeune pour quitter sa famille.
2 Toulouse est très loin du Mans.
3 Jean-Yves est assez âgé pour partir seul.
4 Il devrait penser à ses études plutôt qu'à sa petite amie.
5 S'il va à Toulouse, il pourra étudier et être avec sa petite amie.
6 Quand on a dix-huit ans, les études ont toujours la priorité.
7 Rester avec la famille, ça sera moins cher.
8 C'est dur pour les parents de laisser partir leur enfant.

As-tu eu d'autres réactions? Si oui, explique-les.

1b Ecoute: Une discussion entre Jean-Yves et sa mère.

1 Quel est le point de vue de la mère de Jean-Yves? Donne deux ou trois points-clés.

Exemple: Sa mère dit que Jean-Yves est trop jeune pour partir seul.

2 Quel est le point de vue de Jean-Yves? Donne deux ou trois points-clés.

Exemple: Jean-Yves dit qu'il ira à la laverie automatique pour laver son linge.

3 Quel est ton avis personnel? Explique pourquoi.

1c Tu es Jean-Yves. Tu penses à Toulouse. Ecris trois phrases.

Exemple: Si je vais à Toulouse, ...

Maintenant, tu es sa mère.
Tu penses au Mans.
Ecris trois phrases.

Exemple: Si tu restes au Mans, ...

Flash info

Si + *présent* ..., *futur* ...:

Si Jean-Yves **va** a Toulouse, il **habitera** un appartement.
Si j'**ai** un appartement, je **ferai** le ménage.

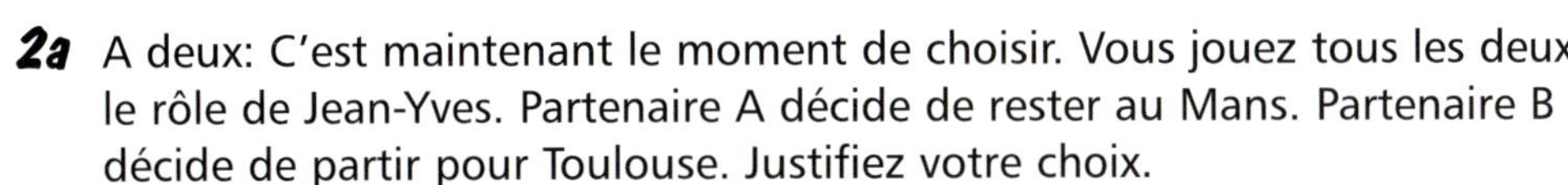

2a A deux: C'est maintenant le moment de choisir. Vous jouez tous les deux le rôle de Jean-Yves. Partenaire A décide de rester au Mans. Partenaire B décide de partir pour Toulouse. Justifiez votre choix.

Exemple: *A:* Voici pourquoi j'ai décidé de rester au Mans: ...
B: Voici pourquoi j'ai décidé de partir pour Toulouse: ...

2b Tu joues encore le rôle de Jean-Yves. Ecris une petite lettre à Magali pour annoncer et justifier ta décision.

2c Lis: Tu es toujours Jean-Yves. Après avoir posté ta lettre à Magali, tu rentres à la maison où tu trouves une lettre qui vient d'arriver ... de Toulouse!

Toulouse, le 2 septembre

Mon cher Jean-Yves,
Je trouve très difficile de t'écrire cette lettre. C'est que, depuis quelques semaines, je sors avec un autre garçon. C'est sérieux, très sérieux. Je t'écris donc pour t'annoncer que c'est fini entre toi et moi. Tu décideras peut-être de ne pas venir à Toulouse.

2d Réagis à la lettre. (Fâché? Triste? Pourquoi?)
Est-ce que la lettre changera ta décision? Pourquoi (pas)?

3 Lis ces deux lettres, parues dans un magazine.

Cher *Vingt Ans*,

Ma mère refuse d'accepter que je ne sois plus un enfant. Elle veut toujours savoir avec qui je sors, et où je vais. Elle insiste que je rentre à onze heures, même le samedi soir, et je ne peux pas sortir pendant la semaine. Elle dit que je suis trop jeune pour avoir un petit copain (j'ai 16 ½ ans), et que je dois sortir en groupe.

Pourtant, quand j'en ai parlé avec ma grand-mère, elle m'a dit que ma mère sortait souvent avec des garçons à mon âge. Je trouve que ce n'est pas juste. Je sais bien qu'elle s'inquiète à mon sujet, surtout parce que mes parents sont divorcés, alors je suis toute sa famille maintenant. Mais je suis presqu'adulte, et elle n'a pas le droit de me traiter comme un bébé.

Céline Lucas

Cher *Vingt Ans*,

Ma fille Céline m'accuse de ne pas lui permettre de grandir, et je sais bien que moi, quand j'avais son âge, j'avais plus de liberté. Mais la vie était si différente. J'habitais un petit village où tout le monde se connaissait – maintenant dans notre quartier une jeune fille est agressée presque tous les soirs. Sans parler des autres dangers. Quand j'étais jeune, il n'y avait pas la drogue, ni le sida. Et à seize ans, on était beaucoup plus innocent que les jeunes d'aujourd'hui – on était presque des enfants. Je ne sais pas quoi faire pour le mieux. Vraiment, je ne veux pas garder ma petite fille, mais je ne veux pas non plus quelque chose lui arrive. Je m'inquiète même quand elle est au collège – on entend parler tellement d'agressions, de rackets.

Marie-Thérèse Lucas

Réponds à ces questions en français.

1 Pourquoi Céline et sa mère ne sont pas d'accord?
2 Quand Céline sort, qu'est-ce que sa mère veut savoir? (Donne deux détails)
3 Qu'est-ce que sa mère ne lui permet pas de faire? (Donne trois détails)
4 Pourquoi est-ce que Céline dit que ce n'est pas juste?
5 Quand Mme Lucas était jeune, comment est-ce que la vie était différente? (Donne deux détails)
6 Et toi, penses-tu que Mme Lucas a raison? Explique ta réponse. (Donne deux détails)

4 Louise parle avec son grand-père au sujet de sa jeunesse.
Pour chaque phrase, écris V (vrai), F (faux) ou ✗ (il ne l'a pas dit). Si tu as écrit F, explique ce que grand-père a dit vraiment.

a Grand-père ne prenait jamais de vacances.
b Il vivait avec ses grands-parents.
c Il pense que le chômage n'est pas un vrai problème.
d Les gens ne voyageaient pas tant.
e Il n'aime pas la vie moderne.
f Les gens se tutoient facilement.
g Il n'y avait jamais de réunions familiales.

5 Regarde ces gros titres.

Agression
Une dame âgée de 84 ans a été blessée par un groupe d'adolescents.

Elèves difficiles
«J'écris aux parents pour me plaindre de leurs enfants, et ils me répondent: 'Moi non plus, je ne peux rien!'»

Le divorce
A peu près un mariage sur trois se termine en divorce. Les enfants de parents divorcés ont peu de chances de faire un mariage réussi. Ils sont souvent malheureux.

Front National
Plus de voix, mais seulement chez les plus de trente ans. Les collégiens estiment que les musulmans sont "aussi français que nous".

Vieillissement de la population
«Je vis toute seule, et ça fait 15 ans que je n'ai pas vu mon fils.»

Jeunes et riches
D'après un sondage, les jeunes ont plus d'argent disponible que leurs parents.

Answer the following questions in English.

1 What response does the teacher get from the parents of problem pupils?
2 What particular problem of old age is referred to?
3 Why does the last extract refer to *riches*?
4 Where does the National Front get most of its votes? Why?
5 What do all the extracts have in common?

6 Ta vie, est-elle différente de la vie de grand-père? Comment? Laquelle préfères-tu? Enregistre un petit commentaire sur ta vie familiale.

Moi, je préfère ...
Je n'aurais pas aimé ...
J'aurais aimé ...
Je ne pourrais pas me passer de ...
Il me faut ...
Je l'aurais trouvé ...
les familles nombreuses

5 Chez moi

A Ma région

une HLM (habitation à loyer modéré)
= *council house/flat*

1a Prépare et enregistre des présentations.

Olivier

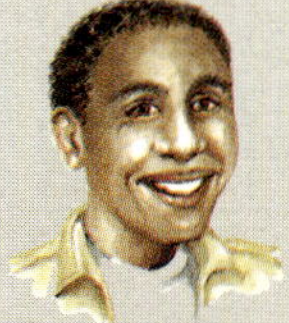
Suliman

Chantal

Aline

J'

habite
une maison/une HLM/un immeuble/une ferme/un bungalow/un pavillon/une auberge/
en ville/dans la banlieue/dans un village/à la campagne/sur un lotissement/au bord de la mer/
en montagne

La ville est vieille/petite/grande/moderne/industrielle/touristique/intéressante
Le village est vieux/petit/grand/historique/touristique/intéressant

Elle/Il se trouve
dans le nord/l'ouest/l'est/le sud/le centre (de la France)
près de/loin de ...

la boussole

Il y a
un musée/un château/un centre commercial/un marché/un théâtre/un parc/
un centre sportif/un jardin zoologique/une église/une mosquée/une piscine/une gare/une rivière/
des restaurants/des cinémas/ ...

On peut aller à la/au ...
visiter le/la ...
faire une visite de la ville/une excursion en montagne/ ...

Les avantages/inconvénients sont:
C'est tranquille/animé/ennuyeux
Il fait chaud/froid
Il n'y a pas grand-chose à faire
Il n'y a rien à faire/Il y a beaucoup de choses à faire
On est trop loin de la ville/de ses copains
Si on veut aller au cinéma/en ville, il faut prendre le bus

1b Ecoute et note: Où habitent-ils?
Aiment-ils ou n'aiment-ils pas y habiter? Pourquoi?

Bruxelles

Montréal

Grenoble

Basse-Terre

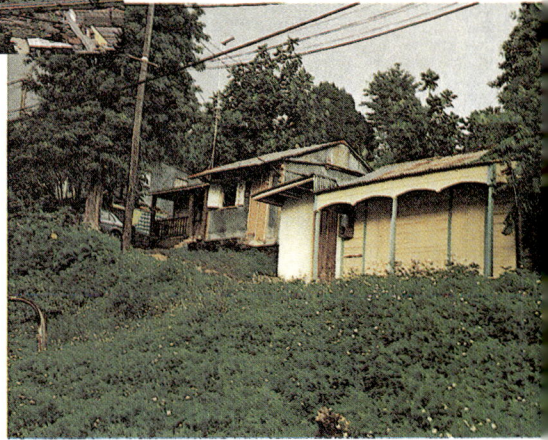

1c Fais un résumé et commente-le avec un(e) partenaire.

Exemple: Marie-France habite ...
Elle aime y habiter parce que ...
Ce qu'elle n'aime pas, c'est ...

2a Avantage ou inconvénient? Fais deux listes.
Commente tes listes avec un(e) partenaire.

Je partage une chambre avec mon frère/ma soeur.

Ma chambre est trop petite.
J'ai une chambre à moi.

Ma chambre est grande.
Nous n'avons pas de chauffage central.

J'ai assez de place pour faire mes devoirs dans ma chambre.

Je dois faire mes devoirs dans la cuisine.

On ne peut pas avoir d'animal dans l'appartement.

En connaissez-vous d'autres?

2b Où habites-tu? Prépare et enregistre une présentation.
C'est quelle sorte de maison?
Tu y habites depuis quand?
Quels en sont les avantages et les inconvénients?

J'habite un(e) ... en/dans ...		
La maison	est	grande/petite/moderne/vieille
L'immeuble		grand/petit/moderne/vieux
J'y habite (*présent*) depuis cinq ans Les avantages/Les inconvénients sont: ...		

3 A deux: Chaque partenaire choisit une ville, Besançon (p. 64) ou Yverdon (p. 65). Ecoutez et préparez une présentation sur la ville de votre choix.

Besançon

VISITES GUIDÉES
Office de Tourisme
CAPITALE
DE LA FRANCHE-COMTÉ,
VILLE D'ART ET D'HISTOIRE,
BESANÇON VOUS INVITE AU PLAISIR
DE LA DÉCOUVERTE
Visites organisées sous l'égide de la Caisse Nationale des Monuments Historiques et des Sites, pour **individuels** et pour **groupes**, toute l'année.
Parmi les visites proposées:
▪ le quartier Battant
▪ la Citadelle
▪ la Cathédrale Saint-Jean
▪ la Pharmacie de l'Hôpital Saint-Jacques
▪ la ville haute
▪ la ville basse
ainsi que de nombreuses visites à thèmes.
Renseignements, réservations:
Office de Tourisme, service Visites - Tél. 81.88.31.95 ou 81.80.92.55.

3a Ecoute et prépare une présentation: Besançon est quelle sorte de ville?

Exemple: Besançon se trouve ... . C'est une ville ...
Il y a ... . On peut ...

3b A deux: Tu travailles dans le syndicat d'initiative à Besançon.
Ton/Ta partenaire travaille dans le syndicat d'initiative à Yverdon.
Prépare cinq questions pour ton/ta partenaire. Posez vous les questions à tour de rôle.

Exemple:
A: Est-ce qu'il y a un lac à Yverdon? *B:* Oui, il y a ...
A: Qu'est-ce qu'il y a à visiter? *B:* Il y a ...
A: Qu'est-ce qu'on peut faire à Yverdon? *B:* On peut ...
A: Est-ce qu'on peut ...? *B:* Oui, .../Non, mais ...
A: Il n'y a pas de théâtre? *B:* Si, il y a un théâtre.

3c Compare les deux villes.
Laquelle est plus grande, plus moderne, etc.? Quelles différences y a-t-il?

3d Où préférerais-tu habiter: à Besançon, à Yverdon ou chez toi?
Pourquoi? Prépare ta réponse.

Exemple: Je préférerais habiter à ..., parce que ...
Je préfère habiter ici, parce que ...

Yverdon

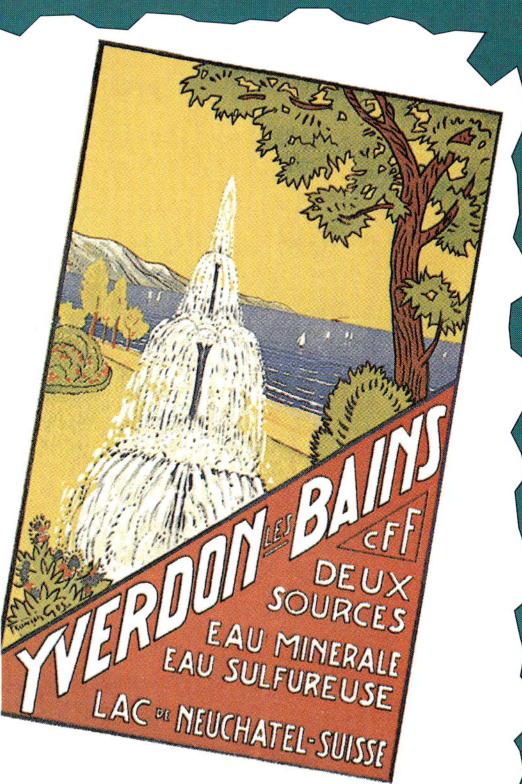

3a Ecoute et prépare une présentation: Yverdon est quelle sorte de ville?

Exemple: Yverdon se trouve ... . C'est une ville ...
Il y a ... . On peut ...

3b A deux: Tu travailles dans le syndicat d'initiative à Yverdon.
Ton/Ta partenaire travaille dans le syndicat d'initiative à Besançon.
Prépare cinq questions pour ton/ta partenaire. Posez-vous les questions à tour de rôle.

Exemple:

A: Est-ce qu'il y a un lac à Besançon? *B:* Non, mais il y a ...
A: Qu'est-ce qu'il y a à visiter? *B:* Il y a ...
A: Qu'est-ce qu'on peut faire à Besançon? *B:* On peut ...
A: Est-ce qu'on peut ...? *B:* Oui, .../Non, mais ...
A: Il n'y a pas de théâtre? *B:* Si, il y a un théâtre.

Flash info

Verbe: pouvoir *(to be able to)*

présent:	je peux	nous pouvons	*imparfait:*	je pouvais
	tu peux	vous pouvez	*passé composé:*	j'ai pu
	il/elle/on peut	ils/elles peuvent	*futur:*	je pourrai
			conditionnel:	je pourrais

4a Ecoute: On parle de trois grandes fêtes; Noël et Id-al-Fitr en France et le carnaval d'hiver au Canada.

Pour chacune des phrases suivantes, écris N (Noël), I (Id-al-Fitr) ou C (Carnaval d'Hiver).

Exemple: Ce qu'on mange est très important. N et I.

1 Ce n'est pas du tout une fête religieuse.
2 On fête la fin d'une période où on n'a pas beaucoup mangé.
3 On va à l'église tard dans la nuit.
4 Beaucoup des activités se passent à l'extérieur, dans la neige.
5 On donne des cadeaux, surtout aux enfants.

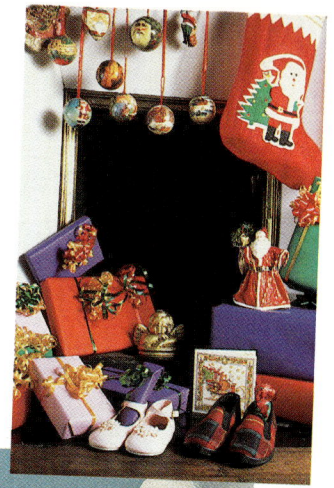

4b Ecoute la cassette encore une fois, puis remplis les blancs dans les passages suivants.

Magali préfère Noël pour ____1____ raisons. Elle adore recevoir et ____2____ des cadeaux, mais elle aime aussi le fait que tout le monde est ____3____ . On n'est pas trop occupé pour penser aux autres. Noël est aussi l'occasion de ____4____ des choses un peu spéciales.

Pour Ahmed, la fête d'Id-al-Fitr est importante parce qu'elle vient ____5____ du mois de Ramadan, où on n'a pas beaucoup mangé. La fête dure trois jours, et il y a des cadeaux et des ____6____ . Le seul problème, c'est que sa ____7____ ne peut pas se réunir, car beaucoup d'entre eux n'habitent pas en France.

Le carnaval d'hiver se passe à Québec et dure ____8____ jours. D'après Annik, on fait beaucoup d'activités sur neige ou sur ____9____ , et on ____10____ la reine du carnaval.

à la fin	au début	avoir	boums	choisit	donner	dix	famille
gentil	glace	manger	mère	plusieurs	regarde	télévision	

5 A deux: Parle à ton/ta partenaire de ta fête favorite.

Qu'est-ce que tu manges?

C'est une fête religieuse/familiale?

Ça se passe quand?

C'est une fête chrétienne/musulmane/autre?

Il y a des cadeaux/feux d'artifice/spectacles/concours/cérémonies religieuses?

6 Read this letter and answer the questions in English.

Cher ami,

Me voici de retour au Sénégal. Que tout est différent ici! On vient de célébrer notre fête nationale. Oui, ce n'est pas le 14 juillet, comme en France, mais le 4 avril – évidemment, car ce que nous fêtons, c'est notre indépendance de la France!

Le Sénégal est devenu indépendant en 1960. A St Louis, où j'habite maintenant, on a notre façon de fêter ça. Il y a des défilés au bord de la rivière, un feu d'artifice, et surtout, des courses de pirogues. Une pirogue, c'est une sorte de grand canot traditionnel au Sénégal. C'est passionnant de regarder ces courses, et l'année prochaine, j'espère participer moi-même, car il y a une course spéciale pour les moins de vingt ans. J'ai trouvé cette fête plus intéressante que la fête nationale en France. A part les feux d'artifice, on ne faisait pas grand-chose de vraiment différent le quatorze juillet, c'était plutôt ennuyeux, non?

Mais c'est peut-être parce que c'est ma première fois à célébrer la fête nationale, et que la température est toujours assez élevée – vers vingt-sept degrés! C'est vraiment un climat très agréable.

Stéphane

1 Why do the Senegalese celebrate the 4th of April? (Give two details.)
2 What is a *pirogue*?
3 What does Stéphane hope to do next year? (Give two details.)
4 What similarity does Stéphane mention between the two festivals?
5 How does Stéphane feel about the two festivals?

7 Fais une comparaison entre la Noël chez toi, et une Noël vraiment traditionnelle. (Si tu veux, tu peux choisir une autre fête, comme Pâques, ou le nouvel an.)

Prépare et enregistre une présentation.

Voici quelques idées:
au mois de novembre; début décembre; mi-décembre;
la veille de Noël (préparer le réveillon; aller à la messe de minuit);
le jour de Noël; après Noël; le 31 décembre.

B Echange scolaire

1a Voici la famille de ta corres canadienne, Martine. Ecoute: Comment s'appellent-ils? Que font-ils?

Exemple: Sa mère s'appelle … . Elle est …

1b Montre une photo de ta famille à Martine. Prépare et enregistre ce que tu vas lui dire

Exemple: Voici ma mère. Elle s'appelle …

2a Ecoute: Martine te décrit sa maison. C'est quelle pièce?

Exemple: 1 C'est l'entrée.

2b Dessine un plan de ta maison pour Martine. Prépare et enregistre ce que tu vas lui dire.

Ça,	au rez-de-chaussée, au premier étage, à côté de la/du … entre … et …	c'est	la salle à manger le salon ma chambre …

un débarras = *box room*

3a Martine t'envoie une photo de sa chambre. Décris sa chambre.

Exemple: Sa chambre est ... . Dans sa chambre il y a ...

3b Décris ta chambre. Quels sont les avantages et les inconvénients de ta chambre?

Exemple: Ma chambre est ... . Dans ma chambre il y a ...
Les avantages sont: elle est assez grande ...
Les inconvénients sont: je la partage avec mon frère/ma soeur ...

3c Compare ta chambre avec la chambre de Martine. Laquelle préfères-tu?

Sa chambre est plus/moins ... que la mienne.	
Elle a J'ai	plus/moins de ...
Elle n'a pas Je n'ai pas	de ...
Je préfère ma/sa chambre parce que ...	

4 As-tu un animal? Décris ton animal, ou bien ton animal préféré!

Exemple: Le chien saint-bernard est ...

Il/Elle	est	grand(e)/petit(e) doux/ce/méchant(e)/ ...
	a	la queue longue/courte/blanche/noire/ ... les oreilles longues/courtes/ ...
Son poil	est long/court/lisse/ ...	
Il/Elle	aime/n'aime pas ...	

5a Arrivée chez Martine. A deux: Travaillez ce dialogue.

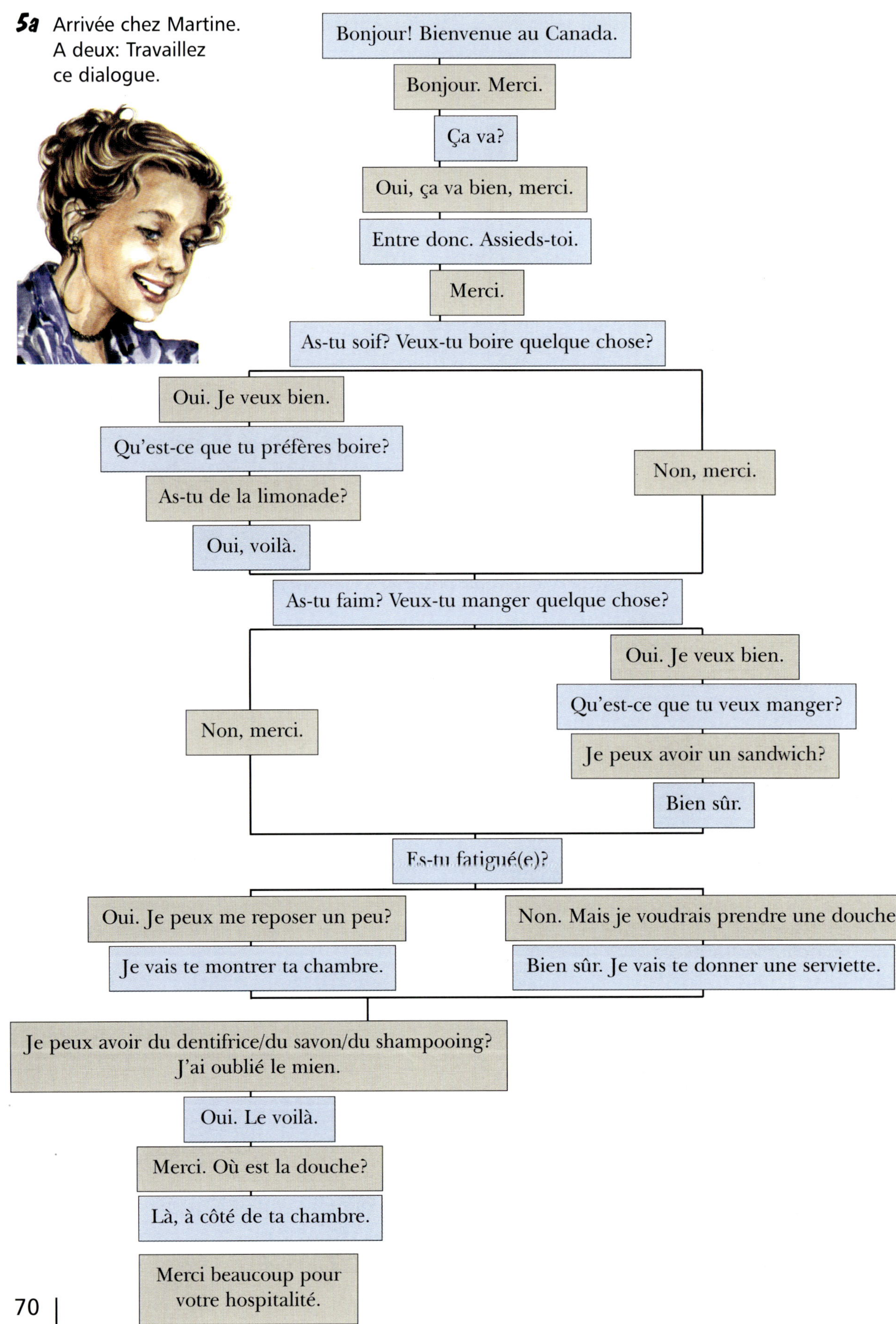

Bonjour! Bienvenue au Canada.
Bonjour. Merci.
Ça va?
Oui, ça va bien, merci.
Entre donc. Assieds-toi.
Merci.
As-tu soif? Veux-tu boire quelque chose?
Oui. Je veux bien.
Qu'est-ce que tu préfères boire?
As-tu de la limonade?
Oui, voilà.
Non, merci.
As-tu faim? Veux-tu manger quelque chose?
Non, merci.
Oui. Je veux bien.
Qu'est-ce que tu veux manger?
Je peux avoir un sandwich?
Bien sûr.
Es-tu fatigué(e)?
Oui. Je peux me reposer un peu?
Je vais te montrer ta chambre.
Non. Mais je voudrais prendre une douche.
Bien sûr. Je vais te donner une serviette.
Je peux avoir du dentifrice/du savon/du shampooing? J'ai oublié le mien.
Oui. Le voilà.
Merci. Où est la douche?
Là, à côté de ta chambre.
Merci beaucoup pour votre hospitalité.

5b Martine/Guillaume arrive chez vous. Prépare ce que tu vas lui dire après le long voyage. Travaille le dialogue avec un(e) partenaire.

Exemple: As-tu soif? Veux-tu boire quelque chose?

5c M. Raffit/Mme Denis arrive chez vous. Qu'est-ce que tu vas lui dire?

Exemple: Avez-vous soif? Voulez-vous boire quelque chose?

6 Ecoute Marie, puis choisis la bonne phrase à chaque fois. (1–6)

- **a** J'ai besoin de téléphoner.
- **b** J'ai mal à la tête.
- **c** J'ai faim.
- **d** J'ai envie de sortir.
- **e** J'ai sommeil.
- **f** Il y a un bon match de foot à vingt heures.

Making conversation

Je vais bien.
Je vais mieux maintenant.
Je ne vais pas bien.
Je suis malade.
Je suis fatigué(e).
J'ai froid/chaud/faim/soif/sommeil/de la fièvre

Enchanté(e) (de faire votre connaissance)
Bon week-end
Bonne fête
Bonne chance
Bonne nuit

Note aussi:
J'ai (Tu as etc.) raison/tort/peur/envie de .../besoin de ...

Et:
La fête a lieu le dix mai.

7a Tu es chez Martine.
Que dis-tu pour demander la permission à la mère de Martine?

Exemple: Tu as chaud.
Je peux ouvrir la fenêtre, s'il vous plaît?

1. Tu as besoin d'acheter du dentifrice.
2. Tu as sommeil.
3. Tu as soif.
4. Tu as mal aux dents.
5. Il y a un bon concert à la radio.

7b Maintenant, Martine est chez toi.
Dis-lui à quelle heure tu prends les repas chez toi

- pendant la semaine
- le week-end
- pendant les vacances.

8 Ecoute: Christophe mange chez la famille de Martine.
Réponds en français aux questions.

1. Christophe, qu'est-ce qu'il reprend?
2. Qu'est-ce qu'il demande à la mère de Martine?
3. La mère, qu'est-ce qu'elle veut?
4. Il y a un petit accident. Qu'est-ce qui se passe?
5. Christophe, qu'est-ce qu'il choisit comme dessert?
6. De quoi a-t-il besoin?

Flash info

Verbe: prendre

présent: je prends
tu prends
il/elle prend
nous prenons
vous prenez
ils/elles prennent

imparfait: je prenais
passé composé: j'ai pris
futur: je prendrai
conditionnel: je prendrais

9 Martine est chez toi. Demande-lui si elle a besoin de:

10a Voici une journée typique pour Martine, mais il faut mettre dans le bon ordre toutes ses activités.

7h00
7h30
8h00
8h30
9h00
12h00
13h30
17h00
17h30
19h30
20h30
22h30

A Je regarde la télévision, si j'ai fini mes devoirs.
B J'ai trois heures de cours tous les matins.
C J'arrive au collège, et je dis bonjour à mes camarades.
D J'ai encore trois heures de cours, sauf le mercredi.
E Je fais mes devoirs. J'en ai trop.
F Nous prenons tous le dîner. Ce que je préfère, c'est le steak-frites.
G Je me couche, car je suis très fatiguée.
H Je me lève, je me lave et je m'habille.
I Je prends le déjeuner à la cantine - ce n'est pas bon!
J Je prends le petit déjeuner. D'habitude je prends du thé au lait ou un café crème et un oeuf à la coque avec du pain beurré.
K Je prends le car pour aller au collège.
L J'arrive chez moi, et je prends le goûter - du pain et du chocolat.

10b A deux: Que penses-tu de la journée de Martine?
Parle de ta journée typique.
Laquelle préfères-tu, la journée de Martine ou ta journée? Pourquoi?

11a Ecoute: Martine t'envoie une cassette. Tu vas faire un autre échange avec Martine. Elle parle de la visite et te donne des conseils.

Explique ce qu'elle dit en anglais à un(e) ami(e) qui va aussi, mais qui ne parle pas bien le français.

Exemple: On Sunday we arrive ...

Programme de la visite:

dimanche
Arrivée 14.30h: En famille

lundi
Journée libre

mardi
Au collège

mercredi
10h Visite de la Citadelle, du château Frontenac et de la Basse-ville

jeudi
10.30h Visite de la réserve nationale de faune du cap Tourmente

vendredi
10.30h Excursion en bateau sur le fleuve Saint-Laurent

samedi
Journée libre

dimanche
Départ 8.30h pour visiter les Rocheuses

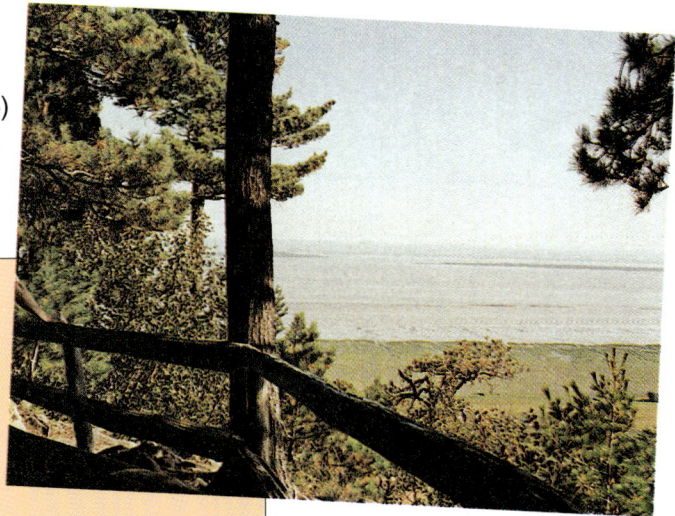

la réserve nationale de faune

Programme for the Canadian pupils' visit

Sunday	Arrive 18.45, evening with families
Monday	Free to recover from journey
Tuesday	dep. 10 a.m. Bus trip round area and visit to Castle Howard (stately home)
Wednesday	dep. 8 a.m. Day trip to Alton Towers (amusement/theme park)
Thursday	Visit to school
Fri-Weds	dep. 8 a.m. Outdoor pursuits trip to the Lake District. Stay in youth hostel: walking, canoeing and climbing
Thursday	Free for shopping etc. Disco at school in evening
Friday	dep. 10 a.m. for weekend in London before flying from London

11b Et chez toi? Enregistre une cassette pour envoyer à Martine. Donne des conseils à Martine/Guillaume. Qu'est-ce qu'elle/il doit mettre chaque jour? Prépare ce que tu vas lui dire.

11c Jeu d'imagination: Tu as passé une semaine à Québec. Qu'est-ce que tu as fait? C'était comment? Choisis un des exercices suivants:

1 Fais un résumé de ton séjour.
2 Ecris une page de ton journal intime.
3 Ecris une lettre à un copain/une copine ou à tes parents.

Exemple: 1 Lundi, je suis allé(e) ...
J'ai fait ...
C'était très intéressant!

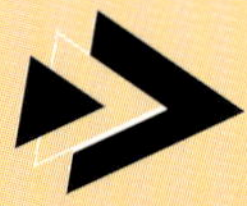

Il est temps de partir

Sophie, 18 ans, a toujours habité avec ses parents, à Tours. Mais elle a récemment trouvé un emploi à Lille, ce qui fait qu'elle doit trouver un logement.
Il y a plusieurs possibilités: un petit hôtel? une chambre chez quelqu'un? une résidence pour les jeunes travailleurs, peut-être?
Elle préfère chercher un petit appartement, et elle obtient un journal lillois où elle consulte la page des annonces immobilières.

1a Lis le profil de Sophie et regarde les annonces.
Peux-tu suggérer une ou deux possibilités pour Sophie? Explique ton choix.

Exemple: Je pense que ... serait convenable, parce que ...

1b Explique pourquoi certaines habitations ne seraient pas convenables.
Par exemple, c'est trop grand? C'est trop cher? C'est trop loin de Lille?

location d'appartements

STUDIO
15m². Chambre avec kitchenette (plaque chauffante), salle d'eau complète (baignoire ou douche), w.c., placards. Deux lits (ou lit double).
0 000 F p.m.

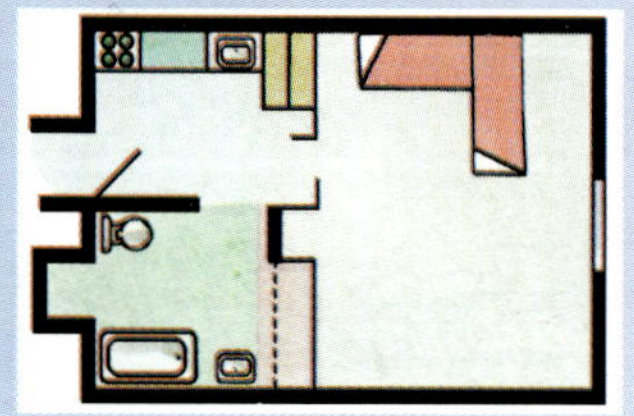

2 PIECES
De 35 à 45m². Entrée, living-room double, une chambre alcôve séparée par un rideau, coin cuisine (voir studio), coin repas, salle de bains (baignoire), w.c. séparés, dressing-room. Un lit double + deux lits simples. 12 500 F par mois.

MAISON à LOUER, 5 km centre-ville, 2 ch, cuisine, gde s.d.b. avec w.c., gd jardin + garage à proximité. Loyer mensuel 10 000 F.

MOBILE HOME à vendre. Idéal vacances ou retraite. 2 ch, douche, coin salon + cuisine. 30 000 F

Cherche **JEUNE FEMME** pour partager chambre chez particulier, à 3 km du centre-ville; frais à partager. 2 800 F mensuel.

2 Sophie va voir l'appartement qui semble le plus convenable.
Le propriétaire l'accompagne. Ecoute leur conversation.

1 Quelle est la première réaction de Sophie quand elle entre dans l'appartement?
2 Elle change d'avis. Pourquoi?
3 Qu'est-ce qu'elle va acheter comme meubles?

3a Ecoute: Pour moi, c'est vraiment nécessaire.
Six jeunes parlent de meubles ou d'autres articles essentiels. Quels articles?

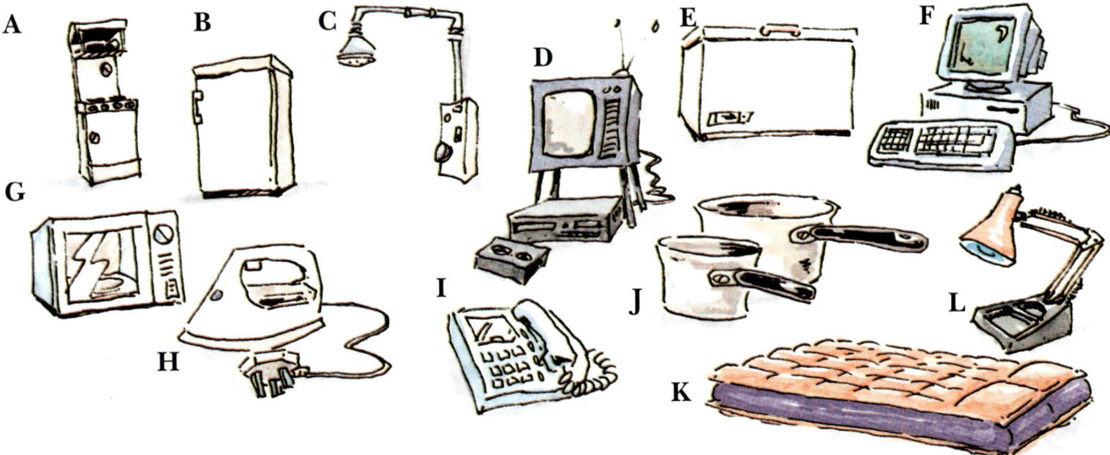

3b Travaillez en groupe: Chacun prépare un petit discours (durée 1 minute), en réponse à ces deux questions:

- Dans ta chambre personnelle, qu'est-ce qui est indispensable?
- Et qu'est-ce qu'il y a dans ta chambre idéale?

Commentez vos réponses.

3c Sophie dresse un plan pour son nouvel appartement.
Aide-la: prépare, à l'écrit, des conseils sur ce qui est utile, nécessaire, etc.

Il faut	un frigo une armoire un aspirateur	pour	garder les provisions fraîches garder les vêtements nettoyer les pièces

4 Enfin, Sophie est bien installée dans son nouvel appartement.
Suggère quatre aspects de sa vie qui ont changé.

Exemple: Avant, sa mère préparait ses repas.
Maintenant, Sophie fait la cuisine elle-même.

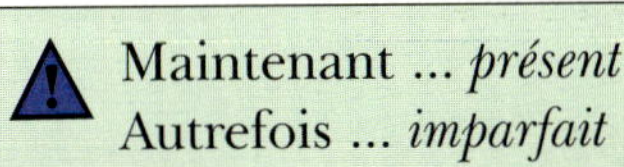
Maintenant ... *présent*
Autrefois ... *imparfait*

5a Vivre avec quelqu'un d'autre, ce n'est pas toujours facile.

Il laisse ses affaires partout dans le salon.

C'est toujours moi qui dois faire la vaisselle.

Il peut sortir jusqu'à minuit. Moi pas!

Elle prend mon vélo sans ma permission.

Elle est toujours en train de parler au téléphone.

Elle ne m'aide jamais avec mes devoirs d'anglais!

A deux: Pensez à d'autres exemples. Ecrivez-les.

Aimez-vous vos frères et sœurs?

Dans chaque numéro, l'un de vous pose une question. Des lecteurs répondent et donnent leur avis. Voici la question d'aujourd'hui:

«Je voudrais poser une question: aimez-vous vos frères et sœurs?» Personnellement, j'ai deux petites sœurs de deux ans et sept ans de moins que moi. Je les adore et elles m'adorent, on est toujours ensemble. Les années d'écart ne changent pas grand-chose. Merci pour vos réponses.

Nathalie, Orléans

«Un frère jumeau, c'est pratique»

J'ai un frère jumeau et un frère plus petit qui a 11 ans. Ma mère dit souvent qu'il est difficile d'avoir un frère jumeau, moi au contraire, je trouve cela très pratique: quand je suis malade, il m'apporte mes leçons et vice versa. Comme on a le même âge, on a à peu près les mêmes goûts et on peut facilement jouer ensemble.

François, 13 1/2 ans

«Je suis fille unique»

J'ai trouvé la question très intéressante. Je suis dans un cas un peu particulier, car je suis fille unique. Souvent, je me dis que j'aimerais bien avoir une petite sœur ou un petit frère, ou bien une grande sœur à qui me confier ... Cela mettrait un peu plus de gaieté et de jeunesse dans la maison, même si dans les disputes, on pense qu'on aurait préféré être fille ou fils unique.

Julie, 11 ans

«On se chamaille sans arrêt»

Moi, j'ai une sœur qui a 16 ans et je l'adore, mais ça n'a pas l'air réciproque. On se chamaille sans arrêt; quand je lui dis "Bonjour", elle me répond "Au revoir"; quand je lui pose une question ou que je dis une chose aimable, elle s'en fiche et me répond: "Sors de ma chambre".
Tu as vraiment de la chance, tu sais, alors, profites-en bien!

Cécile, 12 ans

«J'ai envie de lui donner des claques»

J'ai une petite sœur qui a 7 ans. De temps en temps, je m'entends très bien avec elle et de temps en temps, j'ai envie de lui donner des claques. Mais je l'adore quand même. Bien sûr, les années d'écart changent beaucoup de choses pour nous: moi, je m'occupe de garçons et elle de billes, donc on n'est pas sur le même terrain d'entente.

Julie, 14 ans

«On peut leur faire confiance»

J'ai un grand frère de 18 ans et une grande sœur de 20 ans. Je ne peux pas vraiment dire que je les adore. Il y a des hauts et des bas, mais on peut vraiment leur faire confiance. Souvent les problèmes que j'ai, ils les ont eu également.

Stéphanie, 14 ans

«Nous sommes complices»

Moi, j'ai un frère de 20 ans et j'en suis très fier. Le plus important pour moi, c'est que mon frère et moi, nous soyons prêts à nous aider l'un l'autre.

Guilhem, 12 ans

5b Lis la lettre de Nathalie au magazine OKAPI (page 76) et les réponses.

1 Si tu as un frère ou une soeur, ou même plusieurs, écris ta réponse à la lettre de Nathalie.

2 Si tu n'as ni soeur ni frère, résume les avantages ou les inconvénients d'être fils/fille unique.

Il/Elle	(ne) m'irrite/m'agace (pas) me casse les pieds (ne) me parle (pas)	Ils/Elles	(ne) m'irritent/m'agacent (pas) me cassent les pieds (ne) me parlent (pas)
Je	l'aime bien me dispute avec lui/elle	Je	les aime bien me dispute avec eux/elles
On	se chamaille discute/joue/s'amuse ... ensemble		

6a Simon et Alexandre partagent un appartement depuis six mois. Ecoute-les. Note les problèmes et les bons aspects.

6b A deux: Imaginez une des situations dans lesquelles Alexandre et Simon se confrontent. Jouez le rôle des deux jeunes hommes.

Tu m'irrites.
Tu m'énerves.
Tu as laissé .../mis ...
Tu n'as pas rangé .../fait ...
Jamais tu ne ...
Veux-tu faire un effort?
Je commence à me fâcher.
J'en ai marre!
C'est toujours moi qui ...
Je ne vais/veux plus ...

6 La bouffe

A Qu'est-ce qu'on mange?

1a Copie les titres et mets les mots dans la bonne colonne. En connais-tu d'autres? Masculin, féminin ou pluriel? Compare ta liste avec la liste d'un(e) partenaire.

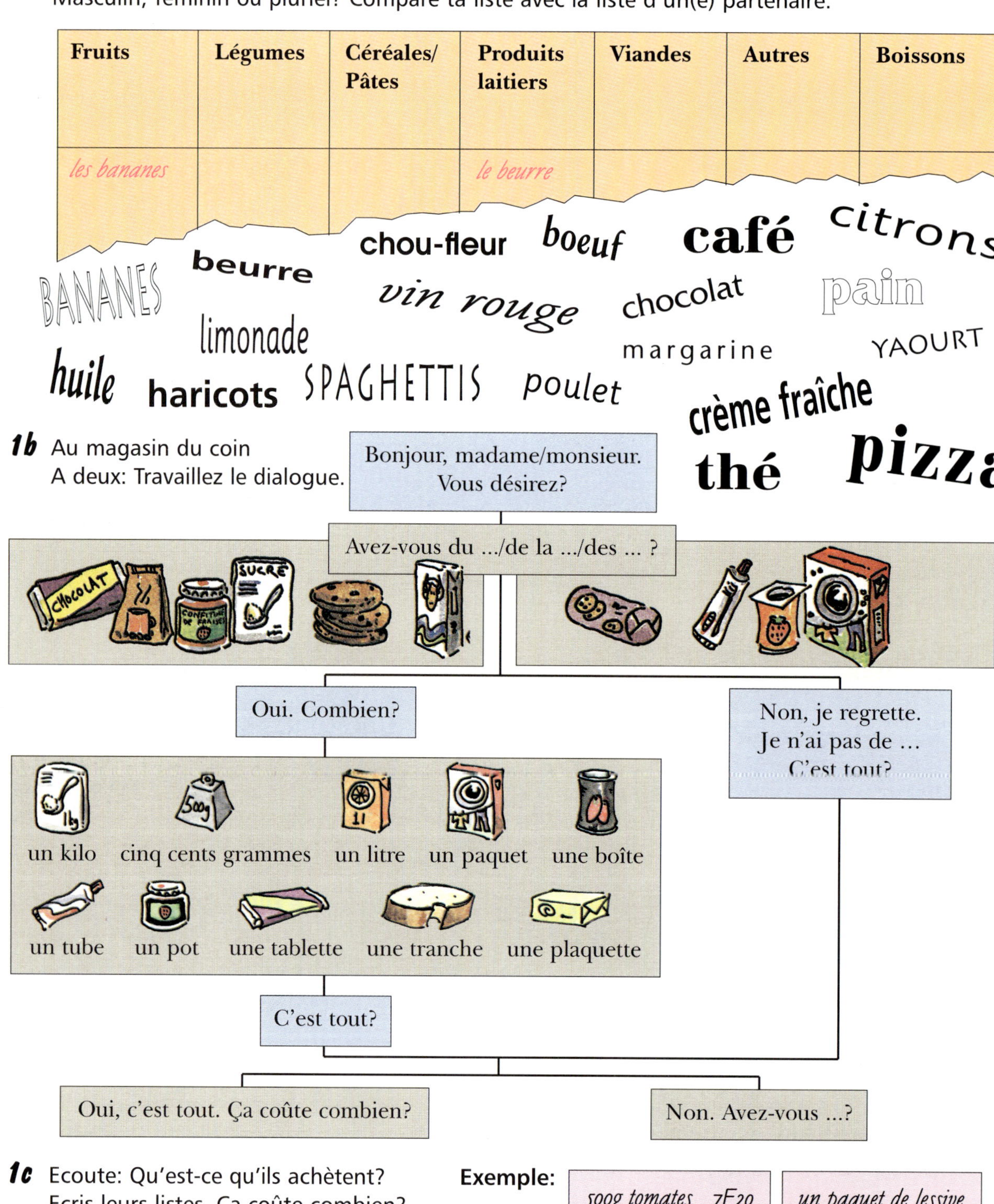

Fruits	Légumes	Céréales/ Pâtes	Produits laitiers	Viandes	Autres	Boissons
les bananes			*le beurre*			

1b Au magasin du coin
A deux: Travaillez le dialogue.

Bonjour, madame/monsieur. Vous désirez?

Avez-vous du .../de la .../des ... ?

Oui. Combien?

un kilo, cinq cents grammes, un litre, un paquet, une boîte, un tube, un pot, une tablette, une tranche, une plaquette

C'est tout?

Non, je regrette. Je n'ai pas de ... C'est tout?

Oui, c'est tout. Ça coûte combien?

Non. Avez-vous ...?

1c Ecoute: Qu'est-ce qu'ils achètent? Ecris leurs listes. Ça coûte combien?

Exemple: *500g tomates 7F20* | *un paquet de lessive 24F30*

2a Quatre repas par jour
Copie les titres et remplis la grille. C'est pour quel repas?
En connais-tu d'autres? Compare ta liste avec la liste d'un(e) partenaire.

Le petit déjeuner	Le repas de midi	Le goûter	Le repas du soir/Le dîner

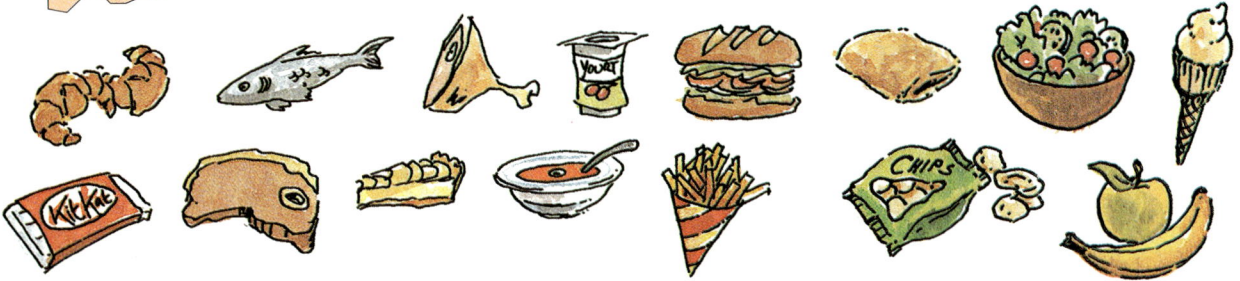

2b Ecoute: Qu'est-ce qu'ils ont mangé hier? C'était comment? (1–2)
Copie et complète la grille.

Exemple:

	mangé	c'était
1 petit déj. repas de midi	*une tartine*	*très bon*

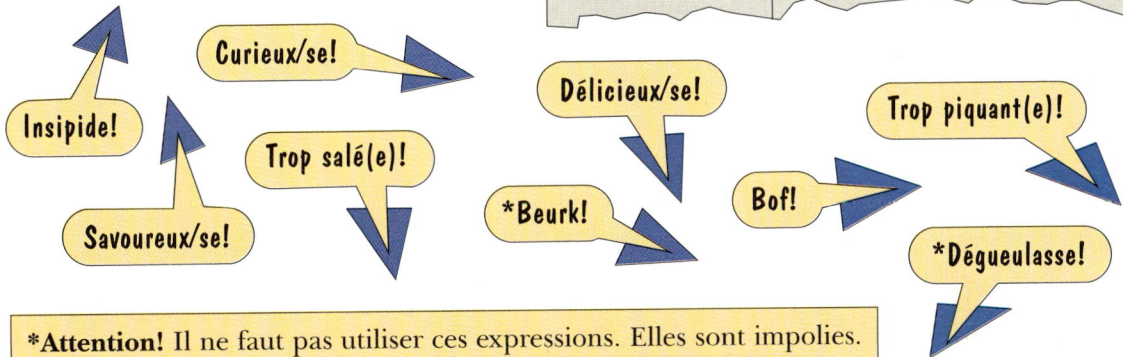

Curieux/se!
Insipide!
Trop salé(e)!
Savoureux/se!

Délicieux/se!
Trop piquant(e)!
*Beurk!
Bof!
*Dégueulasse!

***Attention!** Il ne faut pas utiliser ces expressions. Elles sont impolies.

2c A deux: Qu'est-ce que vous avez mangé hier? C'était comment?

Hier,	pour le petit déjeuner à la récré à midi pour le goûter le soir	j'ai mangé ... . C'était ... je n'ai rien mangé

3a Ecoute: Nos plats préférés pour le repas de midi, classe 3a.

Exemple: 1 le steak-frites

3b Les plats préférés de la classe 3a: Dessine un camembert et écris un petit résumé.

Exemple: Dans la classe 3a, la plupart des personnes préfèrent ...
il y a ... personnes qui préfèrent ...

3c Fais un sondage. Choisis une question et pose-la à 12 ou 24 personnes.
Dessine un camembert et écris un résumé des résultats.

Exemple: Quel est ton plat préféré pour le ...?

Le Restaurant

COMPOSEZ VOUS-MÊME
VOTRE MENU

Nos formules, boisson comprise.

55F
SOLO
Un plat
+ Une boisson *

75F
DUO
Une entrée + Un plat
ou Un plat + Un dessert
ou Une entrée + Un dessert
+ Une boisson *

95F
TRIO
Une entrée
+ Un plat
+ Un dessert
+ Une boisson *

* Boisson comprise: 25 cl de vin ou une demi-eau minérale ou une bière 25 cl ou un soda 20 cl

Les Entrées

Buffet de hors-d'œuvre.
Paté de campagne, compote d'oignons.
Salami, radis au buerre.
Omelette au choix, jambon, fines herbes ou fromage.
Potage de légumes.

Entrées du jour:
Consultez l'ardoise.

Les Plats

Entrecôte grillée 160 grs.
Poule au pot.
Côte de porc, haricots verts.
Rôti de veau, petits pois.
Tagliatelles aux champignons et à la crème.

Pour les enfants:
Bifteck haché 150grs ou Croque-madame ou Merguez.

Tous nos plats sont servis avec pommes allumettes ou pommes vapeur.

Plats du jour:
Consultez l'ardoise.

Les Desserts

Plateau de fromages affinés.
Glace maison: 2 parfums au choix (vanille, chocolat, café, caramel).
Sorbet: 2 parfums au choix (cassis, fraise, citron, cerise).
Tarte tatin, crème Chantilly.
Crêpe (cassis, framboise, ananas).
Fruits (raisin, pomme, pêche).
Gâteau au chocolat.

Dessert(s) du jour:
Consultez l'ardoise.

Les Boissons

Bière pression	demi	14 Frs
Heineken	25 cl	16 Frs
Évian ou Badoit	50 cl	11 Frs
Évian ou Badoit	100 cl	16 Frs
Coca-Cola	20 cl	11 Frs
Coca-Cola	50 cl	20 Frs
Jus de fruits	20 cl	12 Frs
Schweppes	20 cl	11 Frs
Orangina	20 cl	11 Frs
Café express		7 Frs
Thé ou infusion		7 Frs

Les Vins en carafe

	25 cl	50 cl
Vin blanc AOC: Mâcon villages	14 Frs	28 Frs
Vin rosé AOC: Côtes de Provence	12 Frs	24 Frs
Vin rouge AOC: Bordeaux Grandes Bornes	16 Frs	32 Frs
Vin rouge de pays: Coteaux des Baronnies 12° Vol	10 Frs	20 Frs

4a Travaillez à trois. A tour de rôle, vous êtes le serveur/la serveuse et les deux clients. Qu'est-ce qu'on prend? Qu'est-ce qu'on dit?

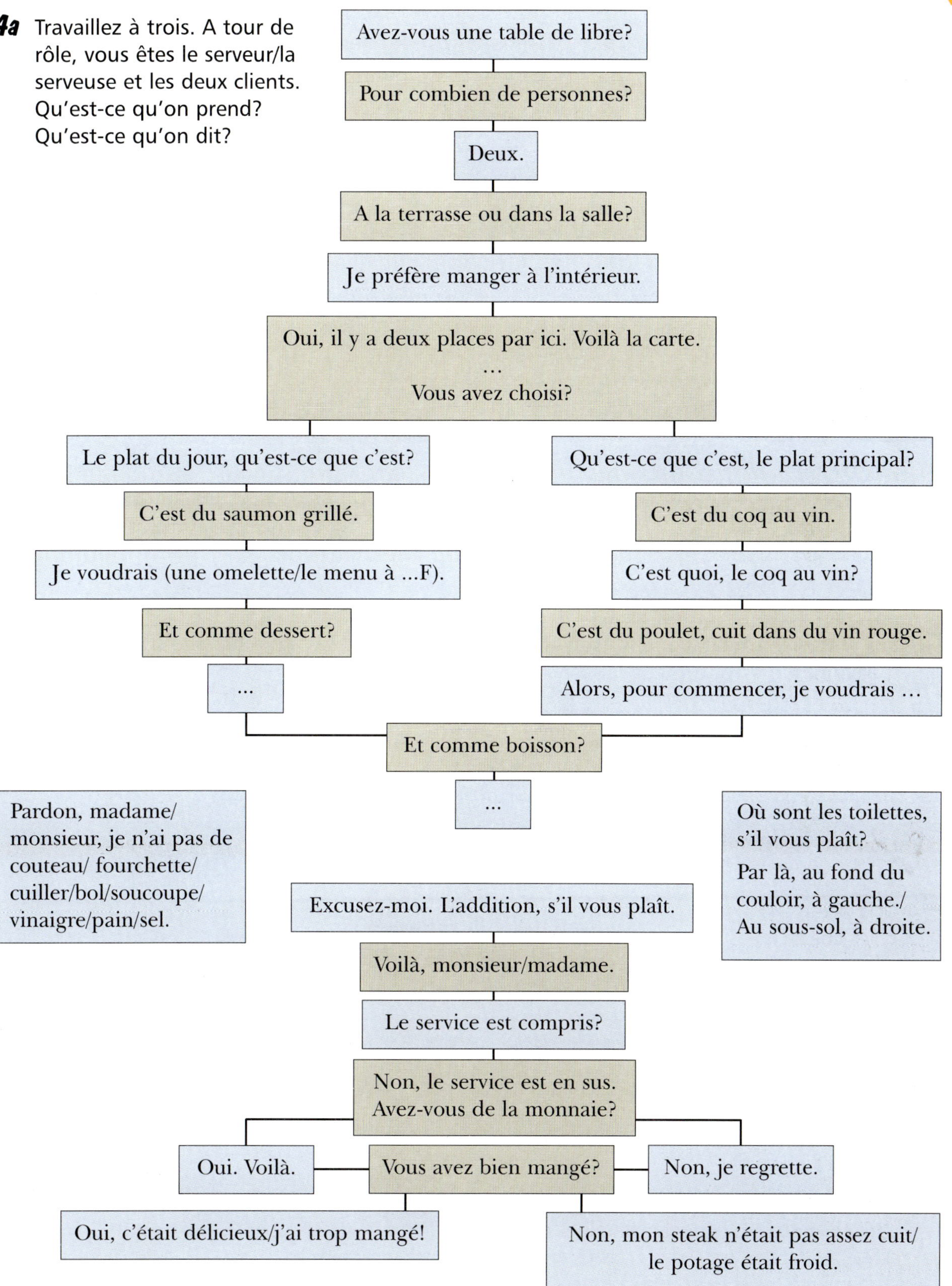

Avez-vous une table de libre?
Pour combien de personnes?
Deux.
A la terrasse ou dans la salle?
Je préfère manger à l'intérieur.
Oui, il y a deux places par ici. Voilà la carte.
...
Vous avez choisi?
Le plat du jour, qu'est-ce que c'est?
C'est du saumon grillé.
Je voudrais (une omelette/le menu à ...F).
Et comme dessert?
...
Qu'est-ce que c'est, le plat principal?
C'est du coq au vin.
C'est quoi, le coq au vin?
C'est du poulet, cuit dans du vin rouge.
Alors, pour commencer, je voudrais ...
Et comme boisson?
...
Pardon, madame/ monsieur, je n'ai pas de couteau/ fourchette/ cuiller/bol/soucoupe/ vinaigre/pain/sel.
Où sont les toilettes, s'il vous plaît?
Par là, au fond du couloir, à gauche./ Au sous-sol, à droite.
Excusez-moi. L'addition, s'il vous plaît.
Voilà, monsieur/madame.
Le service est compris?
Non, le service est en sus.
Avez-vous de la monnaie?
Oui. Voilà.
Vous avez bien mangé?
Non, je regrette.
Oui, c'était délicieux/j'ai trop mangé!
Non, mon steak n'était pas assez cuit/ le potage était froid.

4b Ecoute: Qu'est-ce qu'ils prennent? Ça coûte combien? (1–3)

Exemple: Le menu à: ...F

Manger bonne santé!

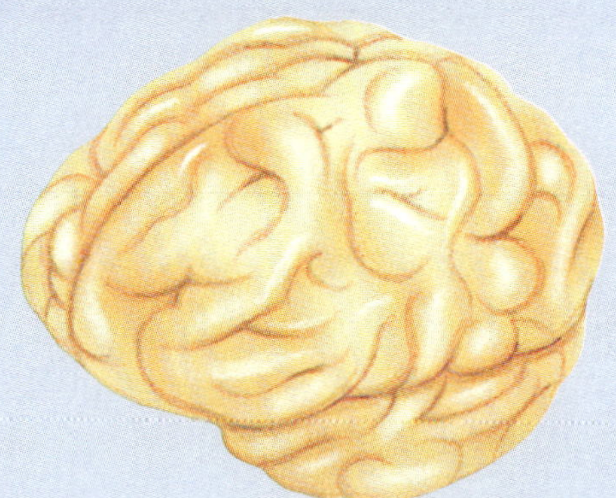

Le cerveau est un organe comme les autres, et il faut le nourrir.

Les aliments qui contiennent des nutriments pour le cerveau sont:

- les **fruits** comme les oranges, qui contiennent la vitamine C, qui aide à lutter contre les toxiques;
- les **légumes secs** – les lentilles, etc. – qui contiennent du cuivre, qui aide à prévenir des troubles psychomoteurs;
- la **viande** et les **oeufs** qui apportent le fer, sans lequel l'organisme devient anémié.

lutter = *to fight*
le cuivre = *copper*
les graisses saturées = *saturated fats*

1a Que sais-tu? Quels aliments sont bons pour

a le cerveau
b la peau
c les cheveux
d les yeux
e la voix
f les os
g les ongles?

Compare ta liste avec la liste d'un(e) partenaire. Est-ce que vous en mangez assez?

1b Vrai ou faux? Compare tes réponses avec les réponses d'un(e) partenaire. D'accord ou pas?

1 Il faut manger beaucoup de graisses saturées.
2 La viande est pleine de vitamines et de fer.
3 Le poisson apporte des graisses qui sont bonnes pour la santé.
4 Les oeufs ne sont pas très riches en protéines.
5 Les légumes frais sont très bons: ils sont riches en fibres.
6 Le lait apporte le calcium et la vitamine D, ce qui est très bon pour les os.
7 Les oignons sont riches en vitamines qui aident l'activité du système nerveux.

2a Echange scolaire
Ecoute: Qu'est-ce qu'on va manger en France?
Nicolas t'a préparé une cassette. Ecris un résumé de ce qu'il dit en anglais pour quelqu'un qui ne comprend pas bien le français.

2b Chez ton/ta corres
A deux: Qu'est-ce que vous voulez manger et boire?

Veux-tu …?

Oui. Je veux bien. C'est …

Merci. …

C'est délicieux.

Ça me donne mal au coeur.

Ça me fait grossir.

C'est trop sucré pour moi.

J'adore/Je déteste les choses salées/sucrées.

Je suis végétarien(ne).

Je ne mange/bois pas de …

Je ne bois que du déca.

Je suis allergique aux cacahuètes.

2c Nicolas va venir chez toi. Explique-lui ce qu'il va manger chez toi.
Enregistre une cassette ou écris-lui une lettre.

2d Ecoute: Comment ont-ils trouvé ça? (1–2)

+ + +	+ +	+	0	–	– –	– – –
Délicieux/se!	Savoureux/se!	Intéressant(e)!	Bof!	Insipide!	*Beurk!	*Dégueulasse!

*Il ne faut pas utiliser ces expressions. Elles sont impolies.

Plats Régionaux

choucroute de ménage

1 heure

Il faut :

1 kg 500 de choucroute crue
0 kg 500 de pommes de terre
150 g de margarine
3 carottes
1 oignon piqué de 5 clous de girofle
500 g de lard de poitrine fumé
300 g de couenne
6 saucisses de Strasbourg
300 g de saucisson à l'ail
1/2 litre de vin blanc sec
1/2 citron
10 baies de genièvre (facultatif)
sel
poivre

Inutile de laisser tremper la choucroute. Gagnez du temps en la faisant simplement blanchir : mettez-la chauffer dans une bassine d'eau. Dès que l'écume est remontée à la surface, égouttez la choucroute. Arrosez-la d'eau froide. Egouttez-la et pressez-la entre les mains.

Tapissez le fond de la cocotte-minute avec les morceaux de couenne, le côté gras contre le fond. Ajoutez les baies de genièvre, l'oignon piqué de clous de girofle, les carottes coupées en deux, puis la moitié de la choucroute, sel, poivre. Disposez dessus le lard de poitrine, la margarine en petits morceaux et le saucisson piqué. Recouvrez avec le restant de la choucroute. Salez, poivrez. Arrosez de jus de citron et de vin blanc. Fermez la cocotte-minute et laissez cuire 25 minutes à partir de la mise en mouvement de la soupape.

Ouvrez la cocotte-minute. Ajoutez-y les pommes de terre crues mais épluchées. Refermez la cocotte-minute. Laissez tourner la soupape pendant 10 minutes.

Pendant ce temps, plongez les saucisses dans une casserole d'eau froide. Faites chauffer, sans bouillir, une dizaine de minutes. Servez la choucroute garnie avec la charcuterie.

2e Prépare ce que tu vas dire pour expliquer à une personne qui parle anglais comment préparer la choucroute.

Le saviez-vous?

L'oeuf est très riche en protéines, mais ce serait un aliment encore plus complet si l'on mangeait sa coquille, qui est une parfaite source de calcium!

3 Choisis un plat typique de ta région ou de ta famille.
Ecris la recette et les instructions en français.

4 Ecoute la recette, puis mets les images dans le bon ordre.

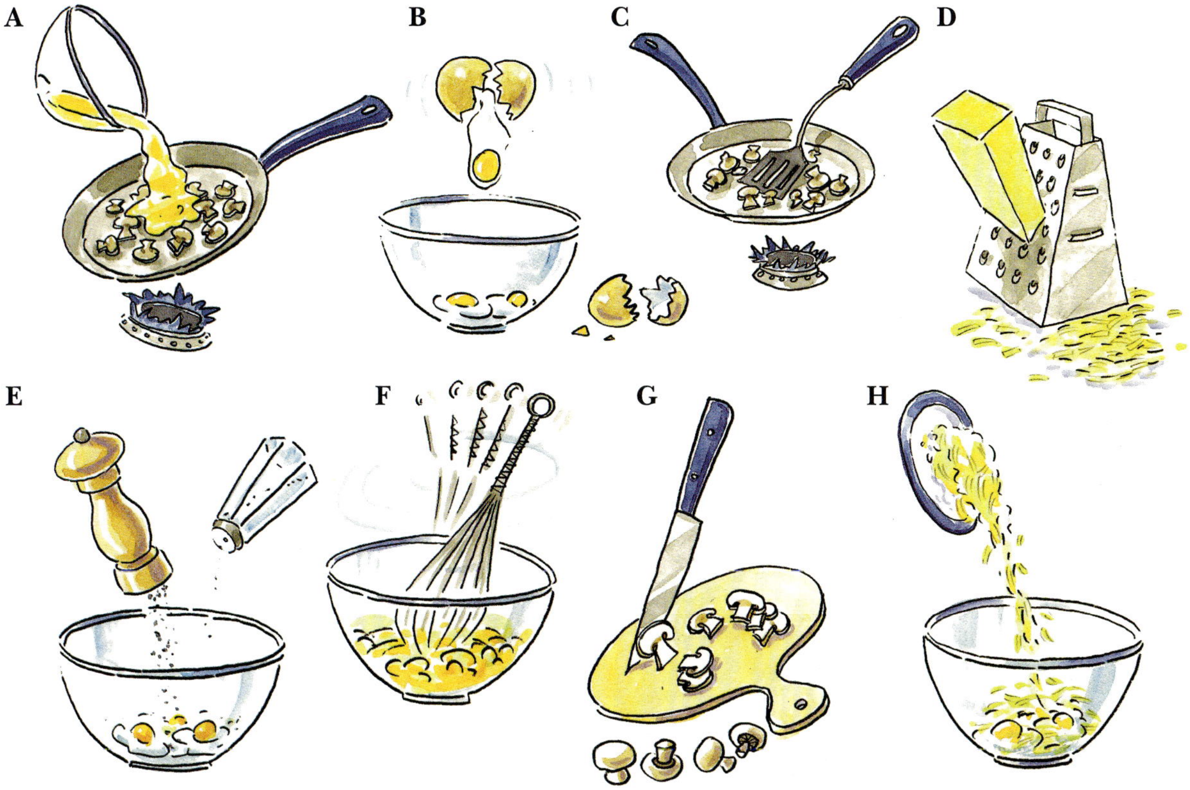

A B C D

E F G H

5 Choisis un de ces plats – ou ton plat préféré.
Comment est-ce qu'on le prépare? Ecris la recette. Utilise un dictionnaire.

6 A deux: Quels sont vos plats préférés? Comment est-ce qu'on les prépare?

Verbes-clés!

faire bouillir/chauffer/cuire
ajouter/baisser (la température)/battre/casser/couper/laisser/laver/mélanger/mettre/ remuer/ verser
beurrer/conserver (au réfrigérateur)/couvrir/décongeler/enlever (la peau/le noyau)/essuyer/fariner/fouetter/garder/hacher/parsemer/peler/préchauffer/préparer/remplir

Un régime «bonne santé»

Premier guide aliments guérisseurs

SYSTEME NERVEUX
Système nerveux équilibré

PEAU
Belle peau assurée avec deux abricots

ARTERES
Diminue les risques d'infarctus

CERVEAU
Stimule l'intellect, peut soulager les migraineux

ŒIL
Pour combattre la sénilité et la cataracte, enrayer les diarrhées et soigner certaines affections intestinales

CIRCULATION DU SANG
Fait baisser le cholestérol

ARTICULATIONS

MUSCLES
Contre les contractures musculaires

CŒUR

OSSATURE
Solidifie et protège les os

INTESTINS
Cuite à l'eau, un laxatif naturel

INTESTINS
Facilite le transit intestinal

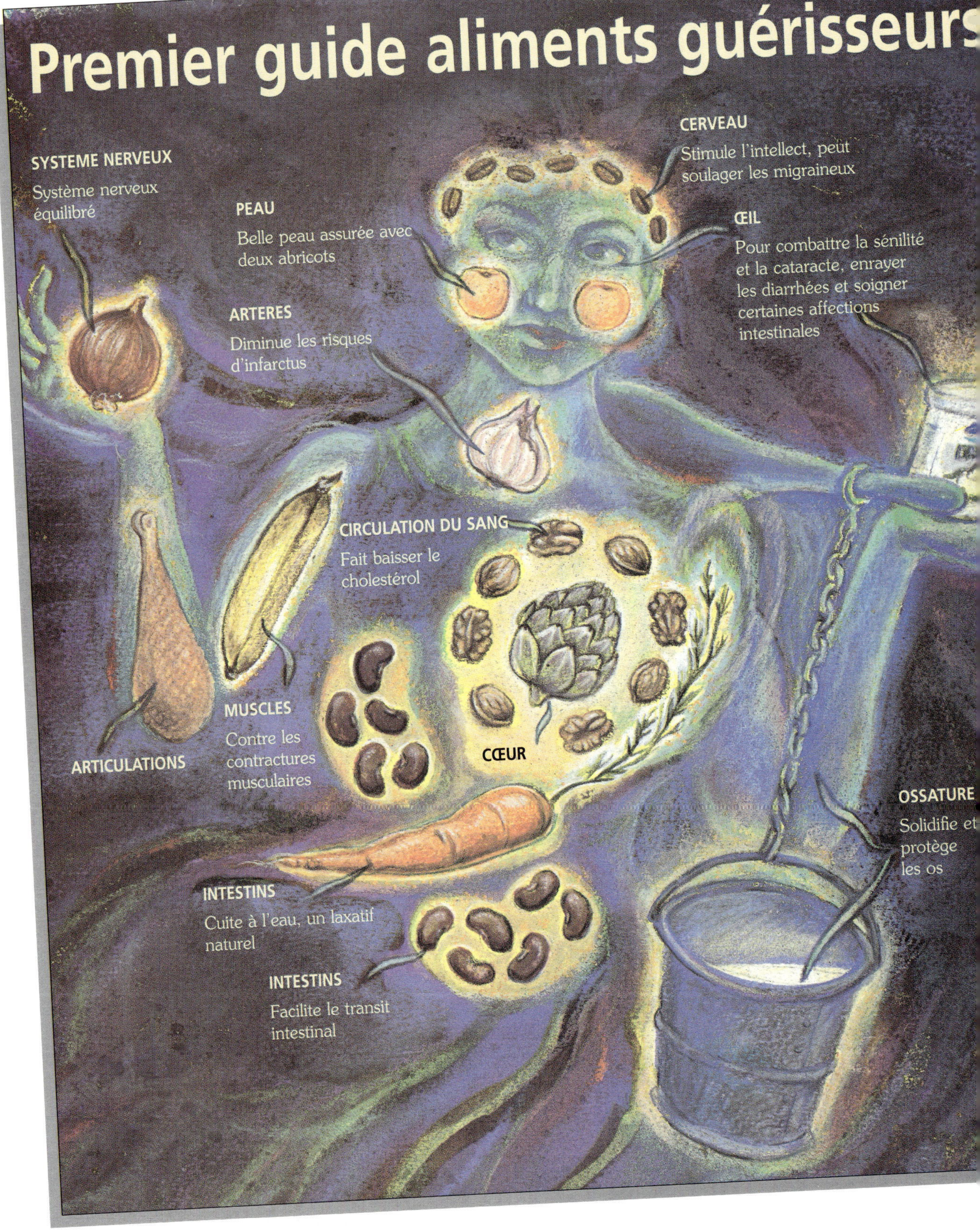

Nous mangeons mal. Un tiers des Français mangent trop – un autre tiers des Français font ou ont fait un régime. On mange plus souvent pour se nourrir que pour le plaisir de manger. Nous oublions qu'il existe de véritables régimes "bonne santé".

La nutrition, explique le docteur Curtay, nutrithérapeute, est le plus puissant moyen de prévention connu pour, par exemple, diminuer à peu près de moitié les risques de maladies cardio-vasculaires et de cancer. Elle contribue aussi de manière très importante à restreindre les risques d'infections ou les mal-formations chez l'enfant.

Les recettes préconisées sont simples: préférer le poisson à la viande rouge; manger cru ou à la vapeur; jouer la carte des fibres; restreindre le sucre; avoir son comptant en vitamines A et E (formidables anti-âge) et en vitamine C, antifatigue et facteur immunitaire. La consommation de fruits et de légumes est indispensable à une bonne santé.

1a Regarde bien l'image, et complète.
Si tu veux tester ta mémoire, cache la page!

Exemple: 1 Les abricots sont bons pour la peau.

1 Les abricots sont bons pour ...
2 Les bananes sont bonnes pour ...
3 Le lait est bon pour ...
4 Les artichauts ...

m sing	*f sing*	*m pl*	*f pl*
bon	bonne	bons	bonnes

Maintenant, continue en composant les phrases entières toi-même.
(Vérifie d'abord si les aliments sont *masculins* ou *féminins*, pour bien utiliser **bon, bonne, bons, bonnes**.)

1b Lis l'article à gauche. Vrai ou faux?

1 La plupart des Français mangent bien.
2 Beaucoup de régimes sont mauvais pour la santé.
3 Les Français mangent principalement pour le plaisir de manger.
4 La nutrition peut prévenir certaines maladies.
5 La viande rouge est meilleure pour la santé que le poisson.
6 Il vaut mieux manger beaucoup de sucre.
7 La vitamine C empêche la fatigue.
8 Il faut surtout manger beaucoup de fruits et de légumes.

1c Discutez en groupes de trois ou quatre.
Avez-vous mangé de façon équilibrée pendant la semaine dernière? Posez-vous ces questions:

- Qu'est-ce que tu as mangé hier soir?
- Etait-ce un repas équilibré? Pourquoi?
- Combien de fois as-tu mangé des fruits/ des légumes/...?

7 En ville

A Aux magasins

1a Combien de genres de magasins est-ce que tu peux nommer en deux minutes? Compare ta liste avec la liste d'un(e) partenaire.

1b Ecoute et vérifie ta liste. Cherche les mots inconnus.

1c A deux: Vous êtes en ville, et vous cherchez ces magasins. A tour de rôle, posez des questions à un passant.

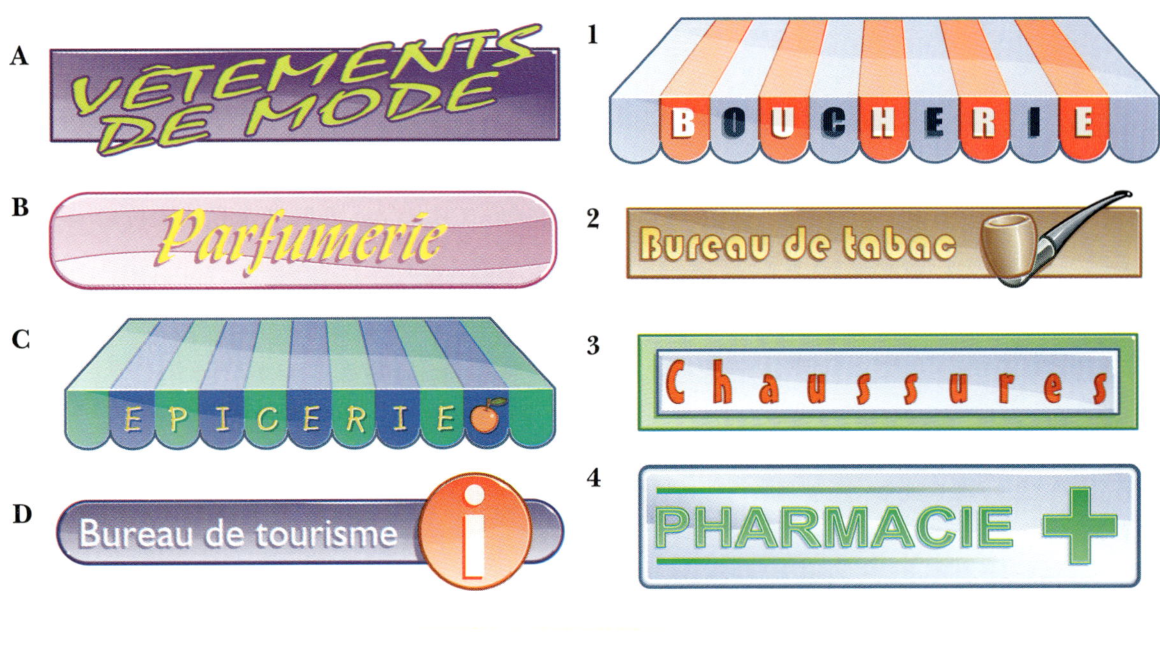

Où se trouve ...?
Il y a ... près d'ici?

Je cherche ...

Où est ... le/la plus proche?

C'est à quelle distance?

1d Ecoute: Qu'est-ce qu'ils achètent? Ils paient combien? (1–7)

Exemple: Il/Elle achète un/une/du/de la/de l'/des ... . Ça coûte ... francs.

2a Echange scolaire: Monique est chez toi. Explique-lui: C'est quel genre de magasin? Qu'est-ce qu'on peut y acheter?

Exemple: W.H. Smith, c'est une librairie/papeterie. On peut y acheter des livres, des journaux et des articles de bureau.

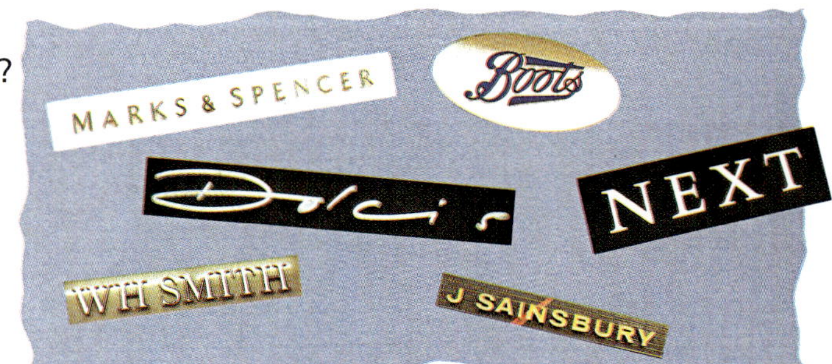

Connais-tu d'autres magasins?

2b Qu'est-ce que Monique veut acheter?
Où faut-il aller?
Prépare ce que tu vas lui dire.

Exemple:
Pour le cahier, il faut aller à une librairie/papeterie.
Il y en a une qui s'appelle Smith's.
On peut acheter les chaussettes à la/au/à l' ...

3a Ecoute: Le magasin est ouvert? Quand? Quoi d'autre?
Copie et remplis la grille.

Magasin	Ouvert	Fermé	Détail
Pharmacie			
Supermarché			
Banque			
Boulangerie			
Marché			
Confiserie			

3b A deux: A tour de rôle, dites quand ces magasins sont ouverts, et quand ils ferment.

Exemple: Le magasin est ouvert de 9h00 à 17h00.

Restaurant
Du mardi au samedi
12h à 14h et
19h30 à 22h30.
Fermé le dimanche soir
et le lundi

Alimentation
Du mardi au samedi
7h à 19h
Le dimanche
8h à 12h

Supermarché
10h à 16h
tous les jours
sauf le mercredi

BUREAU DE TOURISME
lundi 14h à 18h
mardi fermé
mercredi à vendredi 13h30 à 19h
samedi et dimanche 9h30 à 12h30 et
14h à 18h30

3c Ecoute: Qu'est-ce qu'ils veulent acheter? Qu'est-ce qui ne va pas? (1–4)

Exemple: Il/Elle veut acheter ..., mais ...

4a Ecoute: Ils reçoivent combien d'argent de poche?
Ils le dépensent comment? (1–6)

4b Et toi? As-tu de l'argent de poche?
Tu le dépenses comment?

Exemple: J'achète/Je dépense mon argent pour …
J'économise pour …

Il/Elle	reçoit … par semaine/par mois	
	achète le dépense pour	des vêtements des trucs pour le collège
	économise pour	les vacances acheter un vélo

5a Ecoute: A la banque (1–4)
Qu'est-ce qu'ils veulent changer?
Ils reçoivent combien de francs?

CCF COURS DES BILLETS

LE 01 12

PAYS	COUPURES	ACHAT	VENTE	RELIQ.
BELGIQUE	100BEL	15.90	17.20	15.90
CANADA	1CAD	3.60	4.15	3.61
DANEMARK	100DKK	82.00	93.00	82.00
EMIRATS ARABES	1AED	1.23	1.64	1.23
ETATS-UNIS	1USD	5.04	5.65	5.05
FINLANDE	1FIM	1.04	1.17	1.04
GDE_BRETAGE	1GBP	7.95	8.80	7.97

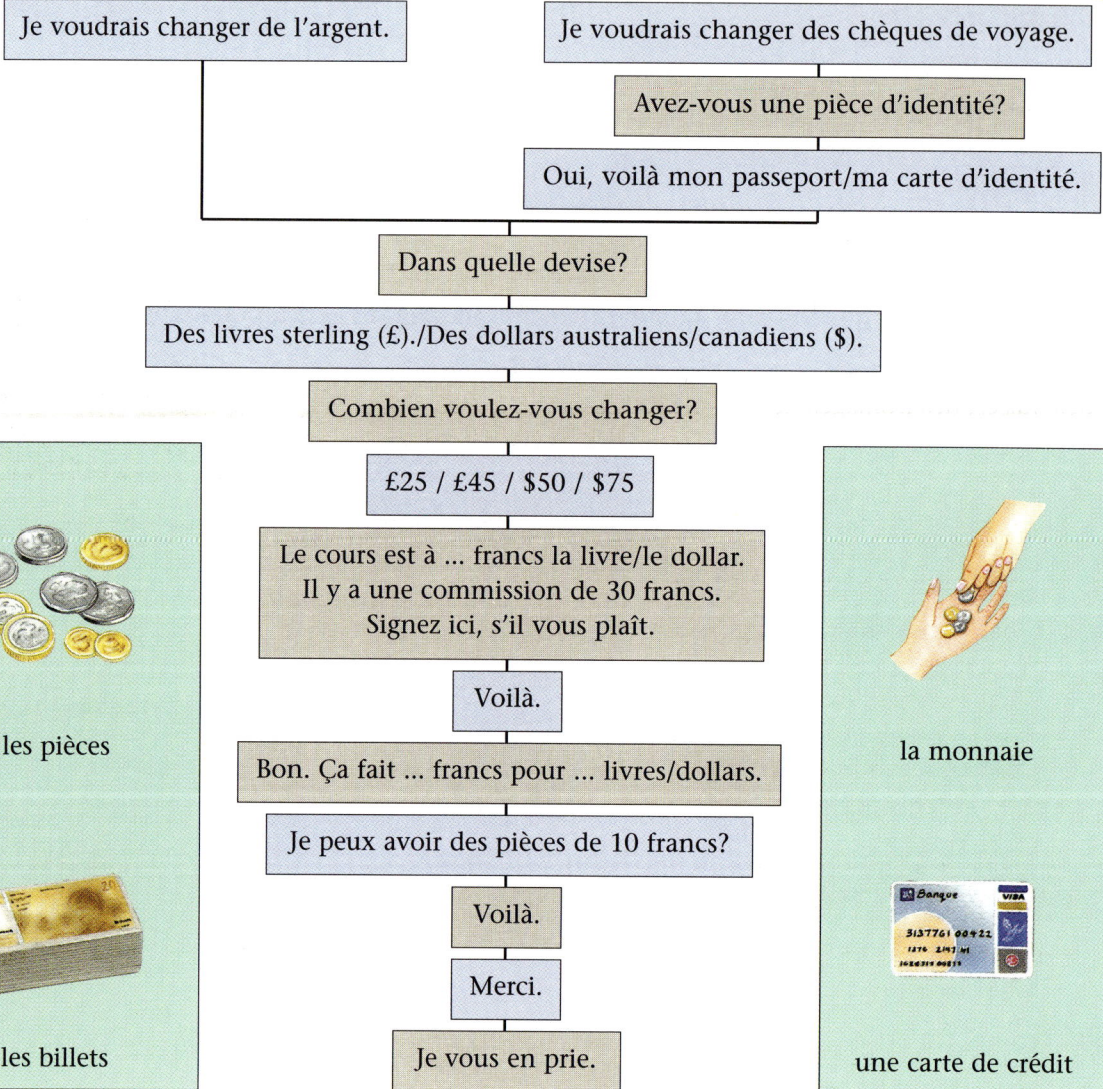

5b A deux: Travaillez ce dialogue.

Je voudrais changer de l'argent.

Je voudrais changer des chèques de voyage.

Avez-vous une pièce d'identité?

Oui, voilà mon passeport/ma carte d'identité.

Dans quelle devise?

Des livres sterling (£)./Des dollars australiens/canadiens ($).

Combien voulez-vous changer?

£25 / £45 / $50 / $75

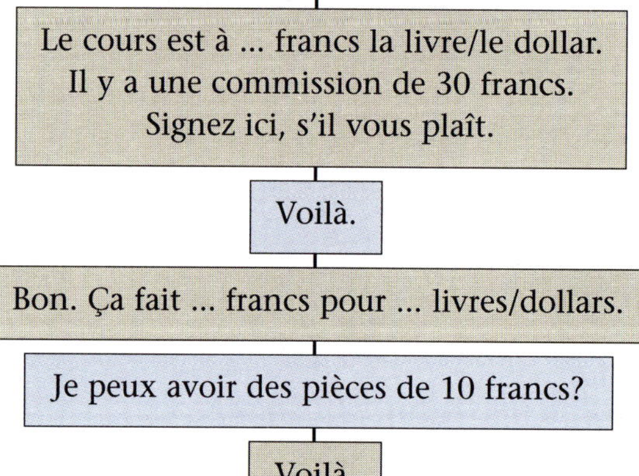

Le cours est à … francs la livre/le dollar.
Il y a une commission de 30 francs.
Signez ici, s'il vous plaît.

Voilà.

Bon. Ça fait … francs pour … livres/dollars.

Je peux avoir des pièces de 10 francs?

Voilà.

Merci.

Je vous en prie.

les pièces

les billets

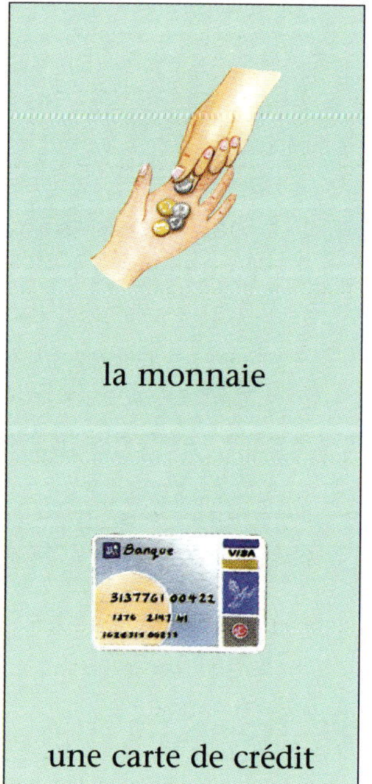

la monnaie

une carte de crédit

6 Lis cet article.

La France, pays de châteaux, de beauté et ... de marchés!

Les touristes étrangers viennent en Dordogne à cause de notre beau paysage, de notre climat et de notre culture, n'est-ce pas? Certes, mais allez dans n'importe quel syndicat d'initiative, prenez une brochure, et vous trouverez, parmi les listes de festivals, d'expositions, de châteaux et de musées – des liste de marchés.

Dimanche matin, allez à Issigeac, par exemple. Vous y trouverez un grand marché traditionnel. Là, une vieille dame vend des champignons – de toutes les formes et de toutes les tailles, mais rien que des champignons. Juste à côté, une autre dame a un panier plein d'œufs. Partout, on voit les petits commerçants, qui ne vendent qu'un seul produit; des fraises, des fromages de chèvre, des poules – vivantes, bien sûr! Mais écoutez les conversations. On entend l'allemand, le néerlandais, l'anglais – en été les étrangers sont plus nombreux que les français. Ils viennent pour l'animation, pour les couleurs – le rouge des tomates, le vert des salades, la jaune des fruits – et aussi pour le déjeuner, peut-être un poulet rôti, une pizza, une paëlla.

Si vous avez déjà acheté de quoi manger, vous pouvez aller à un marché spécialisé. A Lalinde, en août, il y a la Foire aux Vins, où viennent tous les producteurs de la région pour exposer leurs vins. A Villeneuve, vous avez la Foire à la Brocante – une vaste salle remplie de vieux meubles, pas toujours en très bon état, et souvent très très chers. Si vous n'avez pas assez d'argent pour acheter de vraies antiquités, il y aura certainement une journée vide-greniers pas trop loin, où vous trouverez tout, et n'importe quoi; des vieilles bouteilles, des disques, des livres, des vieux postes de radio ou de télévision.

Le marché, ça fait partie de la vraie France, une expérience à ne pas manquer.

6a Answer these questions in English.

1 What proves that markets are part of French tourism?
2 What sort of stall is very common at French markets like Issigeac?
3 What are we told about most of the people at Issigeac market?
4 Why do many of them go there?
5 What sort of markets are described in the last paragraph?
6 What is the English equivalent of a 'journée vide-greniers'?

6b Ecris une description d'un marché que tu as visité récemment (en Grande Bretagne ou à l'étranger). Parlez de:

– quand tu y es allé
– ce que tu as vu
– l'ambiance
– ce que tu as acheté
– pourquoi on va aux marchés

7a A trois: Travaillez ce dialogue.

7b A trois: Maintenant, faites des dialogues en changeant les mots en italiques.

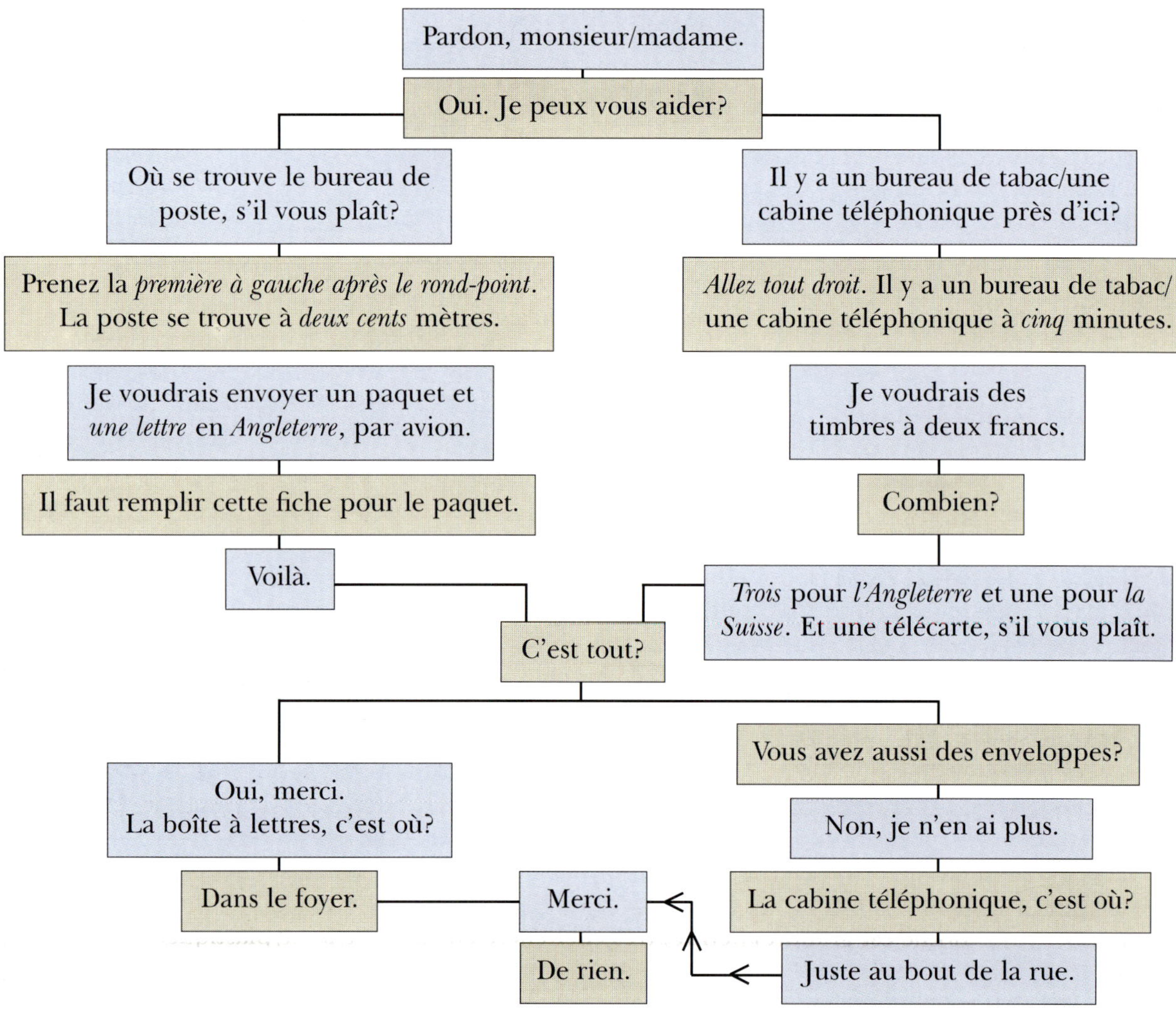

Pardon, monsieur/madame.
Oui. Je peux vous aider?
Où se trouve le bureau de poste, s'il vous plaît?
Prenez la *première à gauche après le rond-point*. La poste se trouve à *deux cents* mètres.
Je voudrais envoyer un paquet et *une lettre* en *Angleterre*, par avion.
Il faut remplir cette fiche pour le paquet.
Voilà.
Il y a un bureau de tabac/une cabine téléphonique près d'ici?
Allez tout droit. Il y a un bureau de tabac/une cabine téléphonique à *cinq* minutes.
Je voudrais des timbres à deux francs.
Combien?
Trois pour *l'Angleterre* et une pour *la Suisse*. Et une télécarte, s'il vous plaît.
C'est tout?
Oui, merci. La boîte à lettres, c'est où?
Dans le foyer.
Vous avez aussi des enveloppes?
Non, je n'en ai plus.
La cabine téléphonique, c'est où?
Juste au bout de la rue.
Merci.
De rien.

7c Choisis deux lettres à écrire.

- **a** Une lettre à ton/ta corres pour lui souhaiter un bon anniversaire et l'inviter chez toi
- **b** Une lettre aux parents de ton/ta corres pour les remercier de ta visite en France
- **c** Une lettre au syndicat d'initiative d'une ville que tu vas visiter avec tes parents
- **d** Une carte postale ou une lettre à un(e) petit(e) ami(e) que tu as rencontré(e) pendant ta visite en France!

Phrases-clés

En haut de la lettre, on écrit le lieu et la date:
Paris, le 20 août

On écrit à un(e) ami(e):

On commence par:
Cher ..., /Chère ...,

et on finit par:
Meilleurs voeux/Amitiés/ Je t'embrasse

On écrit à quelqu'un qu'on ne connaît pas:

On commence par:
Monsieur,/Madame,

Pouvez-vous m'envoyer une brochure ...

Je vous serais reconnaissant(e) de bien vouloir m'indiquer le prix ...

et on finit par:
Dans l'attente de votre réponse, je vous prie d'agréer, Monsieur/Madame, l'expression de mes sentiments respectueux

8 Ecoute: Perdu ou volé. Où? Quand? Description (de quelle couleur? etc.)? Copie et remplis la grille.

	Objet perdu/volé	**Où perdu/volé**	**Quand perdu/volé**	**Description (couleur/ taille/contenu/ valeur/etc.)**
Julie		train		en argent; 1 500 F
Denis	serviette			
Stéphanie		café		

9 A deux: Travaillez ce dialogue.

Bonjour, monsieur/madame.
Je peux vous aider?

J'ai perdu/On m'a volé mon .../ma .../mes ...

Dans le/la/l'... A la/au ... Devant le/la/l'...

Pouvez-vous le/la/les décrire?

Il/Elle est grand(e)/petit(e)/très cher/chère/en cuir/soie/laine/plastique.
Dedans, il y avait ...

Quand l'avez-vous/les avez-vous perdu(e)(s)?/
Il/Elle a été volé(e) quand?

L/M/M/J/V/S/D à ... heures.

Vous voulez me donner votre adresse
et votre numéro de téléphone?

J'habite au ...
Mon numéro est le .../.../.../.../...

Flash info

Les pronoms

me te	le/la/l'	lui	y
nous vous	les	leur	en

Regarde *Une leçon de grammaire* à la page 116 et *Grammaire*, page 178.

10 Les promotions! C'est quelle sorte d'offre spéciale? Regarde ces extraits de publicités.

1
–10% sur la charcuterie: *exemple* – jambon blanc, 39F le kg
–5F sur 6 yaourts aromatisés
Lessives/Liquides vaisselles à **–10%**

2
Promotion spéciale
'3 pour 2'
Sur tous nos rayons, vous trouverez des paquets 3 pour 2
Cherchez les étiquettes bleues

3
Achetez le prochain numéro de
Géo-magazine
et la cassette-vidéo
Les fleuves du monde
vous est offerte.

4
Oeufs frais petits:
6F50 la douzaine/13F50 les 30

5
Baskets Sportiques
199F Prix normal **249F**

6
Soldes du 3 au 14 septembre
–15% à –30%
sur toute notre gamme été
maillots de bain
t-shirts
sandales
robes

7
Mardi matin:
-15% **pour les retraités et les –12 ans**

8
Avec tout achat du dernier parfum Vanessa, un flacon d'après-rasage Gréco.

9
PRIX CHOCS
- Cafetières à partir de 95 F
- Etagères en bois à partir de 135 F
- Miroirs rectangulaires
- 1 000mm x 850mm 239 F

10
Pour 3 articles achetés, le 4ème gratuit (offre valable pour 4 articles identiques)

11
Liquidation totale avant déménagement
–50% sur tout notre stock de sous-vêtements
- slips hommes
- soutiens-gorge
- pyjamas
- collants

12
Dans notre restaurant, un menu d'enfant pour 10 F avec chaque repas à tarif normal

Pour chaque annonce, écris la lettre de l'expression appropriée.

Exemple: 1c

a cadeau avec chaque achat
b prix spécial si vous en achetez plusieurs
c réductions sur beaucoup d'articles
d tous les prix réduits
e réductions pour certaines catégories de clients
f promotion spéciale sur un produit
g prix spécial intéressant sur certains articles

11 Listen: For each of the conversations (1–4), say:

a what product the customer is returning and why;
b what solution the shop assistant suggests.

12 A deux: A tour de rôle, vous êtes le/la client(e) et le vendeur/la vendeuse.

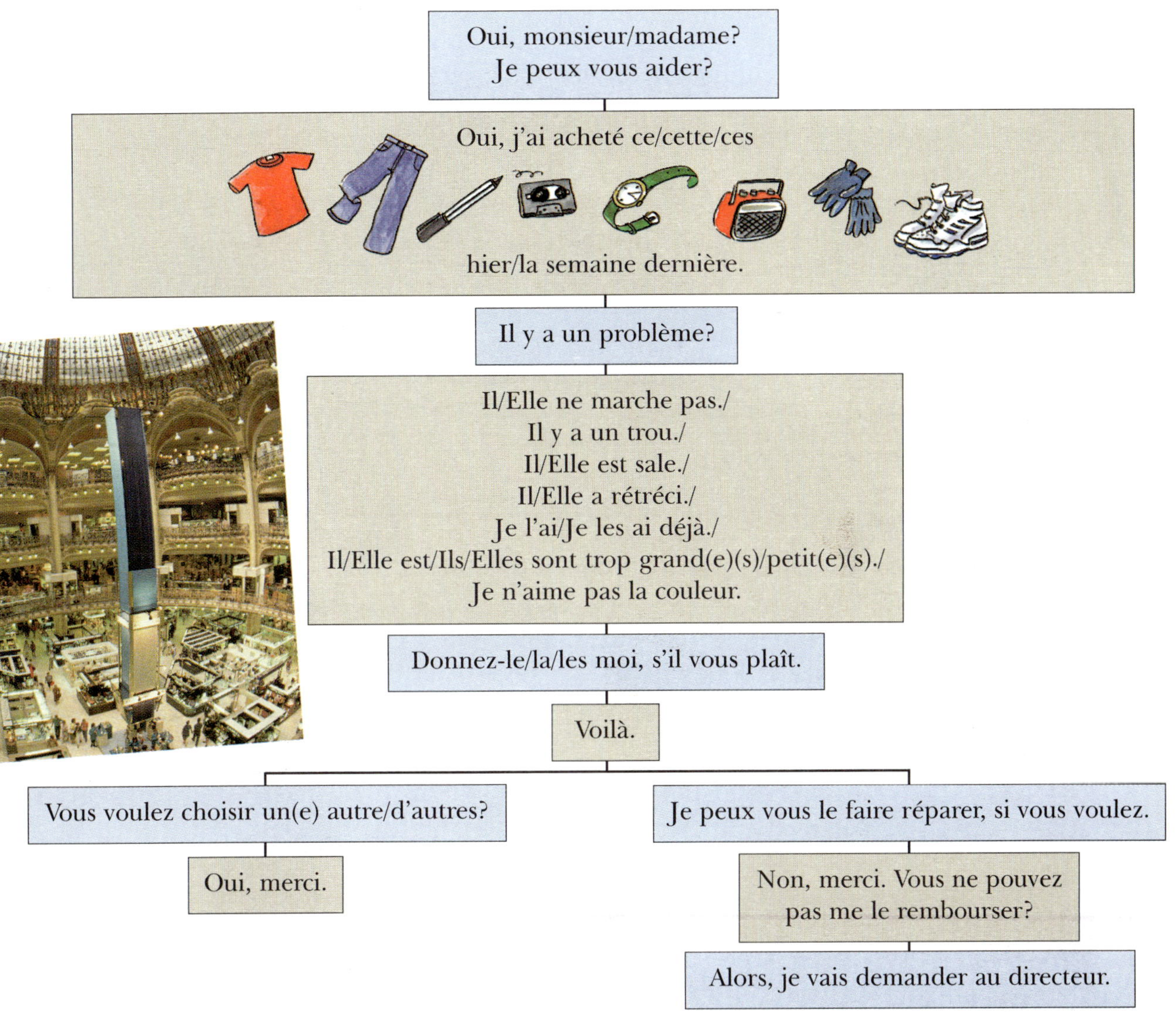

Oui, monsieur/madame?
Je peux vous aider?
Oui, j'ai acheté ce/cette/ces
hier/la semaine dernière.
Il y a un problème?
Il/Elle ne marche pas./
Il y a un trou./
Il/Elle est sale./
Il/Elle a rétréci./
Je l'ai/Je les ai déjà./
Il/Elle est/Ils/Elles sont trop grand(e)(s)/petit(e)(s)./
Je n'aime pas la couleur.
Donnez-le/la/les moi, s'il vous plaît.
Voilà.
Vous voulez choisir un(e) autre/d'autres?
Oui, merci.
Je peux vous le faire réparer, si vous voulez.
Non, merci. Vous ne pouvez pas me le rembourser?
Alors, je vais demander au directeur.

13 A deux: Maintenant, vous avez acheté d'autres articles. A tour de rôle, vous êtes le/la client(e) et le vendeur/la vendeuse. Si tu es le/la client(e), tu ne dois pas regarder les rôles ci-dessus.

Article acheté	**Problème**	**Solution**

B Une journée à Paris

Ça s'est bien passé?
Il/Elle t'a gêné(e)?
Vous étiez toujours d'accord?
Elle voulait faire les magasins ...
Elle se plaignait toujours ...
Il avait toujours faim.
Il voulait passer toute la journée dans la cité des Sciences.
Ben oui, ça s'est bien passé!
Il avait mal aux pieds ...
On s'est trompé de route.

1 Qu'est-ce que vous avez fait? Choisis deux exercices et écris dans deux styles différents:

a un reportage de la journée pour un journal de classe
b un poème: 'Paris'
c une page de ton journal intime: 'Une journée à Paris avec ...'
d une lettre à tes parents racontant la visite

Flash info

Attention aux verbes!

passé composé:	j'ai mangé		je suis allé(e)	
	il/elle a vu		il/elle est allé(e)	
	nous avons visité		nous sommes allé(e)s	
imparfait:	j'avais	faim	j'étais	fatigué(e)
	il/elle avait	soif	il/elle était	fatigué(e)
	nous avions	mal à la tête	nous étions	fatigué(e)s

2a Ecoute et regarde le plan de Besançon. (1–6) Qu'est-ce que c'est?

Exemple: 1 C'est la gare.

2b Tu fais un stage au syndicat d'initiative. Ecoute les visiteurs: Où veulent-ils aller? (1–10)

Exemple: 1 Il/Elle veut aller à la rivière.

2c Donne-leur les directions. Prépare et enregistre ce que tu vas dire.

Pour aller	au (à l') ... à la (à l') ... aux ...	vous	prenez la première rue à droite/à gauche allez tout droit passez devant la banque/la poste tournez à droite/à gauche aux feux suivez la route/les panneaux traversez le pont/la place
C'est tout près/assez loin			

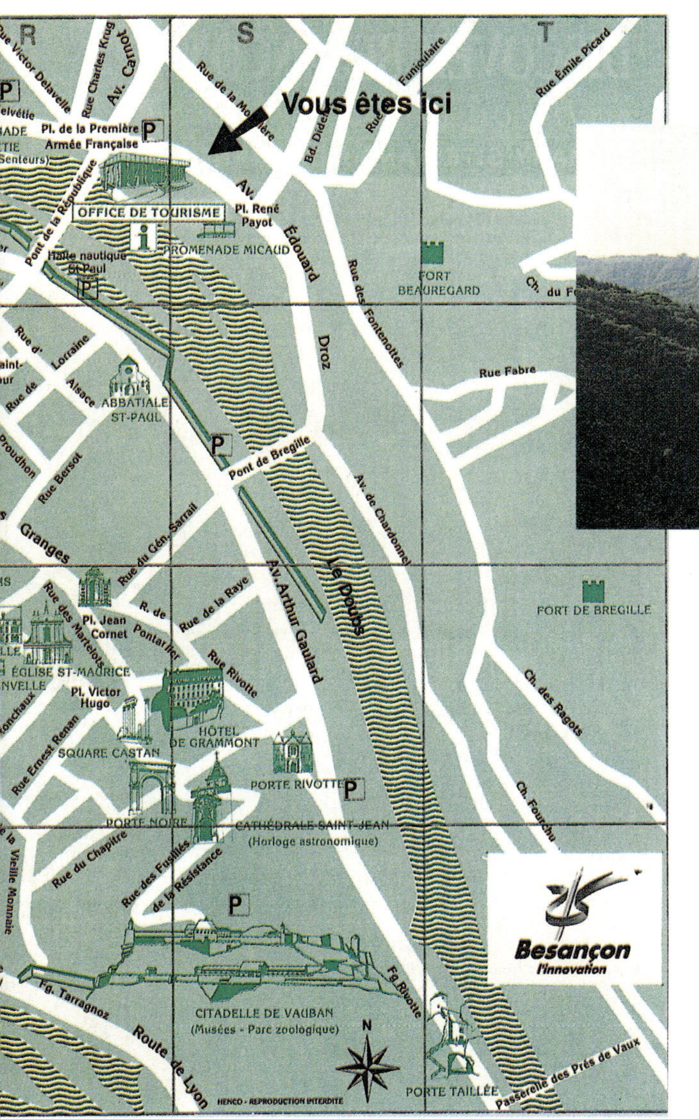

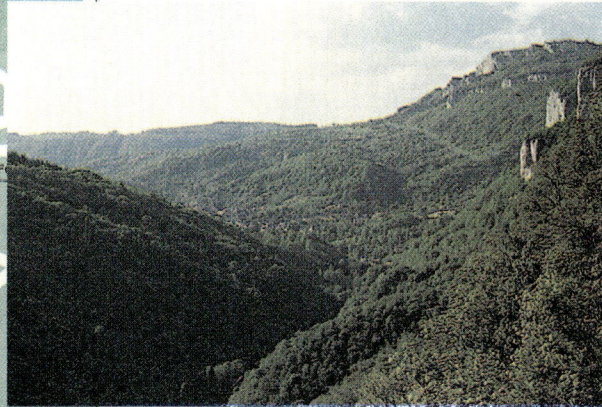

3 Décris ta ville ou une ville près de chez toi.
Fais une brochure ou enregistre une présentation.

- C'est quelle sorte de ville? (historique/industrielle/moderne/touristique/un port/...)
- Elle se situe où? (sur la côte/dans les Alpes/sur la Seine/près de .../...)
- Qu'est-ce qu'on peut y voir? (la mairie/l'église/le monument/le château/...)
- Qu'est-ce qu'on peut y faire? (visiter le musée/aller au parc/monter à la tour/faire le tour de .../...)

Flash info

Verbe: mettre

présent:	je mets	nous mettons	*imparfait:*	je mettais
	tu mets	vous mettez	*passé composé:*	j'ai mis
	il/elle met	ils/elles mettent	*futur:*	je mettrai
			conditionnel:	je mettrais

Les grandes surfaces et les petits magasins

1a Choisis les expressions qui décrivent le mieux les grandes surfaces et celles qui décrivent le mieux les petits magasins.

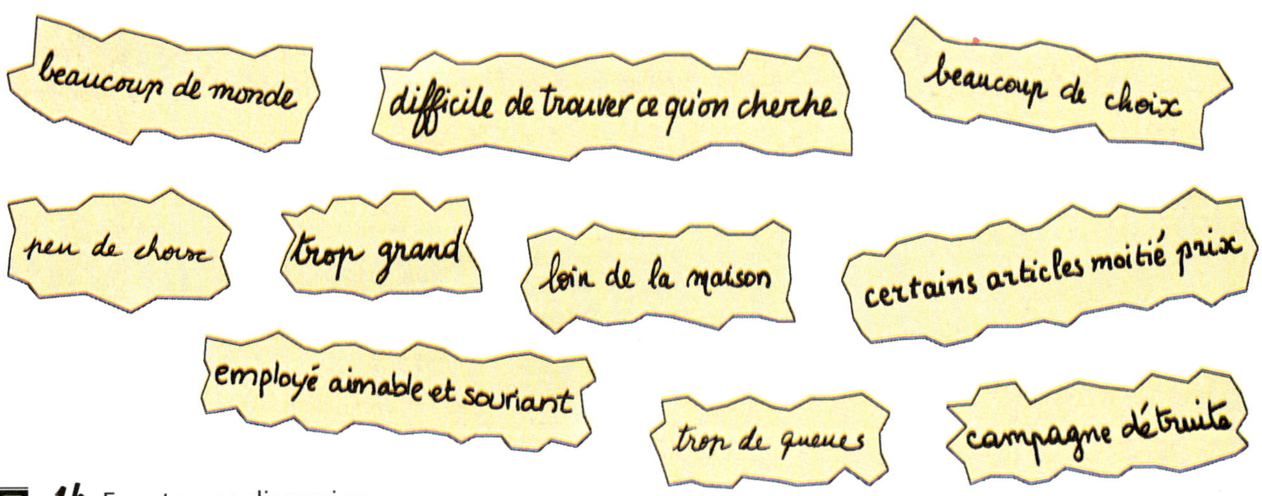

beaucoup de monde
difficile de trouver ce qu'on cherche
beaucoup de choix
peu de choix
trop grand
loin de la maison
certains articles moitié prix
employé aimable et souriant
trop de queues
campagne détruite

1b Ecoute une discussion.

1 Quelle est ta préférence?
2 Justifie ton opinion en trouvant des arguments dans la discussion.

Exemple: Je préfère les petits magasins parce qu'ils sont proches de chez moi.
Je préfère les grandes surfaces parce qu'il y a beaucoup de choix.

3 Peux-tu trouver d'autres raisons?

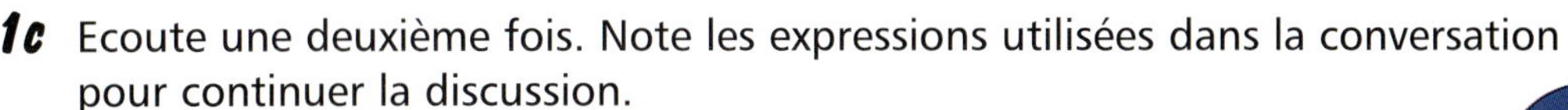

1c Ecoute une deuxième fois. Note les expressions utilisées dans la conversation pour continuer la discussion.

C'est dommage!
Oui, peut-être, mais ...
Vous exagérez un peu!
Je ne suis pas entièrement d'accord.

N'oubliez pas que ...
Vous avez raison.

2 Choisis exercice **a** ou exercice **b**.

a A trois: Personne A prend le rôle de quelqu'un qui est pour les petits magasins et contre les grandes surfaces. Personne B prend le rôle opposé. Personne C doit poser des questions:

Préférez-vous les grandes surfaces ou les petits magasins?
Que pensez-vous des grands centres commerciaux?
Pourquoi? Vous êtes d'accord?

Préparez votre discussion pour une émission de télé. Si vous avez un caméscope, utilisez-le!

b A deux: Partenaire A est le dernier client/la dernière cliente de Monsieur Bonneru, juste avant la fermeture de son magasin. Partenaire B est Monsieur Bonneru.

Est-ce qu'il reste beaucoup de provisions?
Est-ce que Monsieur Bonneru est triste ou de mauvaise humeur?
Ou peut-être qu'il est très content d'avoir fini de travailler?

Phrases-clés

Client(e):	Avez-vous ... ?
	Est-ce qu'il reste ... ?
	Je cherche ...
	Vous n'auriez pas ... ?
Monsieur B:	Il ne me reste que ...
	Je n'ai plus de ...
	Ça, c'est fini.

3a Lis: Pour ou contre la construction d'un hypermarché? Trouve les arguments dans chaque lettre.

BIENTOT: UN NOUVEAU CENTRE COMMERCIAL

Monsieur,
Je vous écris pour protester contre les projets pour la construction d'un grand hypermarché qui sera situé près de ma maison. Il existe déjà un centre commercial à moins de deux kilomètres. Il y aura trop de voitures et de camions sur les petites routes aux alentours, et le beau paysage sera complètement détruit. J'ai un message pour les constructeurs: «Laissez notre campagne en paix!»

Monsieur,
Je vous écris pour accueillir les projets pour le nouveau centre commercial dans notre ville. Nous, les consommateurs, nous serons les gagnants: nous aurons plus de choix, et sans doute des réductions de prix. Nous serons avantagés par les heures d'ouverture. En plus, ce projet créera du travail pour deux ou trois cents personnes. Félicitations à l'entreprise!

3b Ecris une lettre de protestation à un journal local, le lendemain de la fermeture du magasin Bonneru.

Tu peux commencer ainsi:

Je vous écris pour protester contre ...

D'autres expressions utiles:

Je voudrais me plaindre contre ...

C'est un grand inconvénient, parce que ...

Ce n'est pas comme autrefois ...

4a Regarde le contenu du chariot et du panier.
Qu'est-ce qu'il y a dans chacun?

4b Jeu d'imagination: travaillez en petits groupes, ou à deux.
Regardez le contenu du chariot.
Discutez et décidez: Qui achète ces articles?
Comment est cette personne?
Quel est son mode de vie?

- C'est quelqu'un qui habite seul, ou qui a une famille?
  Avec ou sans enfants?
  Avec ou sans animaux?
- C'est quelqu'un qui a beaucoup ou peu d'argent?
- C'est quelqu'un qui a beaucoup de temps pour faire la cuisine, ou pas?

Justifiez vos réponses.

4c Maintenant, regardez le contenu du panier.
En quoi est-ce que c'est différent? Pouvez-vous imaginer la personne qui achète ces articles?

4d A deux: Chaque partenaire invente un personnage qui fait des achats dans un grand magasin.

Compose une liste de 10 articles.
Donne-la à ton/ta partenaire.

Ton/Ta partenaire doit décider du caractère de ton personnage ou de son mode de vie.

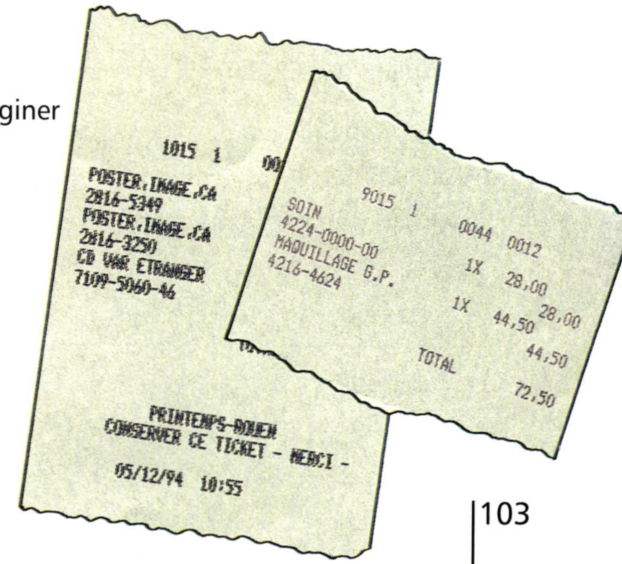

8 Relaxez-vous!

A Vive le sport?

le saut à la corde ou à l'élastique

le surf ou le snowboard

le parapente

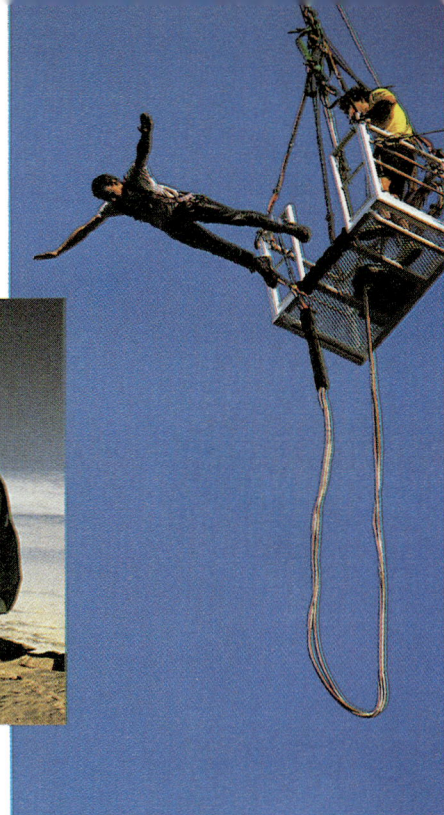

1a Sports d'été et sports d'hiver
Combien de sports de chaque sorte peux-tu nommer en trois minutes?
Fais des listes et commente tes listes avec un(e) partenaire.

C'est trop difficile!

C'est trop dangereux.

J'ai peur des hauteurs.

Je n'aime pas l'eau froide!

Je suis allergique aux animaux.

1b A deux: Qu'est-ce que vous aimeriez faire?
Qu'est-ce que vous n'aimeriez pas faire et pourquoi?

Exemple: J'aimerais faire de la planche. Je n'aimerais pas faire de l'équitation, parce que je suis allergique aux animaux.

1c Ecoute: Qu'est-ce qu'ils aiment faire et qu'est-ce qu'ils n'aiment pas faire? (1–6)
Pourquoi? Note leurs réponses.

Exemple: 1 Il/Elle aime ... et n'aime pas ... parce que ...

1d Fais un sondage. Choisis une question et pose-la à douze personnes.
(Attention: tutoyer ou vouvoyer?)

Aimes-tu faire ...? Aimerais-tu faire ...? Qu'est-ce que tu préfères: ... ou ...?	Aimez-vous faire ...? Aimeriez-vous faire ...? Qu'est-ce que vous préférez: ... ou ...?

Fais un résumé.

Exemple: J'ai trouvé que ... personne(s) ...
Il y avait ... personne(s) sans opinion.

2a C'est quel sport?

1
C'est un sport de combat qui vient du Japon. On porte un pantalon blanc, une veste blanche et une ceinture de couleur. On apprend à se défendre. Je suis adhérent d'un club et je m'entraîne deux fois par semaine. Il y a des concours régionaux et nationaux.

2
On joue à deux équipes sur un terrain dehors. Il y a onze joueurs dans chaque équipe. Le but du jeu, c'est d'envoyer le ballon, avec le pied ou avec la tête, dans le but de l'équipe adverse. Je m'entraîne deux fois par semaine, et on joue contre une autre équipe le mercredi.

3
C'est un sport qui se joue à deux ou à quatre, avec des raquettes et une petite balle. On joue sur un terrain qui s'appelle un court. On porte un short blanc ou une jupe blanche et une chemise également blanche. Il y a un club au collège et je joue le mercredi et le samedi après-midi. En hiver, on joue dans une grande salle.

4
C'est une activité qu'on peut faire seul, ou bien on peut être adhérent d'un club. On a besoin d'une bicyclette de course. On porte un maillot et un short. Il faut beaucoup s'entraîner! Je fais partie d'un club et on sort le mercredi et le dimanche.

2b Choisis ton sport préféré. Prépare et enregistre une petite présentation.

C'est	un jeu qui se joue	sur ... avec ... à deux/à quatre/à deux équipes
	un sport individuel	
Pour pratiquer ce sport,	on a besoin de ... on porte ...	
Le but du jeu c'est	de marquer plus de points/de buts d'aller plus vite	que l'adversaire
Mon joueur préféré, c'est ...		

3a Nicolas n'est pas sportif. Que fait-il le mercredi?

3b Qu'est-ce qu'il a fait mercredi dernier? Attention au passé composé!

Présent:		*Passé composé:*					
Le mercredi, il	boit	Mercredi dernier, il	a	bu			
	dort			dormi			
	écoute			écouté			
	fait			fait			
	joue			joué			
	lit			lu			
	mange			mangé			
	regarde			regardé			
	travaille			travaillé			
il	reste		il est	resté	elle	est	restée
	sort			sorti			sortie
	va			allé			allée
	se lève		s'est	levé		s'est	levée
	se couche		s'est	couché		s'est	couchée

3c Prépare et enregistre deux présentations.

1 Que fais-tu pendant ton temps libre?
2 Qu'as-tu fait hier soir/le week-end dernier?

4 Ecoute: Qu'est-ce qu'ils pensent des passe-temps de leurs copains/copines? Complète les phrases suivantes en français.

A 1 Valérie passe beaucoup de temps à …
2 Claire trouve que le passe-temps de Valérie est …
3 Valérie trouve que le passe-temps de Claire est …
B 1 Mathieu n'aime pas le sport à la télé, car il préfère …
2 Christian n'aime pas le sport, parce qu'il …
3 Pour Christian, Mathieu recommande les sports …
C 1 Jeanne trouve que les films modernes sont …
2 Dans les films, Nicolas trouve …
3 Quand elle était petite, Jeanne …

5 A deux: Choisissez trois des jeunes que vous venez d'entendre. Vous êtes d'accord avec leurs opinions? Pourquoi (pas)?

6a Lis cet extrait de la lettre de ton correspondant Dominique. Complète la grille pour indiquer l'opinion de Dominique en français. Qu'est-ce que tu en penses? Complète une autre grille pour donner ton opinion des mêmes activités.

Pendant la semaine, je n'ai pas beaucoup de temps libre, car évidemment, il y a le collège, et puis les devoirs. Pourtant, le mercredi après-midi, il y a pas mal d'activités qu'on peut faire au collège. Moi, pendant l'été, je fais du patin à roulettes. Ça ne m'intéresse pas tellement, mais il faut faire quelque chose, et je n'aime ni l'athlétisme ni le tennis. En hiver, je joue au foot. C'est mon sport préféré, et je suis gardien dans l'équipe du collège.

Le week-end, je fais de l'alpinisme de temps en temps avec mon frère aîné; ça me fait peur, mais je trouve absolument passionnant. Malheureusement, on n'y va pas souvent, car mon frère est à l'université. Je vais aussi en boîte avec ma petite copine; elle adore danser, mais moi, ça m'ennuie. J'y vais pour lui faire plaisir.

On passe toujours les vacances près d'un terrain de golf, car mes parents l'adorent. Je joue avec eux de temps en temps, mais si on est au bord de la mer, je préfère aller à la plage. J'aime retourner au collège plus bronzé que mes copains.

Mon père me dit toujours que je dois lire davantage, mais franchement, à part les magazines de foot, et quelquefois un roman d'épouvante, j'aime mieux le sport que la lecture.

Dominique aime …	Ça va	Dominique n'aime pas
	le patin à roulettes	

6b Ecris une réponse à la lettre de Dominique. Parle-lui de tes activités, et dis-lui ce que tu penses des siens.

7 Tu vas sortir ce soir, mais où?
Fais une liste de tous les lieux où tu pourrais aller. Tu as deux minutes.
Compare ta liste avec celle d'un(e) partenaire.

8a A deux: Travaillez ce dialogue au téléphone.

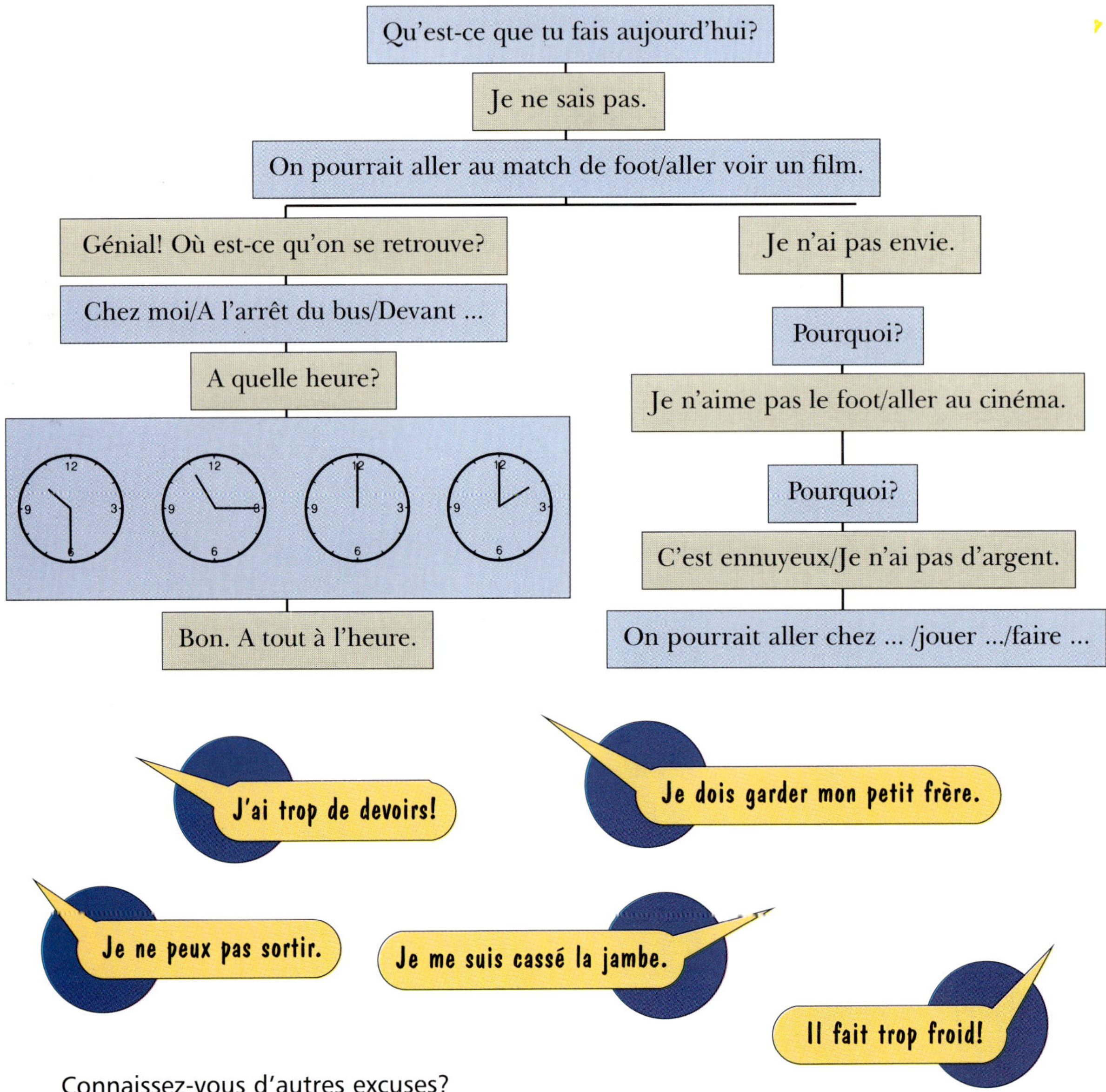

Qu'est-ce que tu fais aujourd'hui?
Je ne sais pas.
On pourrait aller au match de foot/aller voir un film.
Génial! Où est-ce qu'on se retrouve?
Chez moi/A l'arrêt du bus/Devant ...
A quelle heure?
Bon. A tout à l'heure.
Je n'ai pas envie.
Pourquoi?
Je n'aime pas le foot/aller au cinéma.
Pourquoi?
C'est ennuyeux/Je n'ai pas d'argent.
On pourrait aller chez ... /jouer .../faire ...
J'ai trop de devoirs!
Je dois garder mon petit frère.
Je ne peux pas sortir.
Je me suis cassé la jambe.
Il fait trop froid!

Connaissez-vous d'autres excuses?

8b A deux: Inventez un dialogue et enregistrez-le.

Faire ses excuses:
Je m'excuse, (mais ...)
Je regrette, (je n'en ai plus)
Excusez-moi de (vous déranger)
Je suis désolé(e)
Ce n'est pas grave

9 Ecoute: Qui veut aller où? A la fin, où est-ce qu'ils décident d'aller? Complète ces phrases en français.

a Gabrielle veut aller …
b Paul veut voir …
c Khaled veut …
d Enfin, ils décident de …

Flash info

Verbe + infinitif:

Je désirais aller au cinéma.
Il espère voir le match.
Il faut demander à Marie.

Aussi:
aimer; adorer; détester; devoir; pouvoir; préférer; savoir; vouloir.

Verbe + à + infinitif:

Il a commencé à regarder le film.
Mon correspondant m'a invité à aller chez lui.

Aussi:
aider; apprendre; continuer; se décider; hésiter; réussir.

Verbe + de + infinitif:

Ils ont décidé de jouer au foot.
J'ai essayé d'acheter des billets.
Il a promis de me téléphoner.

Aussi:
avoir besoin/peur/le temps; cesser; empêcher; finir; oublier; regretter.

10 A deux: Travaillez ce dialogue.

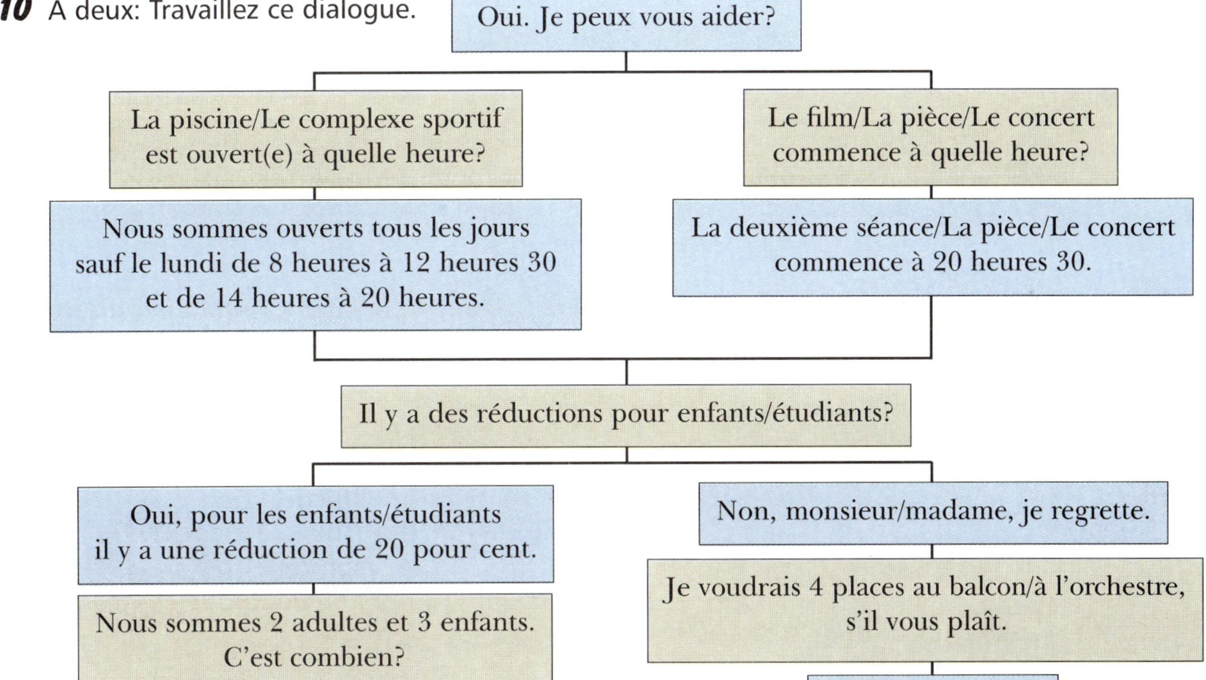

Oui. Je peux vous aider?
La piscine/Le complexe sportif est ouvert(e) à quelle heure?
Nous sommes ouverts tous les jours sauf le lundi de 8 heures à 12 heures 30 et de 14 heures à 20 heures.
Le film/La pièce/Le concert commence à quelle heure?
La deuxième séance/La pièce/Le concert commence à 20 heures 30.
Il y a des réductions pour enfants/étudiants?
Oui, pour les enfants/étudiants il y a une réduction de 20 pour cent.
Nous sommes 2 adultes et 3 enfants. C'est combien?
Ça fait 88 francs.
Non, monsieur/madame, je regrette.
Je voudrais 4 places au balcon/à l'orchestre, s'il vous plaît.
Ça fait 120 francs.

11 Tu as gagné un prix: tu peux faire ce que tu veux pendant une semaine …
Qu'est-ce que tu voudrais faire?

J'irais aux Antilles/… Je ferais … J'achèterais … Je ne ferais rien	
J'apprendrais à faire	de la planche de la plongée sous-marine du surf

12 A deux: Travaillez ce dialogue.

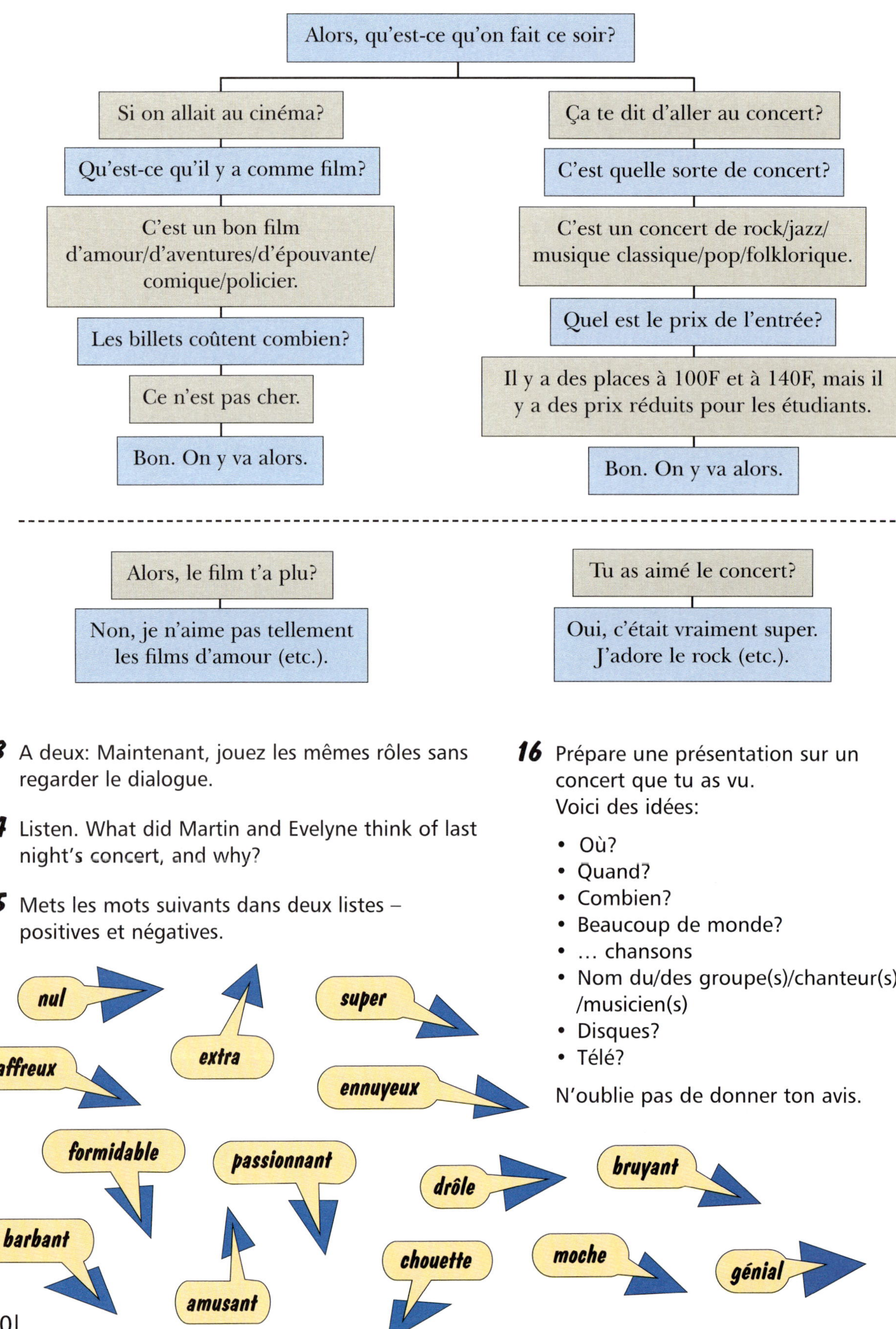

Alors, qu'est-ce qu'on fait ce soir?

Si on allait au cinéma?	Ça te dit d'aller au concert?
Qu'est-ce qu'il y a comme film?	C'est quelle sorte de concert?
C'est un bon film d'amour/d'aventures/d'épouvante/comique/policier.	C'est un concert de rock/jazz/musique classique/pop/folklorique.
Les billets coûtent combien?	Quel est le prix de l'entrée?
Ce n'est pas cher.	Il y a des places à 100F et à 140F, mais il y a des prix réduits pour les étudiants.
Bon. On y va alors.	Bon. On y va alors.

Alors, le film t'a plu?	Tu as aimé le concert?
Non, je n'aime pas tellement les films d'amour (etc.).	Oui, c'était vraiment super. J'adore le rock (etc.).

13 A deux: Maintenant, jouez les mêmes rôles sans regarder le dialogue.

14 Listen. What did Martin and Evelyne think of last night's concert, and why?

15 Mets les mots suivants dans deux listes – positives et négatives.

16 Prépare une présentation sur un concert que tu as vu.
Voici des idées:

- Où?
- Quand?
- Combien?
- Beaucoup de monde?
- … chansons
- Nom du/des groupe(s)/chanteur(s)/musicien(s)
- Disques?
- Télé?

N'oublie pas de donner ton avis.

17 Ecoute: Au syndicat d'initiative. Quatre touristes parlent des excursions.

1 a On parle de quelle sorte d'excursion? (1)
  b Décris l'excursion à 120 F. (2)
2 a L'employée, qu'est-ce qu'elle recommande surtout? (1)
  b Décris <u>une</u> des autres excursions recommandées. (2)
3 a Quelle est la spécialité de la région? (1)
  b Le plan de la ville, qu'est-ce qu'il décrit? (2)
4 a Où sont les touristes? (1)
  b L'employé, qu'est-ce qu'il suggère? (1)
  c Pourquoi? (1)

18 Regarde ces excursions.

A

Excursion en 4x4 dans les Pyrénées
Départ 7h30 – retour 20h
150 F par personne, déjeuner barbecue compris +16 ans seulement

B

Son et lumière à la cathédrale
son architecture et son passé
23h à 00h30 Places debout 30 F, places assises 45 F

C

Visite à la chocolaterie Martin
Découvrez tous les secrets du chocolat
Visite guidée 1h30 gratuit – dernière visite 16h30
Dégustation et vente des produits

D

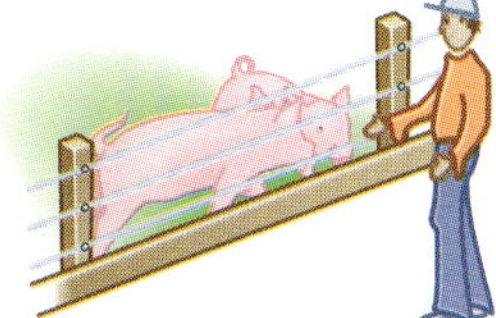

Visitez la petite ferme. Animaux en toute liberté.
Les enfants peuvent caresser, donner à manger.
Une journée inoubliable pour tous
Aire de pique-nique. Entrée 25 F adultes – enfants 10 F

E

Soirée pyrénéenne 130 F par personne.
Repas typique – vin compris. Chansons folkloriques.
Bal – danses régionales. 21h à la salle des fêtes.
Les enfants de moins de six ans ne sont pas admis

Choisis deux excursions pour ces personnes:

1 La famille Smith – deux filles de cinq et sept ans qui n'aiment pas trop voyager – les Smith tiennent une confiserie dans une grande ville industrielle en Angleterre
2 M. et Mme Jones – 25 ans – adorent la montagne – voudraient savoir tout sur les distractions traditionnelles des Pyrénées
3 Mme McDougal – 57 ans – s'intéresse beaucoup à l'histoire de la région et à ses vieux bâtiments, mais s'intéresse aussi à l'industrie
4 M. Brown – aime bien s'amuser – il préfère passer ses journées à se baigner au lac, alors il cherche des distractions nocturnes

Puis explique ces excursions aux personnes – durée, prix etc.

19 A deux: Parlez de votre ville/région. Quelles sont les excursions ou distractions que vous recommanderiez à un touriste? Discutez.

B J'ai mal ...

1a A deux: Combien de parties du corps pouvez-vous nommer en deux minutes?

1b Qu'est-ce qu'on dit?

J'ai mal au coeur
à la gorge
aux dents
J'ai de la fièvre
Je suis enrhumé(e)
Je tousse
Je vomis
J'ai pris un coup de soleil
Je me suis fait mal à la jambe

2a A deux: Prendre rendez-vous avec le docteur ou le dentiste

Allô, ici le cabinet du docteur Legrand/du dentiste M. Leblanc.

Je peux voir le docteur/le dentiste?

C'est urgent? (Qu'est-ce que vous avez?)

...

Vous voulez un rendez-vous à quelle heure?

.../Dès que possible.

Je regrette. Le docteur/Le dentiste n'est pas libre.

Vous pouvez venir demain matin à dix heures?

...

Bon! A demain, à dix heures. C'est quel nom?

Je me suis cassé une dent = *I've broken a tooth*
J'ai perdu un plombage = *I've lost a filling*

Au secours!
Aidez-moi!
Téléphonez pour une ambulance!
Pour appeler le SAMU, il faut composer le 15.

2b Ecoute: Qu'est-ce qu'ils ont? (1–4)
Ils ont rendez-vous quel jour et à quelle heure?

3a A deux: A la pharmacie

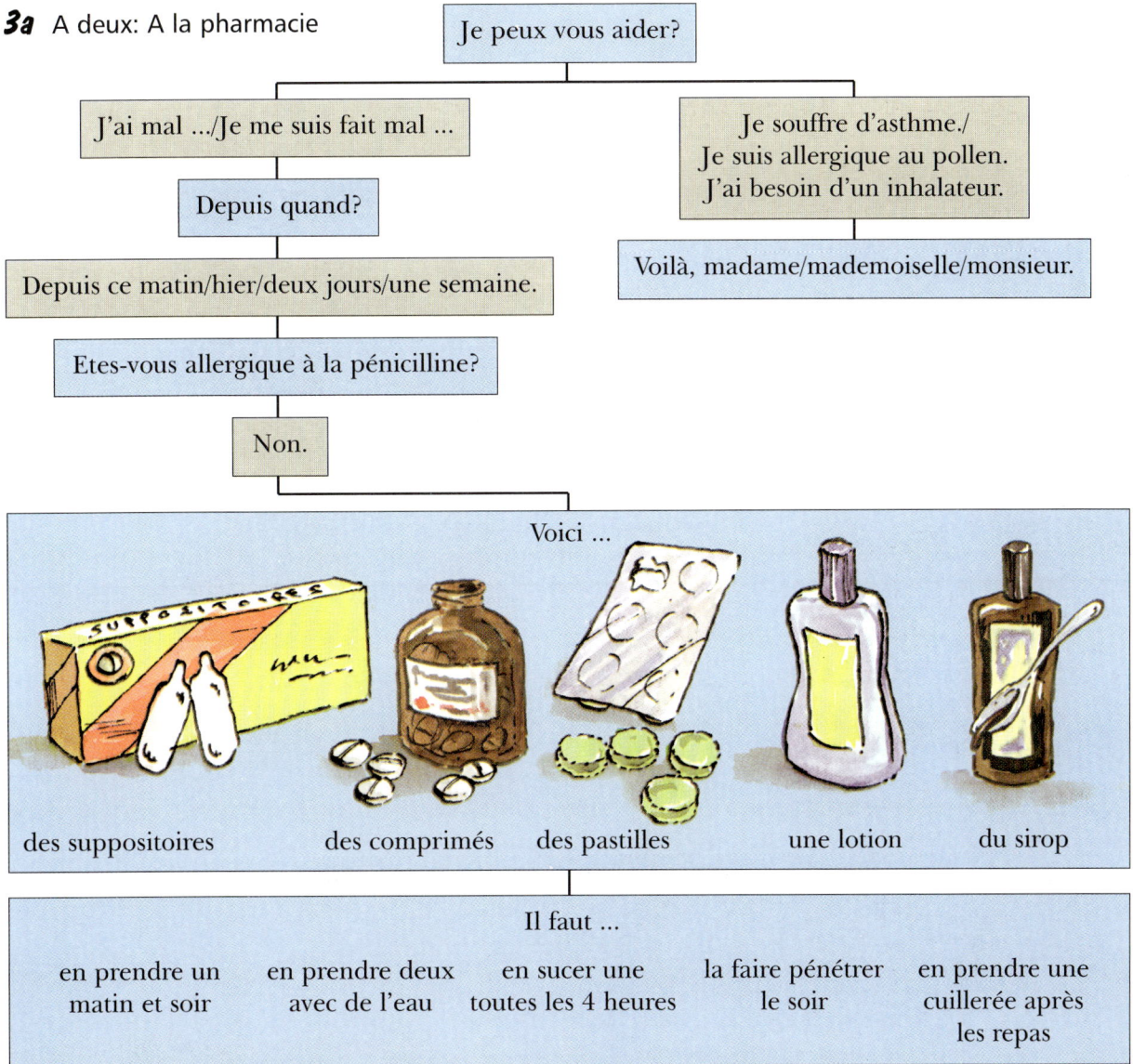

Je peux vous aider?

J'ai mal .../Je me suis fait mal ...

Depuis quand?

Depuis ce matin/hier/deux jours/une semaine.

Etes-vous allergique à la pénicilline?

Non.

Je souffre d'asthme./
Je suis allergique au pollen.
J'ai besoin d'un inhalateur.

Voilà, madame/mademoiselle/monsieur.

Voici ...

des suppositoires | des comprimés | des pastilles | une lotion | du sirop

Il faut ...

en prendre un matin et soir | en prendre deux avec de l'eau | en sucer une toutes les 4 heures | la faire pénétrer le soir | en prendre une cuillerée après les repas

3b Ecoute: Qu'est-ce qu'ils ont? Qu'est-ce qu'ils doivent faire? (1–4)

Exemple: 1 Il/Elle a mal à la gorge. Il/Elle doit sucer des pastilles et prendre des suppositoires.

des analgésiques | *du sparadrap* | *une crème antiseptique* | *des tampons* | *des pansements*

L'adolescence

C'est un moment difficile de la vie parce que l'adolescent vit de nombreux changements physiques et hormonaux. Souvent il devient très préoccupé par lui-même, timide et inquiet de son apparence. Il n'est plus enfant et pas encore adulte.

4a D'accord ou pas? Ecris trois expressions avec lesquelles tu es d'accord.
Commente ta liste avec un(e) partenaire.

<table>
<tr><td>Quelquefois
Souvent
De temps en temps</td><td>je suis très/trop influencé(e) par</td><td>la bande
mes parents
les profs
les médias</td></tr>
<tr><td>Je suis</td><td colspan="2">timide
trop grand(e)/petit(e)/gros(se)/mince</td></tr>
<tr><td colspan="3">Je veux démontrer mon individualité
Je change d'humeur à tout moment</td></tr>
<tr><td>J'ai</td><td colspan="2">des boutons
des problèmes avec le travail/mes parents/mon frère/ma soeur/ma santé</td></tr>
<tr><td>Je n'ai pas</td><td colspan="2">d'argent/d'amis</td></tr>
</table>

Exemple Je pense que quelquefois, je suis trop influencé(e) par ...
De temps en temps, je cherche à ...
J'ai souvent des problèmes avec ...

4b Ecoute: Ils ont quels problèmes? (1–5)

4c Choisis une lettre et écris une réponse.

Exemple: Cher/Chère ..., Il te faut ...

J'ai des boutons sur le visage et je les presse de temps en temps, mais on m'a dit que je vais avoir des marques sur le visage pour le reste de ma vie. Est-ce que c'est vrai?
Adam (16)

Je suis assez gros. Les élèves de ma classe se moquent de moi. Je suis au régime mais je ne perds pas de poids. Qu'est-ce que je peux faire?
Vincent (15)

J'ai souvent des problèmes avec mes parents. Ils ne me permettent pas de sortir le soir avec mes copains. Ils me traitent toujours comme un petit enfant. Marion (15½)

Je n'ai pas d'amis. Je suis petit et tous les élèves de ma classe se moquent de moi parce que je ne suis pas sportif.
Romain (16)

La drogue

Attention!!! Dépendance psychique sévère.
Il est très difficile de s'arrêter!
'Dépendance psychique' signifie qu'on a besoin d'en prendre toujours davantage pour obtenir le même effet.

Les effets de la drogue

le tabac dommages à la gorge, cancer du poumon, risque augmenté d'infections respiratoires

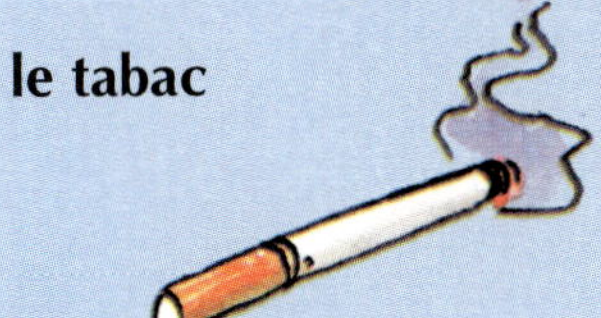

la marijuana dommages à la gorge et aux poumons, risque augmenté d'infections respiratoires, perte de mémoire, difficultés de concentration, yeux rouges

le haschisch comme la marijuana, mais les dommages sont plus intenses; risque de devenir impuissant et de subir une mort douloureuse

les solvants dommages au nez, à la gorge, aux reins, au foie, incapacité de penser, les yeux et le nez qui coulent, toux

le LSD tremblement, peurs incontrôlées, difficultés de concentration, transpiration abondante, nez congestionné, insomnie, perte de poids

l'alcool ulcères, dommages au foie, certains genres de cancer, risque de devenir impuissant

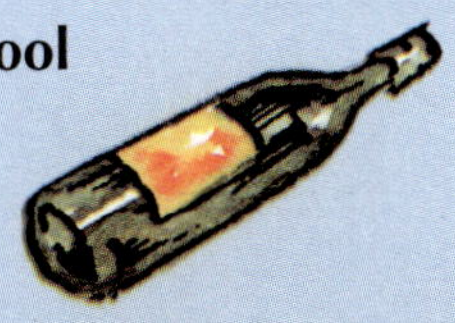

5a Quels conseils donnerais-tu à un copain qui veut essayer de la drogue?

C'est du gaspillage!

Ça me dégoûte!

C'est jeter l'argent par la fenêtre!

C'est stupide!

Il ne faut pas Tu ne dois pas	fumer/boire/prendre ... essayer ...	parce que/qu'	tu risques ... il est difficile ... c'est très mauvais pour la santé

5b Fais une pub contre la drogue.

6 Une leçon de grammaire

Les pronoms

me, te, le/la/l'

- le remplace un objet de genre masculin ou une personne masculine:
  Je vois Marc → Je le vois
  Je vais prendre le car → Je vais le prendre
- la remplace un objet de genre féminin ou une personne féminine:
  Nous retrouverons Marie → Nous la retrouverons
  Tu rencontres ta corres → Tu la rencontres
- devant une voyelle, le et la deviennent l':
  Vous aimez mon pull? → Vous l'aimez?
  Ils écoutent la radio → Ils l'écoutent

nous, vous, les

- les remplace plusieurs personnes ou objets:
  Il écoute les résultats → Il les écoute

lui, leur

- lui/leur remplace une ou plusieurs personnes précédée de à/au/aux:
  Je vais téléphoner à Hélène → Je vais lui téléphoner
  J'ai parlé à mes parents → Je leur ai parlé

Note aussi: y Vous allez en ville? Oui, nous y allons tout de suite
en Tu as des billets? Oui, j'en ai trois

Si tu dois utiliser plusieurs de ces pronoms dans la même phrase, il faut suivre cet ordre:

1	2	3	4	5
me	le	lui	y	en
te	la	leur		
nous	l'			
vous	les			

Exemple: Tu vas donner un plan de la ville à ta corres?
Je le lui ai déjà donné.

1 Remplace les mots soulignés ou les blancs par des pronoms:
a) Je vais rencontrer mon copain à la gare.
b) A bientôt, Christian. Je _____ verrai à huit heures.
c) Mon corres va _____ rencontrer à l'aéroport.
d) On va voir les copains au café.
e) Je vais parler à Jean et à Lucie demain.

2 Remplace les mots soulignés par des pronoms:
a) Je verrai Luc devant le cinéma.
b) J'ai envoyé la lettre à Marc.
c) Julie m'a donné les billets.

Les organisations bénévoles internationales

L'ONU dont le siège est à New York, a 158 pays membres qui ont adopté la Déclaration universelle des droits de l'homme en 1948.

Amnesty International, association créée en 1961 par un avocat anglais, apporte aide et assistance aux victimes emprisonnées pour leurs idées, leurs croyances ou leur origine.

CROIX-ROUGE FRANÇAISE

La Croix-Rouge, créée en 1863 par le Suisse Henri Dunant, a pour mission de secourir les blessés de guerre et apporte aussi son aide aux handicapés et aux réfugiés.

L'Unesco, Organisation des Nations unies pour l'éducation, la science et la culture, a son siège à Paris. C'est une institution de l'ONU chargée de contribuer à maintenir la paix par la collaboration entre les nations.

Médecins sans frontières est une association d'origine française qui apporte une assistance médicale dans les régions où il y a une guerre ou une catastrophe.

Greenpeace est un mouvement international qui regroupe des gens qui veulent protéger la planète et l'environnement.

Trouve dans les textes des mots qui signifient:

a personnes qui sont obligées de quitter leur pays
b bâtiment principal d'une organisation
c personne ou état qui fait partie d'une organisation
d apporter de l'aide à …
e enfermé dans un endroit sans liberté
f qui n'est pas limité à un seul pays

7 Ecoute: Catherine parle de Greenpeace. Pour chacune des phrases suivantes, écris V (vrai), F (faux), ou ? (pas dans le texte).

1. Catherine est membre de Greenpeace, mais elle ne fait pas grand-chose.
2. Greenpeace fait réfléchir les gens au sujet de la pollution.
3. Grâce à Greenpeace, on a trouvé des solutions à la plupart des problèmes.
4. Le problème le plus grave, c'est la pollution de l'atmosphère.

8 Pour toi, quel est le problème le plus grave pour l'environnement? Utilise ces notes pour écrire tes idées.

A mon avis, le problème le plus grave, c'est …

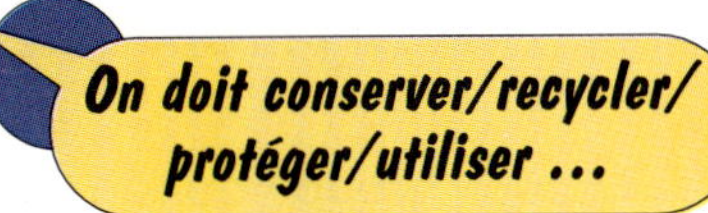

Il faut limiter les émissions toxiques/les gaz carboniques.

C La santé

1a Il y a une trousse ou un placard de premiers secours chez vous? Si oui, où est-elle? Qu'est-ce qu'il y a dedans?

1b A deux: Pensez à une occasion où vous l'avez utilisée. Racontez-la à un(e) partenaire.

Exemple: Hier soir, je me suis brûlé en faisant la cuisine. J'ai eu une grosse ampoule sur le doigt. Ça m'a fait mal. J'ai mis de la crème antiseptique.

Flash info

J'ai/Je me suis ... **en** fais**ant**/**en** jou**ant** ...

Une Trousse de Premiers Secours

La vie est pleine de petits accidents ou de petites maladies. Pas toujours besoin d'appeler le docteur si on a le moyen de les traiter soi-même. Une trousse de premiers secours, par exemple, peut être très utile.

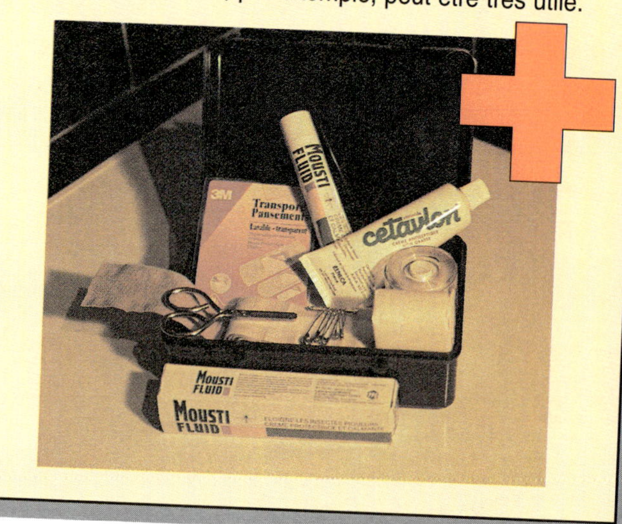

2a Ecoute: Trouve le dessin qui correspond.

2b A deux: A tour de rôle, donnez des conseils à chaque personne, en disant 'Il faut ...'

Exemple: 1 Il faut mettre du sparadrap/Il faut vous laver le doigt d'abord, puis mettre un pansement.

2c Partagez-vous en quatre groupes. Chaque groupe choisit une catégorie:

situations
DANS LA MAISON
ou DANS LE JARDIN

situations
EN VILLE
et DANS LA RUE

situations
A LA CAMPAGNE
et A LA MER

situations
A L'ECOLE
et AU TRAVAIL

Chaque groupe doit faire une liste des situations dans lesquelles une trousse (ou un placard) de premiers secours serait utile. Un membre du groupe doit écrire.

Exemple: Quand on a mal à la gorge
Si on se coupe ...
Quand on tombe

Discutez pendant trois minutes. Ensuite, un membre du groupe présente la liste à la classe.

3a Connais-tu un remède contre un mal quelconque? Un remède homéopathique, peut-être? Ou peut-être un conseil pour éviter une maladie? Explique ton conseil par écrit (avec illustration, si tu veux).

3b Lis ton conseil au groupe, ou à toute la classe. Ensuite, vous pourriez tous rassembler vos conseils dans un petit livret. Vous pourriez utiliser l'ordinateur et le photocopieur.

3c Ecoute: Six jeunes racontent comment ils maintiennent la forme. Note (en anglais ou en français) ce que chacun(e) fait.

3d Maintenant, oralement ou par écrit, explique ce que tu as fait, pendant le mois dernier, pour te tenir en bonne forme physique.

4 Si tu pars en vacances – surtout à l'étranger – prends des précautions avant ton départ. Lis les conseils et fais un résumé en anglais pour ta famille.

AVANT DE PARTIR EN VACANCES

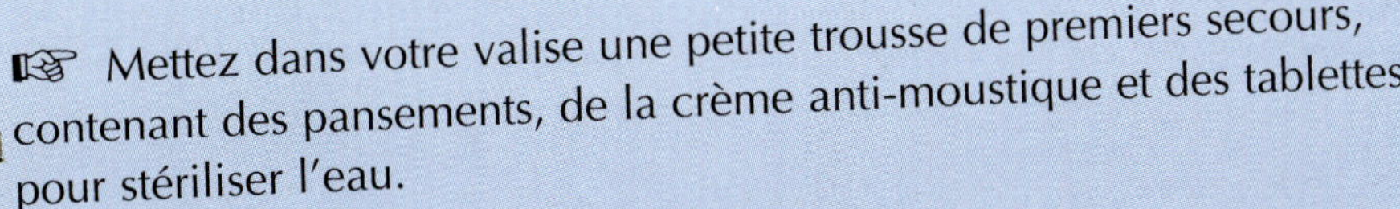

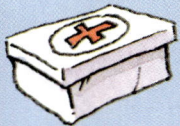

☞ Mettez dans votre valise une petite trousse de premiers secours, contenant des pansements, de la crème anti-moustique et des tablettes pour stériliser l'eau.

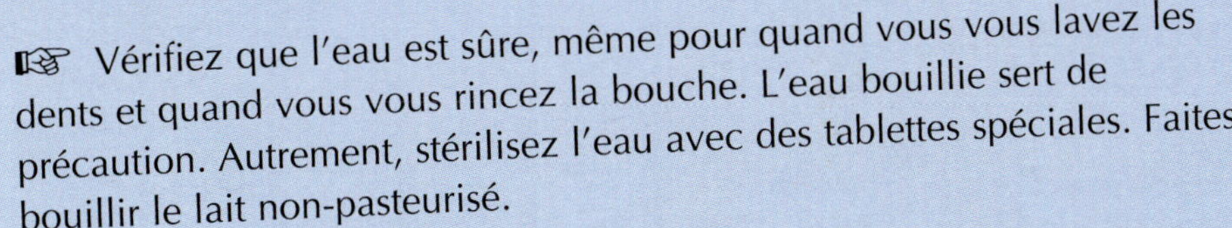

☞ Vérifiez que l'eau est sûre, même pour quand vous vous lavez les dents et quand vous vous rincez la bouche. L'eau bouillie sert de précaution. Autrement, stérilisez l'eau avec des tablettes spéciales. Faites bouillir le lait non-pasteurisé.

☞ Attention à ces aliments: légumes et fruits crus; salades; crème, glaces et glaçons; viande rouge; fruits de mer et crustacés. Les plats réchauffés peuvent être contaminés.

☞ Lavez-vous les mains après être allé(e) aux toilettes, avant de préparer la nourriture et avant de manger, surtout si vous êtes en camping.

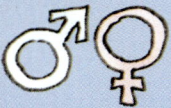

☞ Les maladies d'origine sexuelle (y compris le SIDA) menacent la santé de la population du monde. Les préservatifs servent de protection – mais attention, car leur qualité est souvent inférieure dans les pays étrangers. Achetez donc vos préservatifs avant de partir.

☞ Mettez de la crème anti-moustique pour vous protéger contre les insectes qui piquent. Couvrez-vous les jambes et les bras quand vous vous promenez, surtout dans les bois et les forêts; attention aux animaux, car ils ne sont pas toujours gentils!

☞ Ne vous faites pas percer les oreilles et la peau, sauf si vous savez que les aiguilles ont été stérilisées.

9 Médiathèque

A La télé, les films et la radio

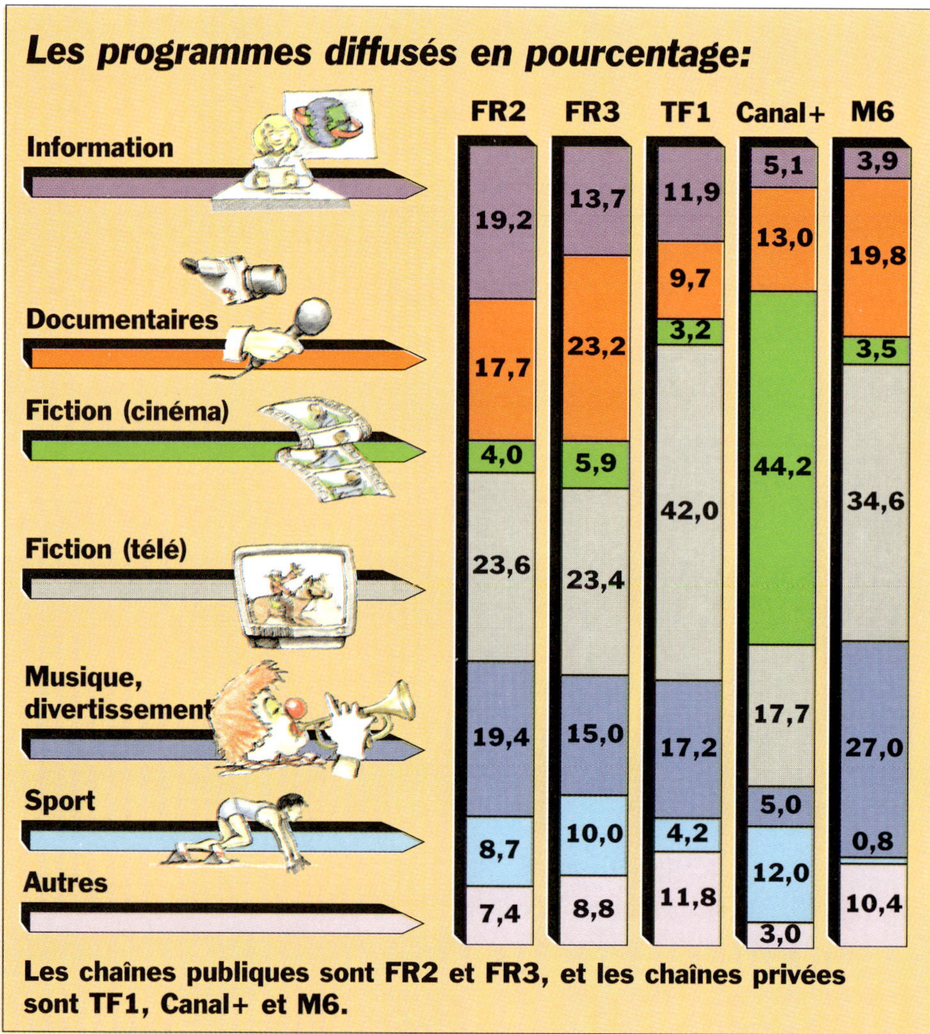

1a Ecoute: Quels genres d'émission préfèrent-ils? (1–6)
Quelle chaîne regardent-ils le plus?

Exemple: 1 Il/Elle préfère ... . Il/Elle regarde ... le plus.

1b Ecris et enregistre des conseils.

Tu aimes Tu te passionnes pour Tu préfères	les actualités le sport la musique (?) les feuilletons ...	Il faut regarder Pour toi, c'est	la chaîne ...
Pour ceux qui aiment Pour ceux qui préfèrent		c'est on conseille	
C'est la chaîne ... qui consacre la majeure partie de ses programmes au/à la/aux ...			

1c Quels genres d'émission préfères-tu? Fais une liste.

2a Explique à un(e) ami(e) français(e): c'est quel genre d'émission? Prépare ce que tu vas lui dire.

Exemple: 'Grandstand', c'est une émission de sport.

les actualités un dessin animé un documentaire une émission de musique une émission de sport un feuilleton un film une série policière (un polar)

Grandstand

NEWS AT TEN

Nature watch

Panorama

Raiders of the Lost Ark

The Bill

EastEnders

The Flintstones

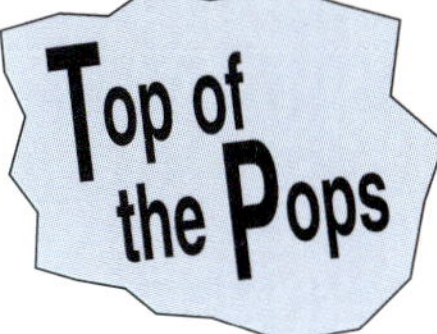

2b En connais-tu d'autres? Trouve une autre émission dans chaque catégorie. Comment les trouves-tu?

Exemple: 'Neighbours' est un feuilleton australien. C'est ...

C'est super/génial/rigolo/amusant/intéressant/pas mal/nul/ennuyeux Ça dépend ...

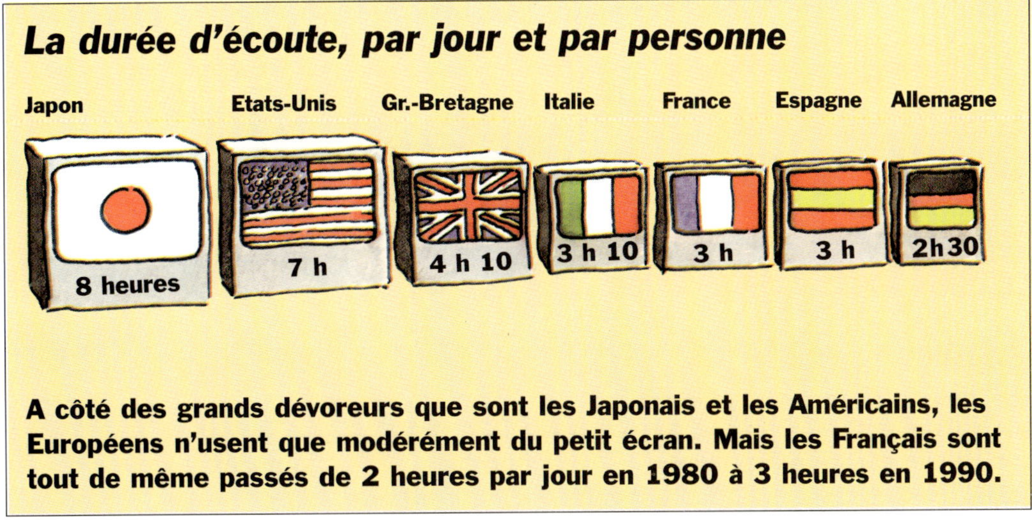

La durée d'écoute, par jour et par personne
Japon
8 heures
Etats-Unis
7 h
Gr.-Bretagne
4 h 10
Italie
3 h 10
France
3 h
Espagne
3 h
Allemagne
2h30
A côté des grands dévoreurs que sont les Japonais et les Américains, les Européens n'usent que modérément du petit écran. Mais les Français sont tout de même passés de 2 heures par jour en 1980 à 3 heures en 1990.

3a Ecoute: Les résultats de notre sondage. Combien d'heures passons-nous devant le petit écran **a** le samedi et **b** le soir pendant la semaine?

Calcule la moyenne.

3b Fais un sondage dans la classe. Combien d'heures passez-vous devant le petit écran **a** le samedi et **b** le soir pendant la semaine?

Calcule la moyenne.

Compare tes résultats avec ceux de la classe française.

Exemple: En France le samedi/le soir, on passe plus/moins d'heures devant le petit écran que chez nous.

4a C'est quel film?

1 Un jeune homme tombe amoureux d'une étudiante qui est très malade.
2 Un petit ours qui a perdu sa mère rencontre un grizzli solitaire.
3 Il s'agit de deux voyageurs du temps à Los Angeles.
4 C'est basé sur une histoire des 'Mille et Une Nuits'.
5 Un shérif défend sa ville contre trois bandits dangereux.
6 Il s'agit du record de la plongée sous-marine et des dauphins.
7 Il s'agit de deux détectives à Miami.
8 Mystères sanglants autour d'une secte de fanatiques.
9 C'est l'histoire d'un homme qui est toujours garçon d'honneur mais jamais le marié.

L'ours

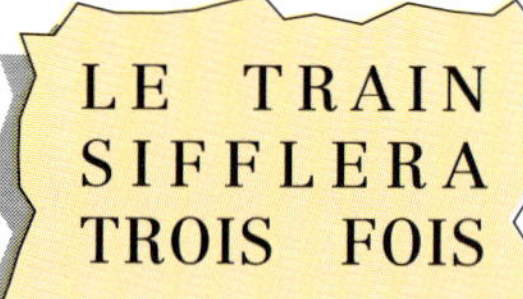

Deux flics à Miami

4b Classe les films ci-dessus par catégorie.

policier	dessin animé	western	horreur	animaux
comédie	aventures	mélodrame	science-fiction	

4c Fais la liste de huit films que tu connais et classe-les par catégorie.

4d Trouve un film qui correspond à chaque expression.

Exemple: 'Dracula' est un film qui vous coupe le souffle.

a très drôle
b d'aventures
c d'horreur
d qui vous coupe le souffle
e sérieux, qui donne à réfléchir
f très bien réussi
g de grand spectacle
h un mélo (mélodrame)
i un navet

un mélo = *a weepie*
un navet = *a turnip (i.e. third-rate)*

UN POLAR CLASSIQUE

DANS LA CHALEUR DE LA NUIT ★★★★

(USA 1967)

Réalisateur: Norman Jewison

L'histoire: Il s'agit d'un meurtre. Un homme est tué dans l'état du Mississippi. Le shérif local et un policier fédéral mènent l'enquête. Le shérif est blanc et le policier est noir: un face à face mémorable entre Rod Steiger et Sidney Poitier.

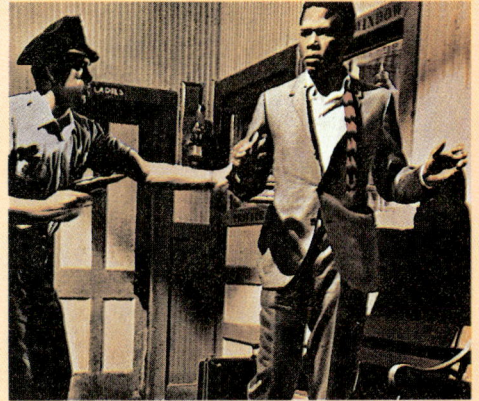

5a Vrai ou faux?

1 C'est une comédie française.
2 C'est un polar américain.
3 Il s'agit de deux policiers qui recherchent un assassin.
4 La musique est de Rod Stewart.
5 Les policiers jouent aux échecs.
6 Le film a été réalisé par Steven Spielberg.

5b Raconte ou invente l'histoire d'un film!

Exemple: C'est un (polar/film d'horreur/...)
Le film a lieu (aux Etats-Unis/en France/à Liverpool/dans l'espace)
Il s'agit (d'un homme/d'une femme/d'un enfant qu'on a laissé à la maison)
Il/Elle (est/a/aime/veut/n'a pas de ...)
Il/Elle a (tué/assassiné/trouvé/inventé/volé/vu ...)
Il/Elle est (allé(e)/tombé(e) amoureux/se de/rentré(e) ...)
... interprète très bien le rôle de ...
Les effets spéciaux sont (très réussis/affreux)

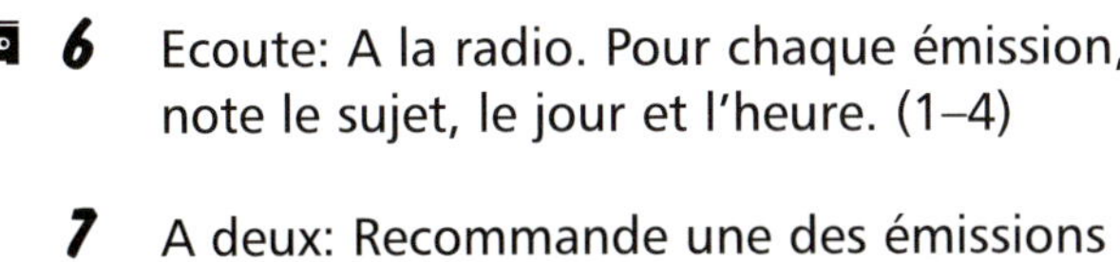

6 Ecoute: A la radio. Pour chaque émission, note le sujet, le jour et l'heure. (1–4)

7 A deux: Recommande une des émissions à ton/ta partenaire. Dis-lui quand elle se passe, et décris l'émission.

8 Ecoute: Floriane parle des médias anglais.
Pour chaque phrase, écris V (vrai), F (faux) ou ? (elle ne dit pas).

a Les films américains sont souvent ennuyeux.
b On entend souvent l'anglais à la radio en France.
c Si on apprend l'anglais, la télé peut être très utile.
d Les sous-titres vous aident à vous concentrer sur le film.
e Les jeux télévisés sont assez faciles à comprendre.

9 A deux: Quels genres de film aimez-vous? Pourquoi?

J'aime	les ...	parce qu'	ils me font rire/me détendent	
	les films de ...		il/elle est	bon metteur en scène bon(ne) comédien(ne)

10 A deux: Recommandez un film à votre partenaire.

Exemple: Il faut aller voir ... . C'est un ... . Il s'agit de ...
Le film est interprété par ... . Il/Elle est super/fantastique.
C'est vraiment génial/extra/magnifique. La musique est ...
La photo est très belle. Les effets spéciaux sont très bien réussis.

11 Prépare une présentation sur une émission que tu as vue récemment.

- Nom de l'émission?
- Quelle sorte d'émission? (documentaire/jeu/feuilleton/etc.)
- Quand? (avant-hier/il y a deux jours/samedi dernier/etc.)
- Avec qui? (famille/ami(e)s)
- Décris un peu l'émission.
- Donne ton opinion sur l'émission.

les critiques
le courrier
les avis des lecteurs
les genres de ...
(comique/policier etc.)
dans le film/roman
le héros/la héroïne

12 Lis la Page Média (page 125), puis réponds aux questions suivantes en français.

1 Liliane, comment a-t-elle trouvé le film *Excalibur*?
2 Marc a lu quelle sorte de livre?
3 Julie, quelle est son attitude en ce qui concerne les journaux?
4 Sébastien, qu'est-ce qu'il n'aime pas?
5 D'après Stéphanie, qu'est-ce que Sabine a pensé du film *Titanic*?

13 Ecris une lettre à la Page Média du magazine "*Ados 2000*".

- Commence et termine ta lettre avec les formules nécessaires.
- Explique ce que tu aimes/n'aimes pas à la Page Média.
- Parle de tes préférences en cinéma/livres/télé/radio.
- Décris un film que tu as vu/un roman que tu as lu/une émission à la radio que tu as écoutée.
- Pose une question aux lecteurs da la Page Média.

PAGE MÉDIA

"ADOS 2000"

Les critiques de nos lecteurs

Cinéma

Excalibur, l'épée magique
Ce dessin animé est une bonne adaptation de la légende du roi Arthur. Les dessins sont très réalistes, et s'il y a des moments tristes, il y a également beaucoup d'humour.
Liliane (93)

Lecture

Envoyé spécial
Luc et Chloé travaillaient dans une agence de voyages depuis deux ans. Chloé a remarqué que Luc rapportait toujours un paquet quand il rentrait en France. Qu'est-ce que c'était? Et d'où venait son argent? Etait-il question de drogues? Chloé a décidé de suivre Luc lors de sa prochaine visite en Finlande (il parlait couramment finlandais!). Je ne vais pas révéler la fin, mais c'est un livre avec plein de suspense.
Marc (42)

Et encore du courrier!

Suis-je seul à préférer écouter la musique à la radio qu'à la télé? Franchement, les clips-vidéo ne me disent rien. Je viens de regarder la dernière vidéo de Hit Machine. Elle était moche! J'aurais préféré simplement entendre la chanson, qui était super. (Je fais une exception pour All-Spice, qui sont très jolies!)
Sébastien (07)

Je ne suis pas du tout d'accord avec Sabine (5-18 novembre). Moi aussi, j'ai vu le film Titanic, mais je l'ai trouvé formidable. Les acteurs étaient très bons, surtout Leonardo, que j'adore - c'est une vraie vedette. Mais ce dont je me souviens le mieux, c'est les effets spéciaux, qui étaient vraiment supers. C'était une histoire triste et très touchante. Moi, j'ai pleuré!
Stéphanie (35)

Pourquoi lire un journal, quand il existe un magazine comme "Ados 2000"? Il y a un peu de tout; la musique, le sport, la télé, les stars. Mais il n'y a pas de politique!!
Julie (56)

Tu es allé(e) au cinéma ou à un concert récemment? Ça t'a plu? Pourquoi (pas)? Tu veux parler des émissions à la radio, ou à la télé? Elles étaient marrantes ou nulles? Ecris-nous pour donner ton opinion.

14 A deux: Choisis le magazine, l'émission de télé/radio, la musique et le journal que tu préfères. Discute de ton choix avec ton/ta partenaire.

Je ne suis pas d'accord, (car ...)

Mon/Ma ... préféré(e), c'est ...

Moi, par contre, je ...

Tu es d'accord?

J'aime/Je n'aime pas ça.

Fabrique un journal ou un magazine

SOMMAIRE

MODE

CUISINE

BEAUTÉ

L'ORDINATEUR

SPORT

RUBRIQUES

Nº 365
DÉCEMBRE 2–15

1a Les informations: Choisis le bon titre pour chaque image.

A

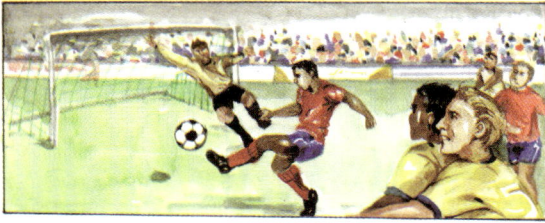

B

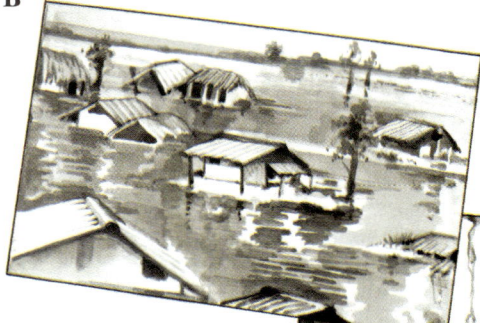

C

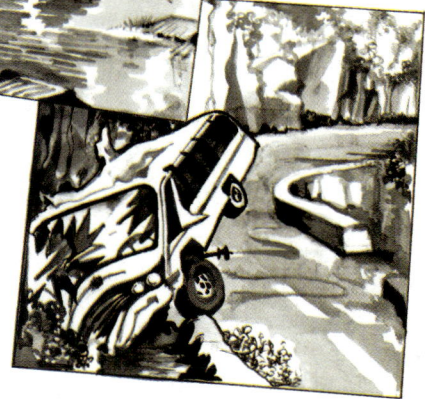

1 LES AGRICULTEURS FRANÇAIS EN COLÈRE

2 GRAVE SÉISME AU JAPON ... DE NOMBREUX DÉGÂTS

3 Inondations importantes en Inde, des centaines de victimes

4 POLLUTION DANS LA MANCHE: Un pétrolier fait naufrage

5 ACCIDENT D'AUTOBUS EN PROVENCE CINQ MORTS, NEUF PERSONNES HOSPITALISÉES

6 Chômage en hausse! Suppression de 25 postes à l'usine

7 DÉBUT DU TOUR DE FRANCE 53 COUREURS SONT PARTIS POUR LA PREMIÈRE ÉTAPE DU TOUR

8 Marseille face à St-Etienne

D

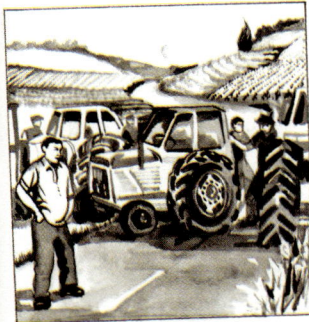

E

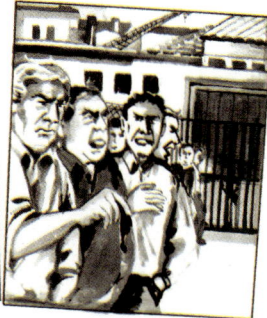

F

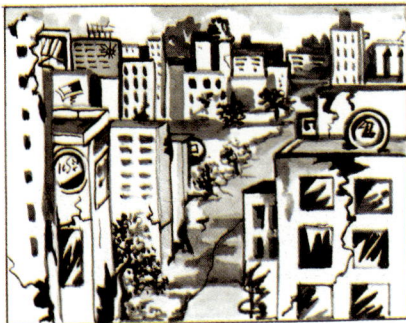

G

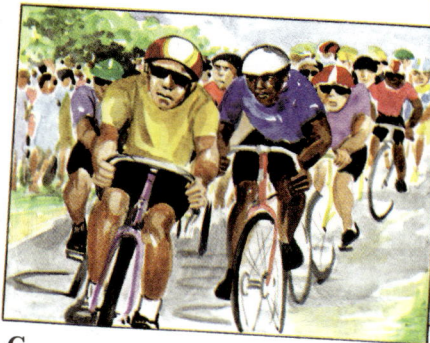

H

1b Ecoute: C'est quel événement?

1c La météo: Trouve les bons symboles.

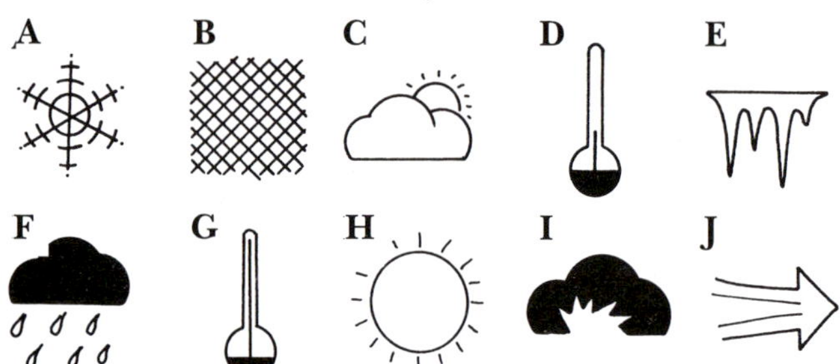

1 soleil	**6** brouillard
2 pluie	**7** éclaircies
3 neige	**8** orages
4 gelée	**9** chaud
5 vent	**10** froid

2 Tu vas fabriquer un magazine! Tu vas écrire un article pour chaque catégorie:

1 **a** Les informations: Découpe une photo ou fais un dessin et écris un titre.

ou **b** Copie une carte et écris une météo.

2 Un article de fond sur **a** la mode **b** la cuisine **c** l'ordinateur **d** la beauté **e** le sport **f** la musique **g** le cinéma

3 Une rubrique: **a** une fiche d'identité **b** la pêche **c** le shopping **d** un horoscope (voir page 129)

4 **a** petites annonces **b** jeux de mots **c** blagues **d** jeu-test **e** poème

5 Un rapport: **a** un accident **b** un crime **c** une épreuve de sport **d** une interview

2a Les accidents: Que s'est-il passé? Ecris un texte pour décrire chaque image.

Exemple: Le garçon s'est précipité dans la rue et a été renversé par une voiture.

Phrases-clés

La voiture allait trop vite/a brûlé le feu rouge/a dérapé/a heurté un arbre
Le garçon sur le vélo a commencé à tourner sans regarder
Le camion ne pouvait pas s'arrêter et a heurté la vitrine du magasin/une mobylette

2b Un accident: Ecris un rapport pour la police.

Exemple: La voiture rouge ...

2c Fais un horoscope.

bélier taureau gémeaux cancer lion vierge balance scorpion sagittaire capricorne verseau poissons

Vous aurez beaucoup d'énergie/de projets/d'amis/de succès

Vous serez de bonne humeur/bien dans votre peau/en pleine forme

Vous recevrez de l'argent/une lettre importante/une invitation/un cadeau

Ce sera une période tranquille/stressée/dynamique/passionnée

Vous serez indécis(e)/rêveux/se/réaliste/énigmatique/indépendant(e)/ timide/confiant(e)/sentimental(e)/plein(e) de charme/romantique

Profitez de cette période pour découvrir/changer/rencontrer/essayer de ...

Flash info

Le futur

1 L'infinitif du verbe: ...**er**; ...**ir**; ...**r(e)**

2 je ...**ai**
 tu ...**as**
 il/elle ...**a**
 nous ...**ons**
 vous ...**ez**
 ils/elles ...**ont**

3 Ecoute ces pubs à la radio.
C'est quel produit? (1–5)

4 Look at this poster.

1 What is the poster about?
2 What is special about Wednesdays and Saturdays?
3 Why will the reduced prices not apply to children?
4 How long is it on for?

THÉÂTRE BERNHARDT
présente
la nouvelle pièce comique
de Jacques Thibault
Le fantôme du bidet
— • du 5 au 10 juin 1999 • —
lundi, mardi, jeudi, vendredi – séance unique à 20h30
mercredi et samedi – séances à 15h et à 21h
— • Prix des billets • —
45F, 70F, 90F
réductions 25F, 40F, 50F
Cette pièce est interdite aux moins de 18 ans

5 Regarde les pubs en face.
Maintenant, écoute Loïc, Barbara, Frédéric et Nathalie.
Copie et complète la grille.

a Quelle(s) publicité(s) est-ce qu'il/elle aime/n'aime pas?
Ecris une/des lettres A, B, C etc.

b Choisis dans ces phrases celle qui convient le mieux pour chaque personne.
Ecris un numéro de 1 à 7.

	a	b
Exemple:	B	3
Loïc		
Barbara		
Frédéric		
Nathalie		

1 La technologie, c'est bien, mais pas simplement pour être à la mode.
2 Quand j'aurai dix-huit ans, mes parents m'achèteront une voiture de sport.
3 Les voitures, ça va, mais il faut penser aussi à l'environnement.
4 Les téléphones portables coûtent beaucoup trop cher.
5 J'aime la lecture, mais seulement sur des sujets qui m'intéressent.
6 La mode est importante pour moi. J'aime impressionner mes copains.
7 A mon avis, on doit manger un régime équilibré.

A

Chocochips
Vous aimerez?
Vous n'aimerez pas?
Vous osez essayer?
Chips enrobées de chocolat blanc.
La nouvelle expérience du goût.

B

La Smart
la nouvelle voiture de ville.
Elle consomme moins
4,8 litres aux 100km.
Elle est archi-petite
2,5 mètres de long.
*Et en plus,
elle est mignonne!*

C

Dans Super-Cool en juin:

- ☆ Les secrets des stars.
- ☆ Comment maigrir pour les vacances.
- ☆ 10 trucs pour trouver le mec idéal.
- ☆ Quel mari aurez-vous?

D

- ➤ Plus vite,
- ➤ plus confortable,
- ➤ plus performant

avec les baskets
Durand

Et surtout, un excellent rapport qualité/prix.
Vous serez toujours le gagnant avec **Durand**

E

Spécial dans votre hypermarché
Auchan
3 t-shirts pour 50 F.
Choix de coloris.

F

Avec le mobile
Mobiliphone
vous payerez moins cher.
Vous achetez vos minutes à l'avance.
Si vous n'appelez pas, vous ne payez pas.

G

LE GRAND ORCHESTRE DE MARSEILLE
joue Beethoven
En cassette ou CD

H

Voyage à Edimbourg
à partir de 5 300 F par personne, excursions incluses:

- ♣ Chambres de famille avec douche et balcon.
- ♣ Pension complète.
- ♣ Renseignements chez votre agence de voyages.

6 A deux: Choisis une des pubs A à H. Qu'est-ce que tu en penses?

instructive / amusante / intéressante / bête / ennuyeuse

J'achèterais/Je n'achèterais pas … parce que …

La pub encourage les gens à …

Le produit est …

bon marché/(pas) très/trop cher

… ne m'intéresse pas

C La révolution informatique

Construire son ordinateur

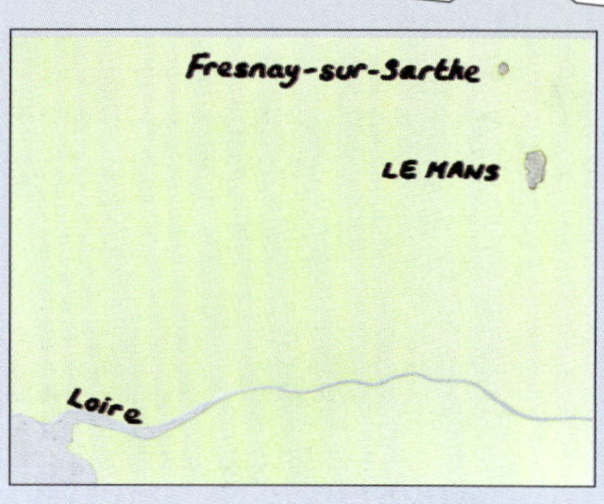

C'était un grand challenge pour un groupe de jeunes, élèves du collège Léo-Delibes à Fresnay-sur-Sarthe.

Réunis au sein d'un club informatique, quatorze élèves de troisième, avec leur professeur Jean-Paul Jolivet, ont réalisé l'assemblage d'un ordinateur performant «avec des éléments sélectionnés et choisis dans le haut de gamme».

Ce passage de la théorie à la pratique a enthousiasmé toute l'équipe. De l'idée à la mise à disposition, un trimestre a suffi. Puis il a été vendu au Syndicat mixte de Pays du Maine-Normand qui était à la recherche d'un ordinateur plus puissant.

«C'est une réalisation très concrète, c'est un échange fructueux entre l'enseignement et le milieu du travail», a dit le président Henri-Jacques de Caumont en recevant l'ordinateur.

M. Jolivet a salué cette réalisation, son utilité et le service rendu par le club informatique.

«Les élèves, devenus constructeurs, comprennent maintenant mieux ce qui se passe à l'intérieur». Il s'agit d'un PC qui peut même accueillir le nouveau processeur d'Intel. Le traitement de texte, les tableurs, etc. vont être utilisés régulièrement pour un coût de 15.000 F.

1a Lis l'article ci-dessus qui a paru dans un journal local. Ecris dix questions que le journaliste a peut-être posées (aux élèves ou au professeur) pour pouvoir écrire son article.

Le Minitel

Vous habitez en France? Vous avez un téléphone à la maison? Dans ce cas-là, vous avez sûrement aussi un MINITEL. Le Minitel, qu'est-ce que c'est?

Ça consiste en un moniteur, un modem et un clavier attaché à un téléphone. On peut y brancher une imprimante. Il existe aussi des Minitels portatifs. Avec ce système, on est relié à tout un réseau d'informations et de services. Le vidéotexte permet de trouver des renseignements sur les transports, les magasins, les restaurants; de commander des billets; d'acheter des marchandises, qu'on peut payer avec une carte de crédit lue par la machine Minitel; de s'échanger des informations, des conseils. La photo montre comment savoir la météo, en utilisant le système Minitel.

Il est possible d'avoir sa boîte aux lettres électronique associée à sa ligne téléphonique et protégée par un mot de passe. Avec cela, on peut lire et envoyer des messages personnels.

Le Minitel sert aussi d'annuaire: on peut chercher le numéro de téléphone de n'importe qui, n'importe où en France.

1b Es-tu un(e) fan de l'informatique?
A deux: Posez-vous ces questions et répondez-y.

- As-tu un ordinateur à la maison? Si oui, depuis combien de temps?
- Si oui, est-ce que c'est pour jouer ou est-ce pour du travail plus sérieux (par exemple, pour faire tes devoirs)?
- Dans quelles leçons travailles-tu avec l'ordinateur au collège?
- Y a-t-il un club d'informatique à ton collège? Si oui, c'est quel jour? Y assistes-tu? Souvent ou pas souvent?
- Achètes-tu des magazines 'informatique'? Lesquels? Souvent?
- Crois-tu que l'informatique te sera indispensable dans ta carrière future? Quels aspects de l'informatique, en particulier?

Composez encore trois questions sur ce thème. Posez-les à d'autres membres de la classe.

1c A deux: Nommez cinq métiers où l'informatique joue un rôle important aujourd'hui.

1d Voici des termes d'informatique, en français et en anglais. Trouve les équivalents.

1	l'ordinateur	A	keyboard
2	un modem	B	keys
3	la micro-édition	C	computer
4	la mémoire vive	D	hard disk
5	la mémoire morte	E	hardware
6	la messagerie électronique	F	software
7	une base de données	G	database
8	une télécopie	H	electronic mail
9	un lecteur de disquette	I	RAM
10	un disque dur	J	ROM
11	le matériel	K	printer
12	le logiciel	L	spreadsheet
13	un tableur	M	modem
14	le clavier	N	DTP
15	les touches	O	fax
16	une souris	P	mouse
17	une imprimante	Q	disk drive

1e Ecoute.

a Qui parle?

b Ils parlent de quels aspects de l'informatique?

c Note, pour chaque personne, un avantage et un inconvénient de l'informatique.

d A deux: Pensez à d'autres avantages et inconvénients.

2a La télé: un embarras de choix
La diffusion par satellite et par câble a augmenté le choix de programmes.
Lis les résultats d'un sondage à ce sujet.

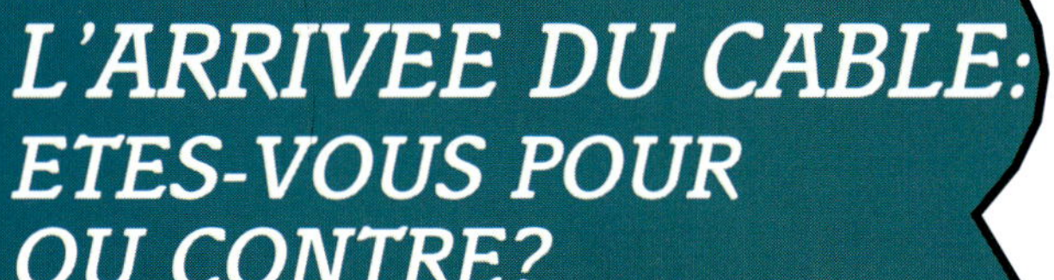

L'ARRIVEE DU CABLE: ETES-VOUS POUR OU CONTRE?

Notre reporter a interviewé des passants dans les rues d'Armentières. Il a posé la même question à trente personnes.

Martine Jumeau:
Moi je suis totalement contre. Je vois comment il faut détruire les trottoirs et le paysage pour enterrer tous les câbles. Je trouve que ce n'est vraiment pas nécessaire.

Brigitte Malle:
Avec tant de chaînes, je suis convaincue que la qualité de la plupart des programmes est inférieure.

Christian Latour:
Je préfère avoir des câbles sous la terre plutôt que ces bols satellites qu'on voit collés sur les murs des maisons et qui sont si laids.

Armand Janvier:
Moi je trouve que c'est une bonne chose. On peut voir des programmes qui ont un intérêt local; on peut même faire des émissions soi-même si on veut.

Danielle Bons:
Moi j'habite toute seule et je trouve très bien d'avoir tant de choix de programmes. Moi je suis pour. Je crois que le câble est une bonne chose. Seulement, ça coûte très cher.

François Launay:
A mon avis, le câble, il faut l'accepter. C'est un signe des progrès technologiques. Et dans le siècle à venir, les télécommunications seront de plus en plus importantes. Moi je suis pour.

Charles Dutoit:
Moi, je suis contre. J'estime que beaucoup de gens passent déjà trop de temps devant leur téléviseur. Et ça, c'est avec un choix de cinq ou six chaînes seulement.

2b Etudie l'article de plus près.

- Qui est pour? Qui est contre?
- Note les raisons pour et contre.
- Trouve d'autres raisons pour ou contre.
- Trouve les expressions qu'on peut utiliser quand on donne son opinion.

Exemple: Je trouve que ...

⚠

Je suis d'accord Je ne suis pas d'accord	avec	toi vous ça

2c A deux: Discutez les pour et les contre.
Choisissez chacun(e) un rôle opposé.

2d En groupe ou à deux: Préparez un programme!
Avec le 'câble', les amateurs auront peut-être l'occasion de préparer et présenter un programme, sur un sujet de leur choix.
Inventez (à l'oral, puis à l'écrit) le titre et le sujet de votre programme.
Résumez (en bref) le contenu.

3a Lis l'article et trouve la bonne réponse à la question.

LES FEUILLETONS – TU AIMES?

En France, il n'y a pas beaucoup de feuilletons français.
Mais les Français adorent les séries américaines et australiennes en version française.
Le pays le plus fanatique de feuilletons, c'est les Etats-Unis.

Savez-vous pourquoi on les appelle 'soaps' en anglais?

a) Parce que le premier feuilleton – télévisé en 1955 – s'appelait 'SOAP'.

b) Parce que, dans les premiers feuilletons, il y avait toujours une laverie automatique où tout le monde se retrouvait.

c) Parce que les premiers feuilletons étaient sponsorisés par des marques de lessive.

d) Parce que les premiers 'soaps' passaient au moment où les ménagères faisaient la lessive.

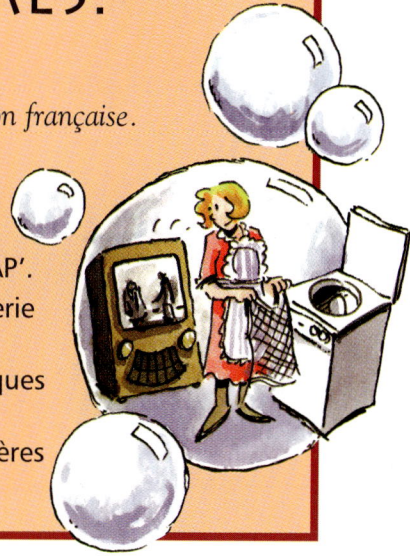

3b Réponds aux questions, puis compare avec un(e) partenaire.

- Tu aimes les feuilletons?
- Lequel préfères-tu? Pourquoi?
- Ça passe quel jour, à quelle heure?
- Ça dure combien de temps?
- De quoi s'agit-il?
- Qu'est-ce qui se passe en ce moment?
- Qui est ton personnage préféré? Pourquoi?
- Décris-le.

3c A deux: Préparez un exposé (deux minutes maximum) sur votre feuilleton préféré. Présentez-le à la classe.

3d Voici, tirés du *Figaro TV Magazine*, les résumés de quatre épisodes de 'Santa Barbara'. Lis-les. Choisis un des exercices suivants.

a Explique en anglais ce qui se passe cette semaine dans 'Santa Barbara'.

b Consulte les pages d'un télé-magazine britannique. Trouve le résumé d'un feuilleton populaire. Ecris le résumé en français.

c Invente des événements qui pourraient avoir lieu dans ton 'soap' préféré. Ecris le résumé des épisodes en français.

LUNDI 11 MAI

18.55 SANTA BARBARA
Feuilleton américain.
avec: **A. Martinez, Lane Davies.**

Julia et Mason font réaliser le portrait-robot de l'assassin d'Eleanor et l'on reconnaît parfaitement Pamela. Jane essaie d'influencer Keith pour qu'il réintègre Brick, mais Keith consulte le casier judiciaire de Jane et peut ainsi la faire changer. Mel vient voir Tori et lui propose de la drogue.

MERCREDI 13 MAI

18.50 SANTA BARBARA
Feuilleton américain.
avec: **A. Martinez, Lane Davies.**

Keith essaie de traîner Cruz dans la boue pendant l'audience. Tori, désemparé par les absences répétées de Mason, demande à Mel de lui procurer de la drogue.

JEUDI 14 MAI

18.50 SANTA BARBARA
Feuilleton américain.

Le procès continue et Keith fait venir Pearl à la barre. Quant à Carmen, elle est peut-être sur la piste de la mystérieuse femme voilée.

VENDREDI 15 MAI

18.55 SANTA BARBARA
Feuilleton américain.
avec: **A. Martinez, Lane Davies.**

Carmen arrive en retard au tribunal. Elle fait part à Julia du résultat de son enquête qui permet à celle-ci et à Cain de rencontrer la mystérieuse femme.

10 On s'en va

A La grande évasion

1

2

Pendant les vacances, je suis allée dans un village de vacances au bord de la mer, près de Biarritz. Tu te rappelles, c'est le même village duquel je t'ai parlé l'année dernière. On y a fait beaucoup de sports. Cette année, j'ai suivi un cours de planche à voile et de plongée sous-marine. L'année dernière, j'ai fait de la voile. Le soir, on a joué au ping-pong et au volley-ball. C'était vraiment extra!

A bientôt

Clarisse

Je suis allé au Lavandou avec ma famille. On a loué un appartement, mais pas celui qu'on a pris l'année dernière, qui n'était pas libre. C'était bon, quand même – à deux minutes de la plage. On y connaissait déjà tout le monde, et mes parents ont retrouvé beaucoup d'amis. Ils sont sortis chaque soir avec eux, pendant que j'ai gardé mon petit frère à l'appartement. J'aurais préféré sortir avec des copains. Il a fait un temps vraiment splendide. Le ciel était presque sans nuages.

Auban

1a Les photos sont à qui?

Exemple: La photo numéro un appartient à ...

1b Ecoute: Qui parle? Comment ont-ils voyagé? Avec qui? (1–4)

en	train/avion/voiture/vélo/bateau/camping-car
à	pied/cheval
avec	ses parents/sa famille/ses copains/la famille de ...

3

4

Nous avons passé les vacances dans notre caravane sur la côte d'Azur, comme toujours. C'était très bien. J'y ai retrouvé beaucoup de mes amis des années précédentes. On avait beaucoup d'histoires à se raconter. Je suis impatiente d'y retourner encore une fois l'année prochaine. On a passé la journée à la piscine, et le soir, on s'est traîné sur la plage et on s'est fait de nouveaux amis. Malheureusement, les trois derniers jours, il a fait beaucoup de vent (malgré les prévisions météorologiques!), mais nous nous sommes bien amusés quand même.

Lydie

Cet été, je suis allé chez mes grands-parents, qui ont une petite ferme en Normandie. Mes parents sont restés en ville pour s'occuper du café. Ils prennent leurs vacances en hiver. J'ai aidé mon grand-père à nourrir les animaux et à nettoyer les écuries, et il m'a permis de conduire le tracteur. J'ai aimé ça, mais pendant une semaine, il a fait très très chaud, et pour travailler, ce n'était pas agréable du tout.

Guillaume

1c Ecoute: Qu'est-ce qu'ils ont aimé et qu'est-ce qu'ils n'ont pas aimé? (1–4)

2a Qu'est-ce qu'ils ont fait l'année dernière? Ça s'est bien passé?

Exemple: Il/Elle est allé(e)/resté(e) ...
Il/Elle a fait ...

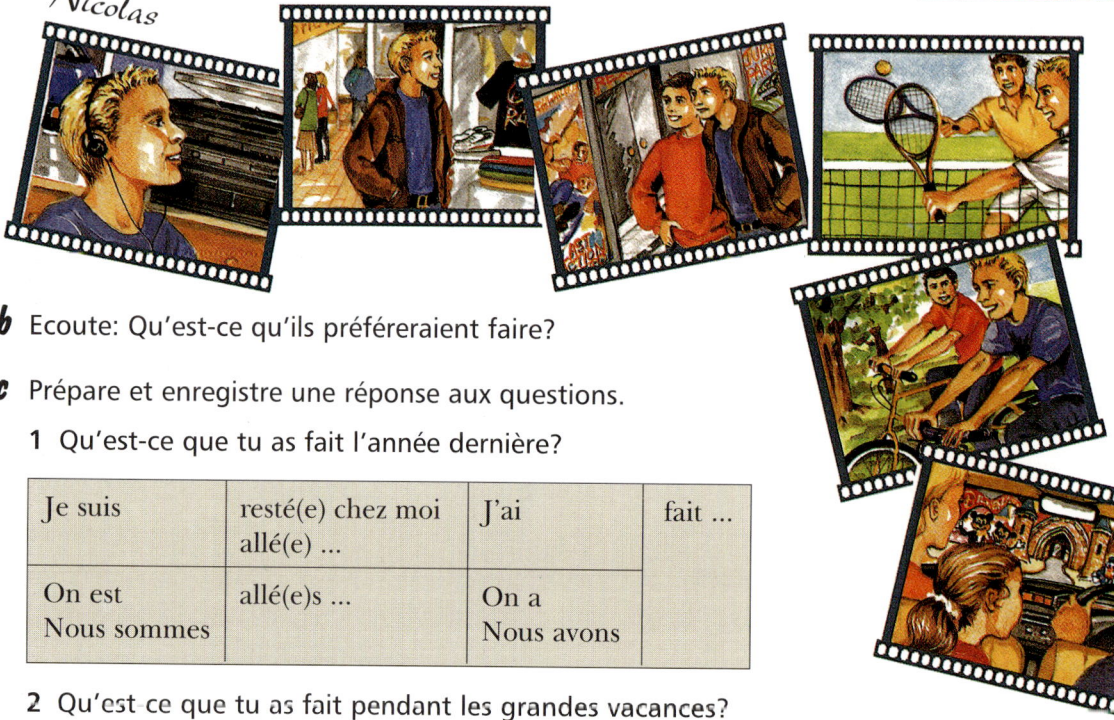

2b Ecoute: Qu'est-ce qu'ils préféreraient faire?

2c Prépare et enregistre une réponse aux questions.

1 Qu'est-ce que tu as fait l'année dernière?

Je suis	resté(e) chez moi allé(e) ...	J'ai	fait ...
On est Nous sommes	allé(e)s ...	On a Nous avons	

2 Qu'est-ce que tu as fait pendant les grandes vacances?
Qu'est-ce que tu as aimé, et qu'est-ce que tu n'as pas aimé?
Prépare et enregistre une présentation.

Exemple: Je suis resté(e) chez moi./Je suis allé(e) ... avec ...
On est allé au bord de la mer/à la campagne/en montagne/en ville/...

3 Qu'est-ce que tu vas faire cette année?

Exemple: J'irai .../On ira .../Nous irons ...

4 Et, finalement, qu'est-ce que tu préférerais faire? Pourquoi?

Exemple: Je préférerais aller aux Antilles/faire un tour en vélo avec mes copains/apprendre à faire du parapente.

2d Interviewe un(e) partenaire et écris un résumé.

Exemple: Normalement, il/elle va ...
L'année dernière, il/elle est allé(e) ...
Cette année, il/elle va ...
Il/Elle préférerait aller ...

3 Une leçon de grammaire

Le passé composé

Toujours composé de 2 parties:

A	'avoir' au présent:	OU	'être' au présent:		
	j'ai		je suis		
	tu as		tu es		
	il/elle/on a		il/elle/on est		
	nous avons		nous sommes		
	vous avez		vous êtes		
	ils/elles ont		ils/elles sont		
	pour la plupart des verbes		pour les verbes suivants:		

aller	entrer	partir	revenir
arriver	monter	rentrer	sortir
descendre	mourir	rester	tomber
devenir	naître	retourner	venir

Note: tous les verbes pronominaux (se lever, se promener etc.) font le passé composé avec 'être'.

B le participe passé
parler → parlé finir → fini vendre → vendu

Note: les verbes suivants ont un participe passé irrégulier (voir tableaux de conjugaison, page 188 à 195):

s'asseoir	connaître	dire	mourir	recevoir
apprendre	croire	écrire	naître	rire
avoir	courir	être	offrir	savoir
boire	couvrir	faire	ouvrir	tenir
comprendre	devenir	lire	plaire	venir
conduire	devoir	mettre	prendre	voir
				vouloir

Exemples: J'ai mangé Il a choisi Vous avez entendu
Tu es arrivé Nous sommes partis Elles se sont couchées

1. – Mettez les verbes suivants au passé:
a) Elle joue *d)* Ils rendent
b) Vous quittez *e)* Nous préparons
c) J'attends *f)* Tu finis

2. – Mettez les verbes suivants au passé:
a) Je vais *d)* Elles tombent
b) Elle sort *e)* Il s'assied
c) Nous entrons *f)* Vous vous promenez

3. – Mettez les verbes suivants au passé:
a) Je fais *d)* Elles deviennent
b) Ils prennent *e)* Tu lis
c) Vous écrivez *f)* Nous disons

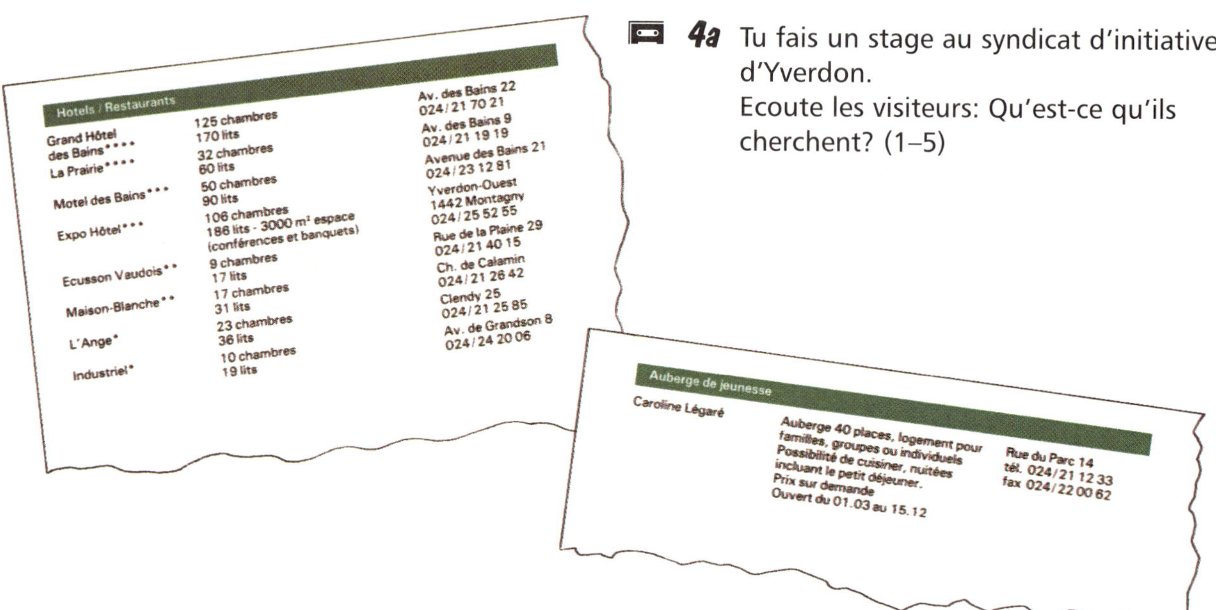

Hotels / Restaurants

Grand Hôtel des Bains****	125 chambres 170 lits	Av. des Bains 22 024/21 70 21
La Prairie****	32 chambres 60 lits	Av. des Bains 9 024/21 19 19
Motel des Bains***	50 chambres 90 lits	Avenue des Bains 21 024/23 12 81
Expo Hôtel***	106 chambres 186 lits - 3000 m² espace (conférences et banquets)	Yverdon-Ouest 1442 Montagny 024/25 52 55
Ecusson Vaudois**	9 chambres 17 lits	Rue de la Plaine 29 024/21 40 15
Maison-Blanche**	17 chambres 31 lits	Ch. de Calamin 024/21 26 42
L'Ange*	23 chambres 36 lits	Clendy 25 024/21 25 85
Industriel*	10 chambres 19 lits	Av. de Grandson 8 024/24 20 06

Auberge de jeunesse

Caroline Légaré	Auberge 40 places, logement pour familles, groupes ou individuels Possibilité de cuisiner, nuitées incluant le petit déjeuner. Prix sur demande Ouvert du 01.03 au 15.12	Rue du Parc 14 tél. 024/21 12 33 fax 024/22 00 62

4a Tu fais un stage au syndicat d'initiative d'Yverdon.
Ecoute les visiteurs: Qu'est-ce qu'ils cherchent? (1–5)

4b A deux: Trouvez-leur un logement et donnez-leur les directions pour y aller. Préparez et enregistrez ce que vous allez dire.

Exemple: Vous sortez d'ici et vous tournez/prenez ...
Vous continuez tout droit/le long de ...
Vous traversez/passez ... et c'est ...
C'est à cinq minutes/pas loin d'ici.

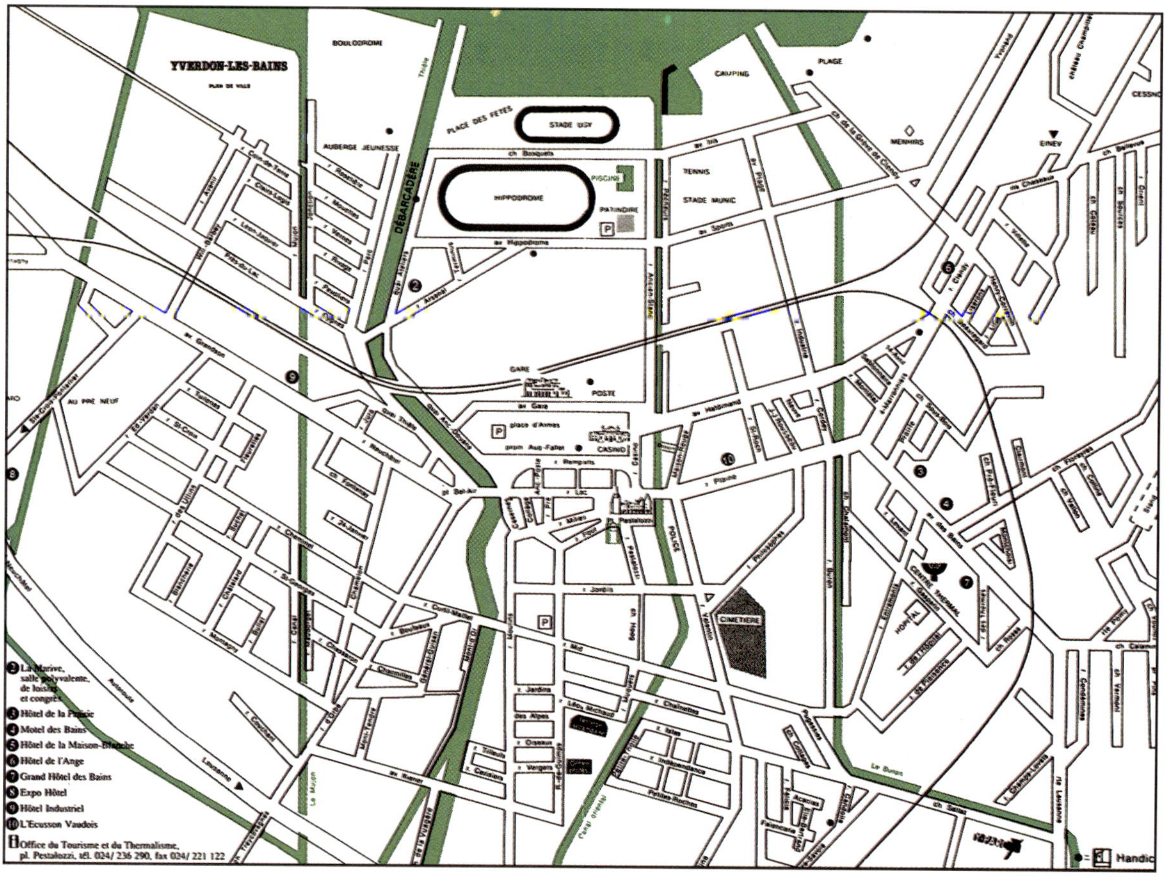

YVERDON-LES-BAINS

2 La Marive, salle polyvalente, de loisirs et congrès
3 Hôtel de la Prairie
4 Motel des Bains
5 Hôtel de la Maison-Blanche
6 Hôtel de l'Ange
7 Grand Hôtel des Bains
8 Expo Hôtel
9 Hôtel Industriel
10 L'Ecusson Vaudois
i Office du Tourisme et du Thermalisme, pl. Pestalozzi, tél. 024/ 236 290, fax 024/ 221 122

5a Ecoute: Tu fais un stage de réceptionniste dans un hôtel près de chez toi.
Deux voyageurs français arrivent.
Copie et remplis leurs fiches.

Albany Hotel
REGISTRATION FORM

NAME: ______________________________

ADDRESS: ______________________________

PHONE: ______________________________

ACCOMPANIED BY: ______________________________

DATE OF ARRIVAL: __/__/__ DATE OF DEPARTURE: __/__/__

CAR REGISTRATION: ______________________________

SPECIAL DIETARY REQUIREMENTS IF ANY: ______________________________

5b Ecoute: On te demande des conseils. Qu'est-ce qu'on veut savoir? (1–6)

5c Prépare et enregistre tes réponses.

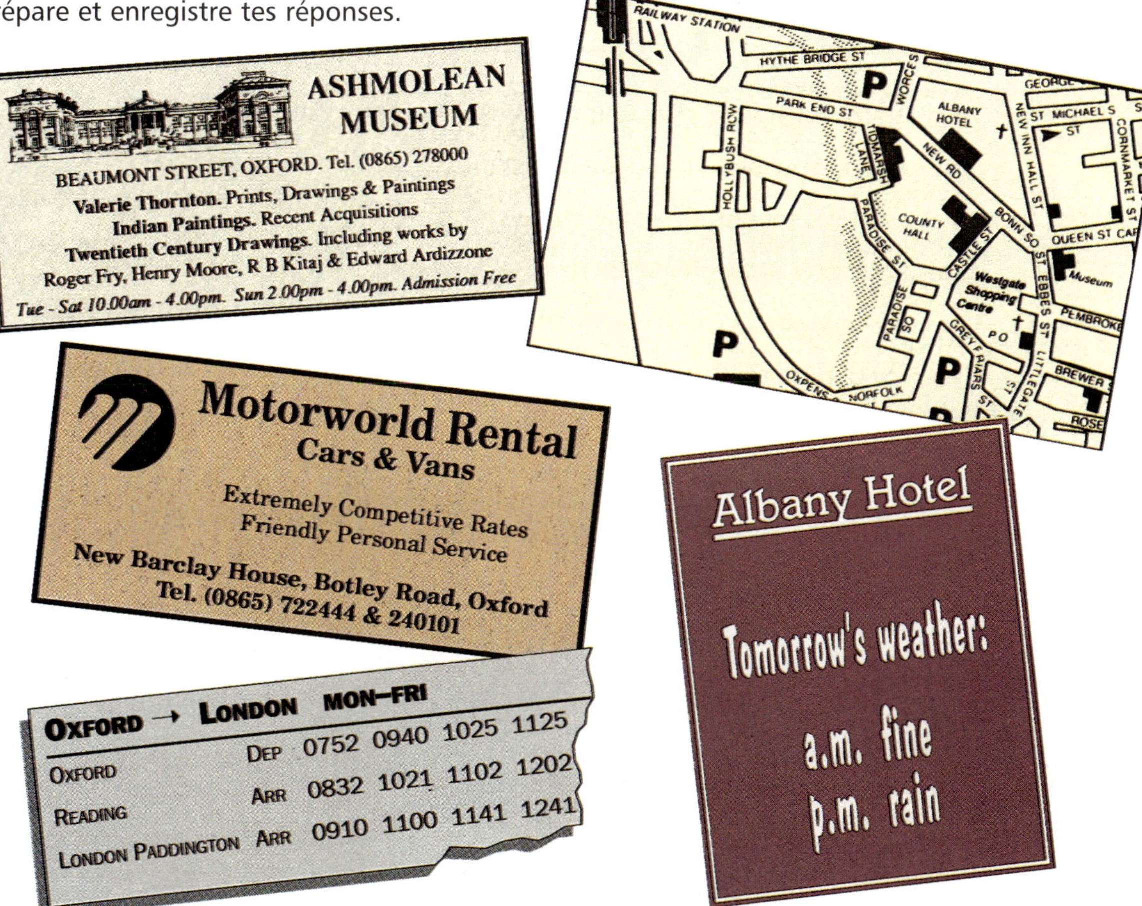

Flash info

Verbe: devoir

présent: je dois	nous devons	*imparfait:*	je devais
tu dois	vous devez	*passé composé:*	j'ai dû
il/elle/on doit	ils/elles doivent	*futur:*	je devrai
		conditionnel:	je devrais

6a A deux: Travaillez le dialogue.

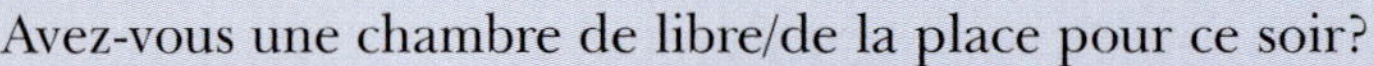

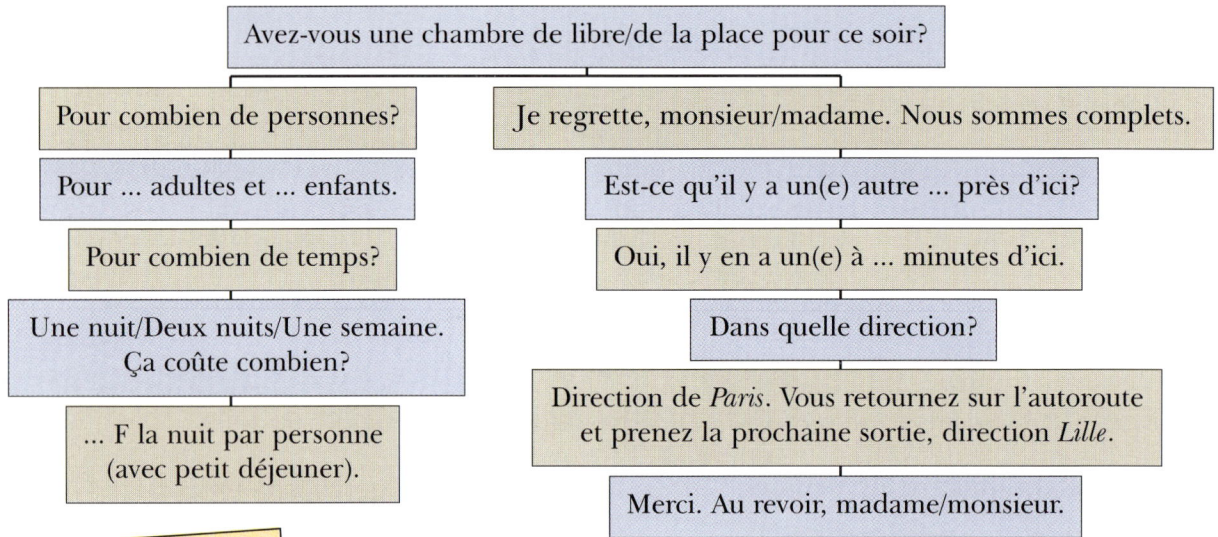

Avez-vous une chambre de libre/de la place pour ce soir?

Pour combien de personnes?

Pour ... adultes et ... enfants.

Pour combien de temps?

Une nuit/Deux nuits/Une semaine. Ça coûte combien?

... F la nuit par personne (avec petit déjeuner).

Je regrette, monsieur/madame. Nous sommes complets.

Est-ce qu'il y a un(e) autre ... près d'ici?

Oui, il y en a un(e) à ... minutes d'ici.

Dans quelle direction?

Direction de *Paris*. Vous retournez sur l'autoroute et prenez la prochaine sortie, direction *Lille*.

Merci. Au revoir, madame/monsieur.

Hôtel Bonséjour

Chambres d'hôte

Auberge de jeunesse

Appartements Mer et Soleil

Camping municipal

Gîtes

6b Ecris une lettre pour réserver une chambre ou un emplacement.

Monsieur/Madame, ________, le 20 juin ____

Je voudrais réserver (une chambre/un emplacement pour une caravane/une tente) pour (deux personnes/deux adultes et deux enfants) pour (trois nuits/une semaine), du (14) au (21 août).

Est-ce que vous pouvez nous indiquer vos prix et nous envoyer (une brochure du camping/de l'hôtel/des environs)? Est-ce qu'on peut faire (de la planche sur le lac)?

Est-ce qu'il y a (une piscine/un restaurant/un bar/un magasin) dans le camping/à l'hôtel?

Je vous remercie d'avance.

Flash info

Verbe: préférer

présent:	je préfère	*imparfait:*	je préférais
	tu préfères	*passé composé:*	j'ai préféré
	il/elle préfère	*futur:*	je préférerai
	nous préférons	*conditionnel:*	je préférerais
	vous préférez		
	ils/elles préfèrent		

7 Au téléphone. Prépare-toi à faire une réservation d'hôtel. Enregistre ce que tu vas dire au/à la réceptionniste.

Allô	du … au …/pour une/deux nuit(s)
Au nom de …	avec douche/salle de bains/télévision/WC
Ça s'écrit …	C'est combien (par nuit/par personne)?
Je voudrais réserver une chambre	Je vous envoie des arrhes?
pour une/deux/trois personnes	Vous acceptez les chèques?

8 A deux: Travaillez ce dialogue.

Bonsoir, monsieur/madame.
Je peux vous aider?

J'ai réservé une chambre pour … nuit(s).

C'est à quel nom?

…

Comment ça s'écrit?

…

Oui, monsieur/madame. Une chambre double/pour une/deux/trois personnes.

Il y a un garage/un parking?

Oui, monsieur/madame.
En face de l'hôtel.

Où est le restaurant?

Au sous-sol/rez-de-chaussée/
premier étage.

Le petit déjeuner/Le dîner est à quelle heure?

Le petit déjeuner/Le déjeuner est servi
de … heures à … heures.

Je voudrais régler le compte, s'il vous plaît.

Vous payez comment?

Avec ma carte de crédit/En espèces/
Par chèque (de voyage).

Vous avez une place de libre pour ce soir?

Oui, monsieur/mademoiselle.

On peut manger dans le dortoir?

Non, monsieur/mademoiselle. Mais la cuisine est ouverte jusqu'à vingt-deux heures.

La porte est fermée à quelle heure?

A vingt et une heures trente. Vous ne devez pas faire de bruit après vingt-trois heures.

Je peux louer un sac de couchage?

Oui, certainement.

Où est-ce que je peux laisser mon vélo?

Derrière l'auberge de jeunesse.
Vous restez combien de temps?

Trois jours.

Bon. Alors, c'est dortoir quatre, au deuxième étage.

Merci. C'est combien?

Vingt-deux francs par personne.

Et pour le sac de couchage?

Douze francs par nuit.

B Bon voyage!

1a Ecoute cette conversation à la gare, et réponds aux questions.

1 D'où venait le train?
2 Est-ce qu'il était à l'heure?
3 La dame, que devait-elle faire de son billet? (2 détails)

1b Ecoute: Les trains à destination de Lyon (1–7)

a Les trains partent à quelle heure?
b Ils arrivent à quelle heure?
c Est-ce qu'il faut changer?
d Est-ce qu'il faut payer un supplément?

rapide
composter
correspondance
express
en provenance de
retard
tickets
aller-simple
carnet
contrôler

2 A deux: Travaillez le dialogue.

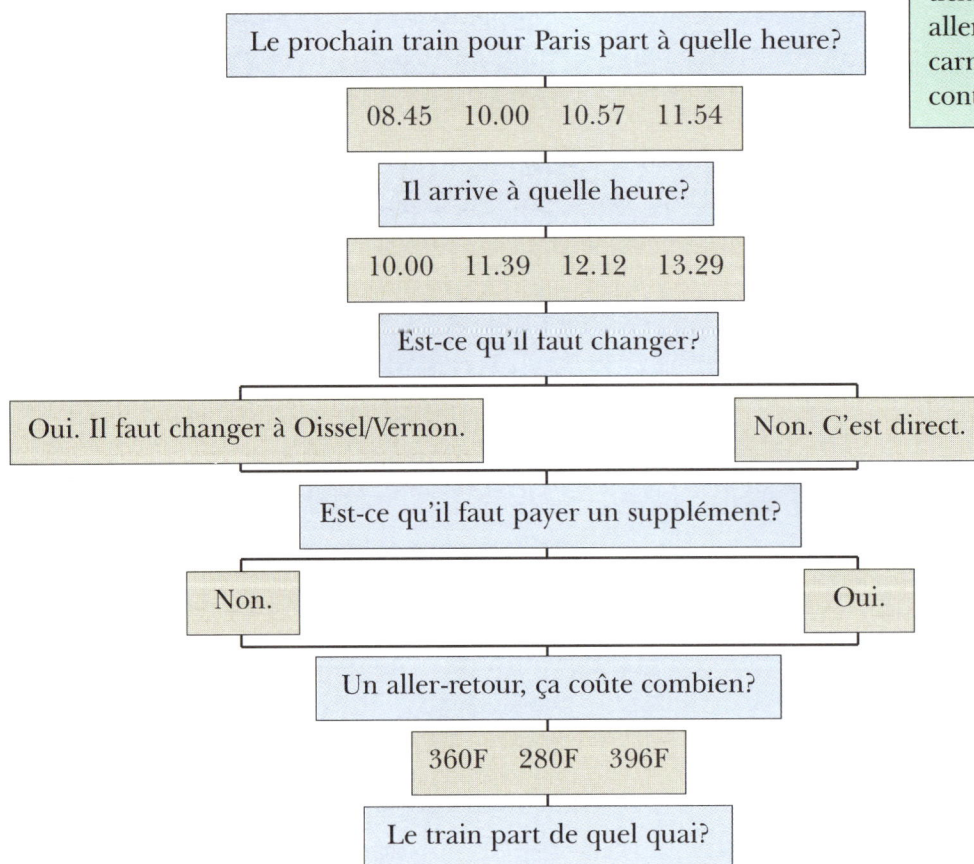

Le prochain train pour Paris part à quelle heure?

08.45 10.00 10.57 11.54

Il arrive à quelle heure?

10.00 11.39 12.12 13.29

Est-ce qu'il faut changer?

Oui. Il faut changer à Oissel/Vernon. | Non. C'est direct.

Est-ce qu'il faut payer un supplément?

Non. | Oui.

Un aller-retour, ça coûte combien?

360F 280F 396F

Le train part de quel quai?

A BUREAU DES OBJETS TROUVES

B Stationnement interdit

C Consigne automatique

D Aire de repos

E Congé annuel

F Chien méchant

G Zone piétonne

H Péage

I SNCF

J Location de vélos

K DOUANE

L Eau potable

M Poussez

N Tirez

O Salle d'attente

P Sortie de secours

Q Occupé

R DEFENSE DE FUMER

S Bureau de renseignements

T Correspondance

U Commissariat

V TOUTES DIRECTIONS

W P et T

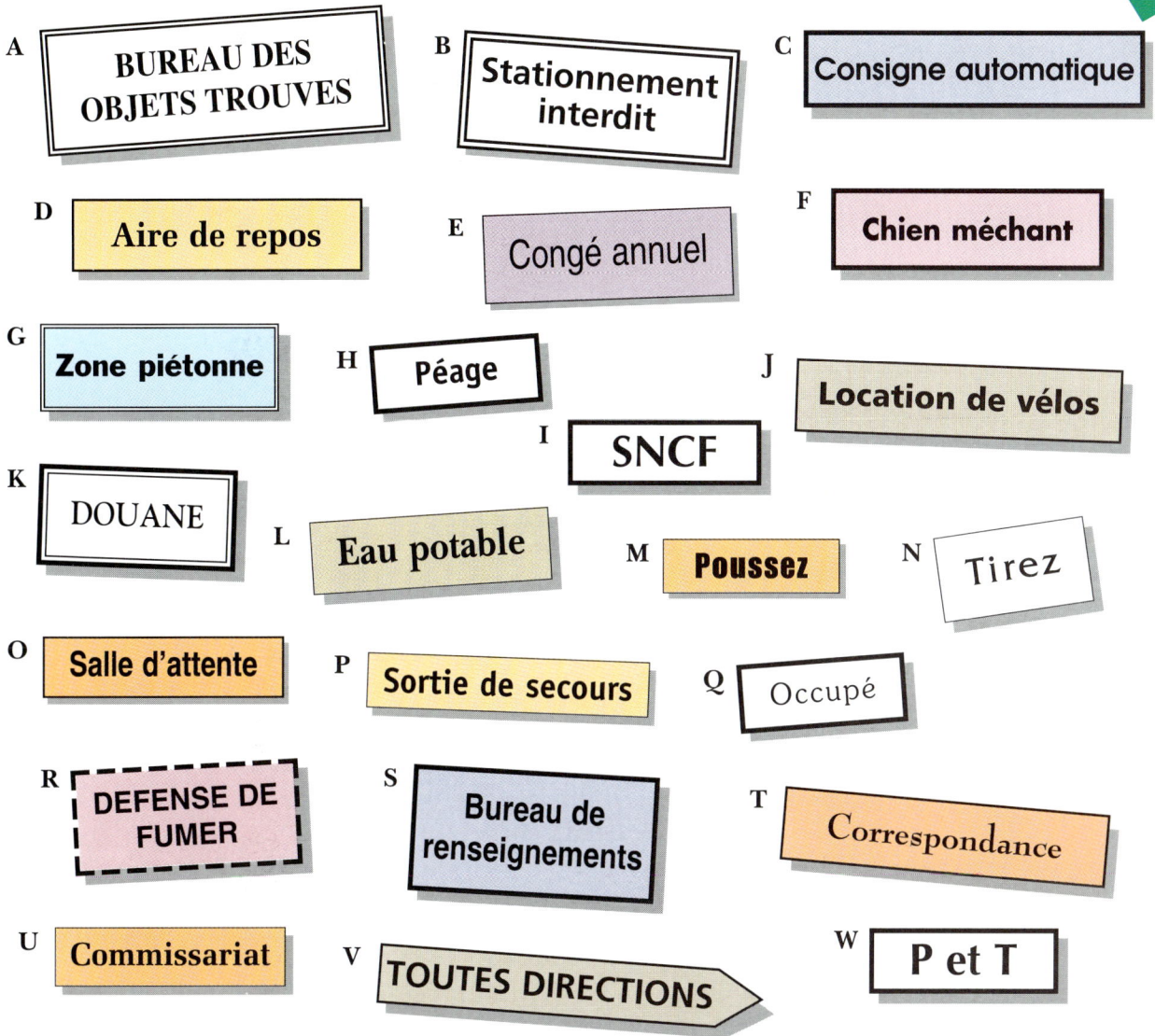

3 Ecoute: Pour chaque personne, écris la lettre du bon panneau. (1–10)

4 Ecoute: Pour aller en ville? Réponds aux questions en français.

1 Comment est-ce qu'il va en ville?
2 Que fait-on pour aller en ville?
3 C'est quelle ligne de bus? Où est l'arrêt?
4 Comment est-ce qu'elle revient de la ville s'il est tard?

Vos billets, s'il vous plaît.
Vous avez votre billet, monsieur/madame?
Voici.
Un ticket   Un carnet de tickets   (métro/bus)

5 A deux: Quel moyen de transport préférez-vous? Pourquoi? Discutez.

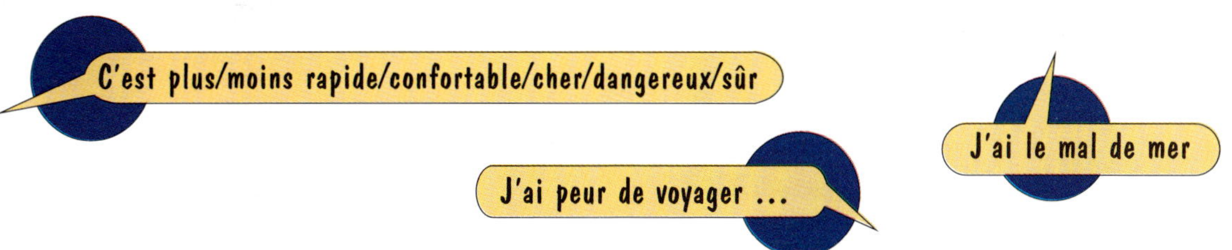

C'est plus/moins rapide/confortable/cher/dangereux/sûr
J'ai le mal de mer
J'ai peur de voyager ...

6 A deux: Travaillez ce dialogue.

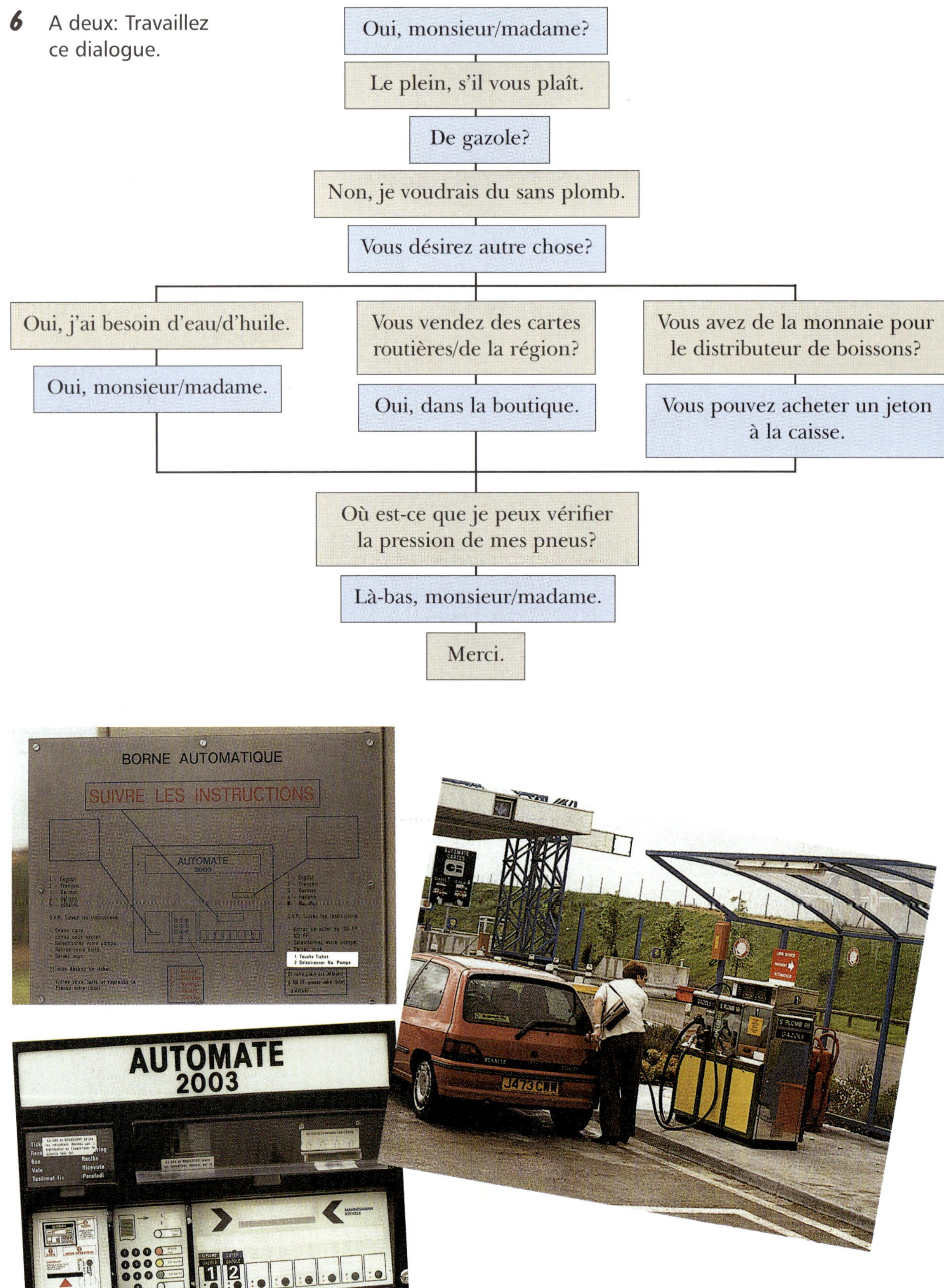

Oui, monsieur/madame?
Le plein, s'il vous plaît.
De gazole?
Non, je voudrais du sans plomb.
Vous désirez autre chose?
Oui, j'ai besoin d'eau/d'huile.
Oui, monsieur/madame.
Vous vendez des cartes routières/de la région?
Oui, dans la boutique.
Vous avez de la monnaie pour le distributeur de boissons?
Vous pouvez acheter un jeton à la caisse.
Où est-ce que je peux vérifier la pression de mes pneus?
Là-bas, monsieur/madame.
Merci.
BORNE AUTOMATIQUE
SUIVRE LES INSTRUCTIONS
AUTOMATE 2003
AUTOMATE
2003

7a En panne: Travaillez le dialogue à deux.

Le téléphone de secours est automatique. On n'a pas besoin d'argent. Quand on utilise le téléphone, la personne qui répond sait déjà le numéro de l'appareil et où vous vous trouvez.

Comment vous appelez-vous?

...

Epelez ça, s'il vous plaît.

...

Adresse?

En France? Je suis anglais(e).

Vous n'avez pas d'adresse en France?

Si, Camping les Trois Pins, Orange. / Non.

Qu'est-ce qui ne va pas?

La voiture perd de l'eau./Le moteur ne marche plus./Il y a de la fumée qui sort du moteur.

C'est quelle marque de véhicule?

Une Ford.

Couleur?

Bleu foncé.

Immatriculation?

K726 SPH

Quelqu'un arrivera dans une demi-heure.

Merci.

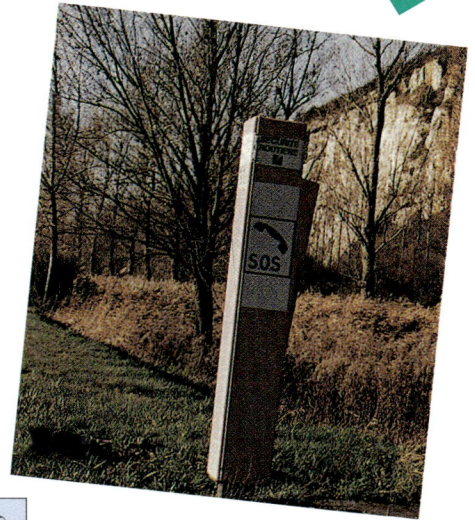

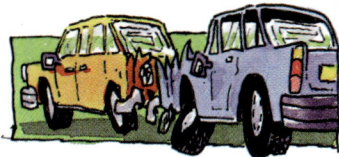

A *les freins ne fonctionnent pas bien*

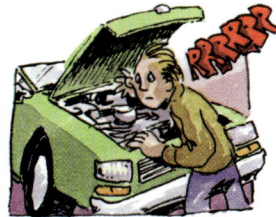

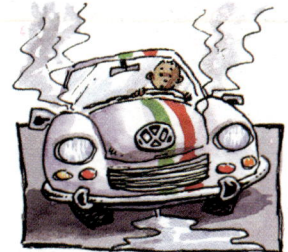

B *un pneu est crevé*

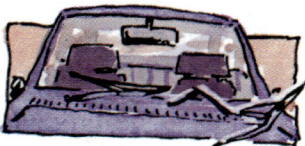

C *l'essuie-glace ne marche plus*

D *les vitesses ne marchent pas*

E *le moteur fait un bruit bizarre*

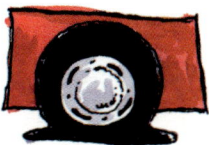

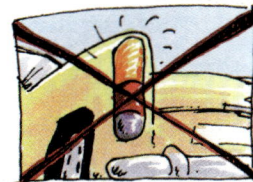

F *la voiture perd de l'eau*

G *les clignotants ne marchent pas*

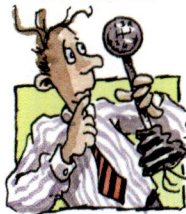

7b Ecoute: Qu'est-ce qui ne va pas? (1–4)

7c Ecoute: Infos routières. Quels conseils est-ce qu'on donne?

Exemple: Si possible, éviter de circuler ...

Bien connus, tous les deux!

PIERRE AUGUSTE et JEAN RENOIR (père et fils)

PIERRE AUGUSTE RENOIR était peintre au 19e siècle. Ses peintures impressionniste (par exemple, *La Loge* et *Le Vase de Chrysanthèmes*) sont connues dans le monde entier. Quand il était enfant, il travaillait dans une usine qui fabriquait la porcelaine: là, il peignait les dessins sur la porcelaine.

Son fils JEAN était céramiste pendant un certain temps, avant de devenir cinéaste. Dans les années 20, il a commencé à tourner des films; certains étaient fantaisistes, d'autres plutôt réalistes.

LA FAMILLE CURIE

PIERRE et MARIE CURIE étaient tous les deux très connus pour leurs recherches en physique. Ils ont découvert deux éléments chimiques: le radium et le polonium. Ils ont partagé le prix Nobel en 1903. Marie était la première femme ayant reçu ce prix prestigieux.

Les Curie ont eu deux filles: IRENE JOLIOT-CURIE à qui on a donné le prix Nobel de chimie, et EVE qui est devenue musicienne et auteur, et qui a travaillé aux Etats-Unis pour la Résistance française pendant la deuxième guerre mondiale.

1 Pour chaque phrase, écris le nom de la personne.

1 Il a écrit deux romans très célèbres.
2 Elles ont inventé une nouvelle langue pour pouvoir se parler en secret.
3 Ils ont volé avant l'existence de l'avion.
4 Dans cette famille, il y avait trois scientifiques renommés.

2 Choisis un mot dans la liste pour remplir les blancs dans les phrases suivantes.

femme
mari
personnes
regardait
plusieurs
deux
faisait
animaux

1 Les soeurs Cann savaient jouer __________ instruments.
2 Son père était peintre, mais Jean Renoir __________ des films.
3 Les premiers à être transportés dans une montgolfière, c'étaient des __________ .
4 Pierre Curie était le __________ de Marie.

LES FRERES MONTGOLFIER

Ce sont les deux frères JOSEPH et ETIENNE DE MONTGOLFIER, nés à Annonay dans l'Ardèche, qui ont inventé la montgolfière. Ils l'ont exposée devant le roi Louis XVI et la reine Marie-Antoinette en 1783. Les premiers passagers étaient un canard, un coq et un mouton.

DUMAS PERE ET FILS

ALEXANDRE DUMAS PERE, né en 1802, écrivait des romans et des pièces de théâtre. Il est toujours très connu pour ses romans historiques *Les Trois Mousquetaires* et *Le Comte de Monte-Cristo*. Il a produit plus de 1200 oeuvres, mais avec l'aide d'un groupe d'écrivains loués pour l'assister!

ALEXANDRE DUMAS FILS, son enfant illégitime, écrivait aussi des romans mais plutôt des pièces de théâtre.

LES SOEURS CANN

Les jumelles CLAIRE et ANTOINETTE CANN sont deux pianistes mondialement connues pour leur exécution d'oeuvres musicales à deux pianos et en duo. Quand elles étaient très jeunes, les jumelles possédaient un langage privé bien à elles. Elles étaient inséparables à l'école où on leur a découvert un Q.I. (quotient intellectuel) identique. Le piano les fascinait avant même d'avoir leur première leçon à l'âge de cinq ans, ce qui est compréhensible puisque leur trisaïeule avait eu Franz Liszt comme professeur. Elles ont appris aussi toutes les deux à jouer de la trompette et du violon. Elles ont fait leurs études au Collège Royal de Musique. Elles ont donné des concerts et fait des émissions non seulement dans toute l'Europe mais aussi aux Etats-Unis, au Canada, au Japon et en Nouvelle-Zélande.

3 Trouve dans les textes un/des mot(s) qui correspond(ent).

1 ils ont reçu tous les deux [La famille Curie]
2 quelqu'un qui tourne des films [Les Renoir]
3 célèbre [Les Dumas]
4 le mari du roi [Les Montgolfier]
5 des programmes (de radio ou de télé) [Les soeurs Cann]

4 Au dictionnaire: Cherche les mots suivants dans ton dictionnaire.

1 recherches
2 peignait
3 plutôt
4 découvert

LA PREMIÈRE JOURNÉE D'ÉCOLE:

L'histoire de ma grand-mère

Ce jour-là, le vent sifflait à travers la cour de la ferme. Depuis un bon moment, j'attendais cet événement qui allait enfin m'intégrer dans le clan des 'grands'! Mes soeurs aînées allaient à l'école depuis longtemps et je les regardais partir chaque matin, le nez collé à la fenêtre, imaginant l'école et la classe ou elles passaient la plus grande partie de chaque jour, et je m'impatientais d'y aller moi-même.

La veille du grand jour, on m'avait préparé la blouse grise sur le portemanteau, les bottines neuves et mon petit sac à dos avec une trousse en bois, une petite règle, un stylo, un crayon, un taille-crayon, une gomme et une pomme pour manger à la récréation. J'étais prête la première, heureuse, un peu inquiète, et, quand la porte se referma derrière mes soeurs et moi, je jetai un dernier coup d'oeil à ma mère qui nous regardait partir de la fenêtre de la cuisine. Je me souviens toujours de l'arrivée au village, la cour de l'école avec ses trois marronniers, les cris des enfants, les bousculades et

1 Réponds aux questions suivantes en français.

1. Les soeurs de grand-mère étaient plus jeunes ou plus âgées qu'elle?
2. L'école, où était-elle située?
3. Comment était l'institutrice?
4. L'institutrice, qu'est-ce qu'elle a donné à chaque élève?

2 Answer these questions in English.

1. What were grandmother's feelings about starting school?
2. What did the pupils have to do when they were all in the playground?
3. What is grandmother's most vivid memory of the classroom?
4. What did the picture on the front of her exercise book make her think of doing?
5. Why did she tell her mother she didn't need to go to school any more?

enfin, la cloche qui annoncerait les récréations, les entrées et les sorties de classe!

D'un seul coup, plus un rire, plus un bruit, les rangs étaient formés et on m'avait séparée de mes soeurs! Je les cherchais des yeux, me hissant sur la pointe des pieds et la plus grande, sentant mon angoisse, m'envoya un petit signe réconfortant de la main. Alors, entraînée par les autres, je suivis le rang jusqu'à la classe. C'est l'odeur, tout de suite, qui me frappa et qui restera toujours et pour l'éternité inscrite en ma mémoire, un mélange de craie et d'encaustique, d'encre et de papier... Je n'ai qu'à fermer les yeux maintenant, en y pensant très fort, et cette odeur m'envahit encore, entêtante, lourde, chargée de souvenirs.

Et puis une dame, très jeune, très blonde, très ronde, nous parla d'une voix douce et musicale en traçant au tableau noir des signes incompréhensibles et mystérieux. Puis elle distribua un cahier neuf à chacun. Le mien était bleu avec un oiseau sur la couverture. Je regardai par la fenêtre et aperçus un oiseau perché sur la branche d'un marronnier dans la cour. J'avais envie de m'envoler avec lui, mais c'est la maîtresse qui me rappela à l'ordre et qui me conseilla d'être bien attentive pendant les heures de classe et de faire bien attention à la leçon. Alors, nous avons commencé à répéter les signes du tableau: A B C D E, à les copier, à les chanter ensemble, à les écrire sur la page blanche. A la fin de la journée, j'étais contente en rentrant à la maison et je me précipitai vers maman en lui disant que je savais lire et que je n'avais plus besoin d'aller à l'école!

3 Indique si les phrases sont vraies ou fausses pour grand-mère.
Si la phrase est vraie, écris seulement V. Si elle est fausse, écris F et **une phrase correcte**.

1. Je trouve difficile de me rappeler ma première journée à l'école.
2. Je n'ai apporté rien à manger.
3. J'avais un peu peur de quitter ma mère.
4. J'ai été toujours très attentive.
5. Je ne sais plus ce que j'ai appris ce premier jour.

The Past Historic is used as a written tense rather than a spoken tense. See p.173.

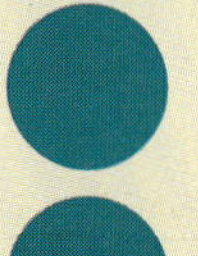

Patrick De Wilde
Un photographe animalier

C'est une profession qui vous fait peut-être rêver ...

Quelles qualités doit posséder un photographe animalier?

La patience. En aucun cas vous ne devez déranger l'animal dans son sommeil, or la plupart des animaux passent leur temps à dormir. Une seule solution, vous devez attendre, mais attendre l'oeil toujours ouvert. Il me faut user de beaucoup de patience. Je passe des heures à observer des animaux. C'est ce qui rend mon métier passionnant et dur. Je ne fais pas du tourisme. En reportage, je suis en état de tension permanente.

Comment travaillez-vous?

En Afrique, j'ai poursuivi des jaguars et des lions des journées entières, durant des semaines. A la fin, je savais qu'à telle heure, le jaguar allait monter sur telle branche de tel arbre. Ainsi, j'ai anticipé ses mouvements, et je me suis placé au meilleur endroit pour prendre mes photos. Si les lions ont chassé la veille, ils ont le ventre plein. Ils ne vont donc pas repartir en brousse.

loups

1 Remplis les blancs dans les phrases suivantes.

1. Dans son métier, Patrick de Wilde passe beaucoup de temps à ________ .
2. Il trouve que son métier n'est pas ________ .
3. Il peut anticiper les mouvements des bêtes, parce qu'il les observe pendant ________ .
4. Dans ses photos, il veut montrer ________ des animaux.

2 Réponds aux questions en français.

1. Qu'est-ce qu'il ne faut jamais faire?
2. Patrick de Wilde, comment se sent-il pendant qu'il travaille?
3. Quand est-ce que les lions sont le plus facile à photographier?
4. Pourquoi est-ce qu'il encourage le grand public à aller regarder les animaux dans l'état sauvage?
5. Pourquoi, d'après Patrick de Wilde, est-il important de protéger la nature?

Vous êtes-vous déjà senti en danger?

J'ai vécu la charge d'un grand éléphant mâle. Nous avons immédiatement fait reculer notre voiture, mais nos roues se sont empêtrées dans des branches, et le moteur a calé ... L'éléphant fonçait sur nous. Heureusement, en essayant de redémarrer, mon chauffeur a fait couiner le moteur et le bruit a inquiété l'éléphant qui s'est arrêté. C'était très impressionnant. Vous pouvez me croire, je n'avais pas l'esprit à prendre des photos.

zèbres

Avec mes photos, je désire montrer l'animal dans toute sa beauté. J'espère donner aux gens l'envie d'aller voir les animaux dans la nature. Plus les gens iront voir les éléphants d'Afrique, plus les éléphants seront protégés. Les gouvernements comprendront qu'il faut les protéger et interdire de les tuer pour leurs défenses en ivoire. Si l'homme ne protège pas son environnement, et les différentes formes de vie, il en subira un jour les conséquences. La seule possibilité de survie de l'homme, c'est la nature.

3 Lis encore une fois le troisième paragraphe, puis mets les phrases suivantes dans le bon ordre.

Exemple: 1D

A Le bruit du moteur a fait peur à l'éléphant.
B J'ai eu trop peur pour prendre des photographies.
C Le moteur s'est arrêté.
D L'éléphant a commencé à charger.
E Nous avons essayé de faire marche arrière.
F L'éléphant s'approchait très vite.

A toi de lire 4

Quand j'ai rencontré Stéphanie, j'ai tout de suite craqué. Je ne savais pas pourquoi "elle" mais elle m'attirait irrésistiblement. Normalement, je préfère les blondes aux yeux verts, mais elle, elle est brune aux yeux marron. Mais ça ne fait rien. Je suis tombé fou amoureux d'elle.
Avant de sortir ensemble, j'étais tellement timide et stressé. Si je la croisais dans la rue, je rougissais, je baissais les yeux et je traversais la rue, tant j'avais peur qu'elle me dise quelque chose, et je n'aurais pas su que répondre. Je n'osais pas l'inviter à sortir avec moi, parce que j'avais peur qu'elle dise non. J'avais la figure pleine de boutons et je me trouvais laid.
Je lui ai envoyé une carte à la Saint-Valentin et elle m'a remercié gentiment – et c'est comme ça qu'on a commencé à se parler! Maintenant, on se voit presque tous les soirs. On fait nos devoirs ensemble. Je l'aide en maths et elle m'aide en anglais, et puis on sort ou on écoute de la musique. Je me sens beaucoup plus confiant et mes boutons ont disparu!
Julien

En ce moment, j'ai un copain qui s'appelle Samuel. Il est grand, 1m78 et très sportif. Il a les cheveux noirs, frisés, et les yeux marron. Il est vraiment rigolo et il aime me faire rire. Il se passionne pour le basket. Nous nous entendons bien, mais je ne sais pas si ça va durer. Quand on sort le soir, on va souvent chez un ami qui a un ordinateur et plein de jeux vidéos et les gars jouent ensemble. Ça ne m'intéresse pas tellement. Je trouve les garçons de mon âge trop égoïstes. Il est vrai qu'ils sont jeunes, qu'ils doivent s'amuser, mais quand ils s'engagent à sortir avec nous, ils doivent prendre conscience que nous sommes là, que nous les aimons et qu'ils ne doivent pas nous oublier!
Lise

1 Lis la première lettre, puis mets les images de la bande dessinée dans le bon ordre.

A
Mais, quelle surprise! Tu es vraiment gentil.
B
Mais je n'aime pas les brunettes. J'ai toujours préféré les blondes!
C
Dis, tu veux venir au concert avec moi, samedi prochain?
Oui, avec plaisir.
D
Qu'elle est jolie!
E
Mais tu blagues! Sortir avec toi?!
F
I love you.
$a^2 + b^2 + 2ab = \dots$
G
Il ne faut pas qu'elle voie comment je suis bête.

2 Lis la deuxième lettre, puis choisis dans la liste un mot/une expression pour remplir chaque blanc.

eux-mêmes
s'amusent
rire
regarde
plaisir
amis
elles
s'occupe

Lise aime son copain parce qu'il la fait ____1____ . Mais quand ils sortent ensemble, il ne _____2_____ pas d'elle. Il préfère être avec ses _____3____ . Selon Lise, les garçons ne pensent qu'à _____4____ . Ils doivent essayer de faire _____5____ à leurs copines.

3 Read both letters again, then answer the following questions in English.

1 How did Julien feel whenever he saw Stéphanie?
2 Why was the Valentine important?
3 What is the main difference between Julien's attitude to Stéphanie, and Lise's attitude to Samuel? (2 marks)

J'habite à Québec

Québec est le nom d'une ville et d'un territoire d'Amérique du Nord, au sud-est du Canada. La ville de Québec est très belle. La Haute-ville est située sur un promontoire qui domine le fleuve Saint-Laurent. C'est une ville fortifiée. La Citadelle a été construite au 17me siècle. Il y a aussi un vieux quartier près du fleuve qui s'appelle la Basse-ville. Le quartier est plein de petites boutiques et de bars. L'imposant château Frontenac, qui est maintenant un hôtel de luxe et qui est situé sur le promontoire, a été construit en 1893.

Ma famille est française et nous habitons à Québec depuis douze générations. Les premiers membres de la famille sont arrivés par le premier bateau d'émigrés de France. Mes grands-parents habitent toujours la même ferme (rénovée, bien sûr) qui est située près du fleuve non loin de la ville. Nous habitons une maison tout près de la ferme. A la ferme, nous avons des pommiers et des vaches. Nous avons aussi huit hectares d'érables à cent kilomètres de distance environ, dans les montagnes. Là, nous avons un chalet et on va à la pêche et à la chasse. Nous vendons des pommes et du sirop d'érable au marché en ville. En hiver, je vais au parc du Mont-Saint-Anne avec le collège pour faire du ski.

1 Réponds aux questions en français.

1 Qu'est-ce qu'on trouve dans la Basse-ville?
2 La famille de Martine habite au Canada depuis combien de temps?
3 Qu'est-ce que c'est, l'érable?
4 D'après Martine, quels sont les distractions préférées des habitants du Québec?
5 Martine, qu'est-ce qu'elle ne voudrait pas faire?

Le territoire du Québec est très grand. On m'a dit qu'il est trois fois plus grand que la France. En été, mon père et moi faisons de grandes randonnées dans les régions du nord. Quelquefois, nous partons en canoë avec une petite tente et nous faisons du camping sauvage. On voit les animaux et on va à la pêche. Nous Québécois sommes passionnés de chasse et de pêche. Nous avons beaucoup de parcs nationaux et régionaux avec beaucoup d'animaux et de poissons.

un orignal

En automne, nous faisons la chasse au gibier à plume. Des milliers d'oies et de canards s'arrêtent sur le fleuve Saint-Laurent et il est permis de tuer un maximum de quinze grandes oies blanches par personne, cinq par jour pendant trois jours.

un cerf

En automne, la chasse aux cerfs est ouverte aussi, mais nous ne la faisons plus. Je préfère les regarder ou les filmer. Mon animal préféré est l'orignal, il est énorme. C'est le plus grand des cerfs. Le Québec compte entre 65 000 et 70 000 orignaux, 230 000 cerfs de Virginie et environ un million de caribous. On fait la chasse à l'ours noir aussi, mais je ne voudrais pas en tuer un non plus.

Martine

2 Trouve la seconde partie de chaque phrase. Ecris une lettre (**A**, **B**, **C** etc.).

1 La ville de Québec se trouve …
2 Les grands-parents de Martine habitent …
3 La famille de Martine …
4 Quelquefois, Martine part …
5 Le nombre d'oies qu'on peut tuer …
6 Martine aime mieux regarder les animaux …

A … est d'origine française.
B … est limité par la loi.
C … habite loin des grands-parents.
D … toujours dans le même endroit.
E … sur la rivière avec son père.
F … que d'en prendre des photos.
G … tout près d'une grande rivière.
H … que de les abattre à coups de fusil.

A toi de lire 6

Déjeuner du matin

Il a mis le café
Dans la tasse
Il a mis le lait
Dans la tasse de café
Il a mis le sucre
Dans le café au lait
Avec la petite cuiller
Il a tourné
Il a bu le café au lait
Et il a reposé la tasse
Sans me parler
Il a allumé
Une cigarette
Il a fait des ronds
Avec la fumée
Il a mis les cendres
Dans le cendrier
Sans me parler
Sans me regarder
Il s'est levé
Il a mis
Son chapeau sur sa tête
Il a mis
Son manteau de pluie
Parce qu'il pleuvait
Et il est parti
Sous la pluie
Sans une parole
Sans me regarder
Et moi j'ai pris
Ma tête dans ma main
Et j'ai pleuré.

Jacques Prévert

Extrait du livre PAROLES

Le passé composé	
mettre *(to put)*	il a mis
boire *(to drink)*	il a bu
prendre *(to take)*	il a pris

1 Lis le poème, puis mets les images dans le bon ordre.

1 __ , **2** __ , **3** G , **4** __ , **5** __ , **6** H , **7** __ , **8** __

A

B

C

D

E

F

G

H

2 Answer these questions in English. Give your own opinions, but make sure they are supported by the text.

1 What is this poem about?
2 What is the man's attitude to his wife?
3 Why does Prévert go into such detail?
4 Why does the wife cry?

A

Pas de couvre-feu pour les enfants en France

L'an dernier, en France, les maires de 6 villes (Dreux, Aulnay-sous-Bois, Sorgues, Meyreuil, Mérindol et Gien) ont tenté d'interdire aux enfants âgés de moins de 12 – 13 ans de circuler seuls la nuit. Mais leur demande a été rejetée car elle remet en cause la liberté des individus. En France, la loi autorise donc les enfants à se promener seuls la nuit.

B

Une brochure contre le racket distribuée dans les collèges

«Nous voulons en finir avec le racket», explique-t-on au ministère de l'Education nationale. Plus de 3 millions de dépliants "Non au racket!" sont distribués dans les collèges cette semaine. Ils sont de 2 sortes. Les uns, pour les élèves, contiennent des conseils pour faire face au racket. Les autres sont pour les enseignants. Il leur est demandé d'informer les élèves sur les sanctions prises contre les racketteurs. Ils risquent, par exemple une peine de prison allant de 5 à 10 ans et une amende de 500 000 francs à 1 million de francs.

SOS violence

Un numéro "SOS violence" (0 801 55 55 00) figure sur le dépliant. *«Souvent, les victimes n'osent pas parler, par peur de représailles. En téléphonant, elles peuvent dénoncer les racketteurs et être conseillées, tout en restant anonymes»*, précise le ministère de l'Education nationale.

A	un couvre-feu	*curfew*
	tenter	*to try*

B	remettre en cause	*to challenge/to call into question*
	faire face à	*to face up to/to cope with*
	oser	*to dare*
	réfléchir	*to think*

1 Lis les articles de journaux et réponds aux questions.

A 1 Pourquoi les maires n'ont-ils pas pu introduire un couvre-feu?
2 Quelle est la peine maximum pour un racketteur?

B 3 Quel est l'avantage du numéro "SOS violence"?
4 Qu'est-ce que l'opération "Le copain de vacances" essaie de faire?
5 Pourquoi les villes participent-elles à la journée sans voitures?

8000 enfants défavorisés en vacances dans des familles

Le Secours populaire organise jusqu'à la fin de l'été l'opération "Le copain de vacances". 7000 familles françaises accueillent 8000 enfants défavorisés.

«Je suis allée à mon premier concert il y a deux jours. C'était super! Ces vacances me changent vraiment les idées», raconte Sandrine, 9 ans. Cet été, comme 8000 enfants des quartiers défavorisés de nos grandes villes, elle participe à l'opération "Le copain de vacances". *«Sandrine habite à Sarcelles. Pour lui faire "changer d'air", nous l'accueillons pendant tout le mois d'août»*, explique Laurence Peyron. *«Au début, Sandrine était un peu timide. Maintenant on pique de grosses crises de fous rires! On va à la plage et la piscine. Je suis vraiment contente que maman l'ait invitée. Mais j'ai peur d'être très triste quand elle partira»*, redoute Alice Peyron, 9 ans.

A pied, à vélo, en bus, en tram ... mais pas en voiture !

35 villes de France participent aujourd'hui à l'opération «En ville, sans ma voiture?» Le but: donner aux citadins l'habitude de se déplacer en utilisant des moyens de transport non polluants.

Voiture interdite! *«Avec la "journée sans voitures", nous voulons faire réfléchir les automobilistes»*, explique Vincent Fabre, qui s'occupe de l'opération au ministère de l'Environnement. *«Ils ont l'habitude de prendre leur voiture pour des trajets très courts. Nous voulons les pousser à se déplacer autrement: à pied ou à vélo, ou encore à utiliser les transports en commun.»*

Qualité de l'air

Chaque ville participante doit respecter 3 critères: interdire une partie de son périmètre aux voitures, proposer d'autres moyens de transport (vélos, voitures électriques...) et mesurer la qualité de l'air et le bruit quand il n'y a pas de voitures.

2 Answer the following questions in English.

1 Explain the two different leaflets put out by the Ministry of Education.
2 How has Sandrine changed during her stay with the Peyron family?
3 What is Alice's attitude to their visitor?
4 What is the Ministry of the Environment trying to persuade motorists to do?
5 What three things do participating towns have to do?

3 Trouve dans les textes une expression qui veut dire la même chose que:

1 traîner dans la rue sans leurs parents
2 parce qu'ils craignent de se faire agresser
3 des banlieues pauvres
4 voyager différemment

NE VOUS LAISSEZ PAS REFRRRRRROIDIR

Février, froidure, frissons ... Affrontez les frimas sans frémir

Couvert comme un oignon

Les oignons sont malins. Quand ils flairent les grands froids, ils multiplient les pelures. Suivez leur conseil futé : superposez. Plusieurs couches de vêtements offrent une meilleure isolation. C'est le principe des couettes et doudounes. Pris en sandwich entre diverses tranches de plumes, l'air circule mieux, ajoutant son propre matelas de tiédeur confortable.

Autre avantage des superpositions : on peut toujours s' "éplucher" dans les lieux bien chauffés.

Couvrez bien la gorge et la nuque avec votre écharpe.

Cajolez vos extrémités : si vos pieds sont glacés, vous allez vite claquer des dents, et le rhume vous pend au nez ! Là encore, par grand froid, superposez gants et chaussettes.

Evitez les vêtements étriqués, et tout ce qui gêne la circulation sanguine. Car les vaisseaux sanguins sont des convecteurs qui irradient la tiédeur partout.

Mangez chaleureux

Le corps brûle davantage de calories pour se défendre contre le froid. Vous pouvez donc manger un peu plus, mais sans vous goinfrer. La viande, les produits laitiers, les sardines, les épinards, ça fait du bien là où le froid fait mal. La bonne habitude à prendre: le petit déjeuner tout confort.

Un bon grand verre de jus de fruits frais (oranges, pamplemousses, clémentines, c'est la saison et c'est plein de vitamine C qui défend l'organisme contre virus et bactéries).

Un bon gros chocolat avec des tartines beurrées (excellent, le beurre, pour résister au froid). Confiture ou miel tendre pour la gorge.

Glissez parmi vos cahiers des fruits secs et du fromage pour manger à la récré.

Quand le froid est vif et sec, ne restez pas au lit!

Une bonne marche, bien couvert, stimule l'organisme. L'exercice physique, le grand air, les batailles de boules de neige vous aident à chasser les petites déprimes et grosses fatigues de l'hiver.

Cobbent soigner un rhube !

Le seul vrai remède au rhume étant la patience, voici, précisément, comment prendre votre mal en patience. Lavez souvent votre nez avec du sérum physiologique. Mouchez-vous avec des mouchoirs à jeter aussitôt (pourquoi garder précieusement vos microbes?). Ne surchauffez pas votre chambre, aérez-la. Placez un récipient rempli d'eau sur le radiateur pour humidifier l'atmosphère.

Une bonne petite inhalation le soir pour dégager le nez, un lait chaud au miel, deux oreillers – exceptionnellement – pour faciliter la respiration.

Abris de plein air

Si vous avez la chance de partir à la montagne, attention les yeux ! Réverbérés par la neige, les ultra-violets deviennent impitoyables. Skiez et marchez avec bonheur, bien abrité derrière de bonnes lunettes, une bonne crème solaire, un bon stick protecteur sur les lèvres. Eh oui, tout ça!

Suivez les sages conseils de nos grands-mères. Pour vous réconforter après un trajet glacé, buvez vite un grand verre de lait chaud ou un citron pressé chaud, sucré au miel.

1 You have read the article *Ne vous laissez pas refroidir*, and you want to pass on its advice to your brother, who is going on a winter holiday.

Section 1 What is the main advice contained here?
Section 2 Which parts of the body is it particularly important to keep warm?
Section 3 What is the main point made here?
Section 4 What is a good way of avoiding the ill effects of winter?
Section 5 Pick out three pieces of advice which seem to you to be useful.
Section 6 What is the main danger to look out for while ski-ing?

Votre santé: les conseils de nos lecteurs

A l'âge de quatre-vingt-treize ans, je n'ai jamais fumé, ni bu d'alcool. Par contre, j'ai mangé tout ce dont j'avais envie – viande rouge, beurre etc. – et j'ai rarement été malade.
Solange Albert (45)

A mon avis, la clé de la bonne santé, c'est un régime sain et équilibré. Moi, je suis végétarien depuis toujours, comme mes parents. J'ai remarqué qu'en hiver, quand tous mes copains sont enrhumés, moi et ma famille, nous nous portons très bien.
Alain Delmarès (31)

On peut manger n'importe quoi, même boire un peu (mais pas fumer, évidemment), pourvu qu'on mène une vie active.
Claire Deschamps (75)

Ce n'est pas étonnant si tout le monde tombe malade chaque hiver. Ils passent toute la journée enfermés dans un bureau surchauffé, puis ils rentrent pour passer la soirée à regarder la télé. Moi, j'ai été agriculteur toute ma vie, je n'ai jamais eu de chauffage centrale, et je ne souffre pas de rhumes, moi.
Guillaume Mercier (84)

Je n'ai qu'un seul conseil à vous donner. Renoncez au tabac. Moi, je l'ai fait. Je fumais vingt cigarettes par jour depuis quinze ans. Je toussais, je me sentais toujours fatiguée. J'ai arrêté, et dans quinze jours, j'étais une personne différente. Je pouvais jouer avec mes enfants, faire des promenades. Bref, j'allais beaucoup mieux. Allez-y !
Monique Duhamel (66)

Le meilleur conseil, c'est mon père qui me l'a donné. Respectez votre corps, que vous a donné le bon dieu. On mange pour vivre, on ne vit pas pour manger, voilà l'important.
Frédéric Bourguignon (56)

2 Réponds aux questions en français. Ecris le prénom de la personne à chaque fois.

1 Qui trouve que c'est le tabac qui fait le plus de mal?
2 Qui pense qu'il ne faut pas abuser de nos corps?
3 Qui pense que l'exercice est plus importante que notre régime alimentaire?
4 Qui pense qu'on doit vivre plus à l'extérieur?
5 Qui nous conseille de ne pas manger de viande?

Médecins Sans Frontières quitte la Corée du Nord

L'association humanitaire Médecins Sans Frontières a annoncé qu'elle quittait la Corée du Nord mercredi. Car, selon elle, le gouvernement nord-coréen l'empêche d'aider la population, qui souffre de la faim.

Le dernier des 30 membres de MSF en Corée du Nord est parti mercredi. Un départ ou plutôt une "expulsion déguisée", selon Pierre-Pascal Vandimi, responsable du programme d'aide de l'association en Corée du Nord. «Nous aurions bien voulu aider les enfants coréens dans les villages, mais le gouvernement ne nous en a pas donné l'autorisation.»

De plus, d'après MSF, l'aide alimentaire et les médicaments ne seraient pas distribués aux habitants, mais donnés aux militaires et aux amis du gouvernement.

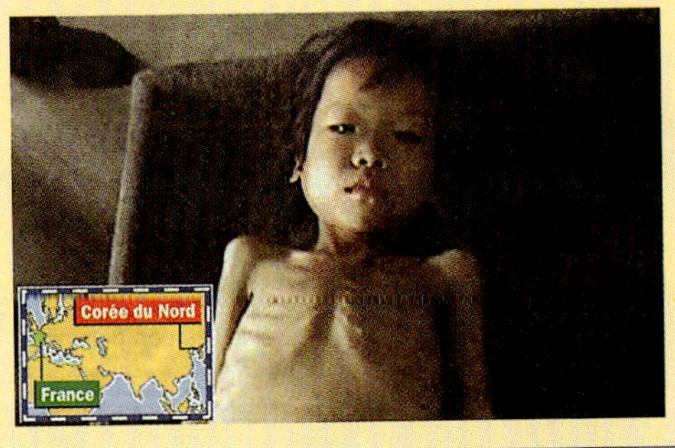

«Les océans ne supportent plus la pollution...»

La Cinquième propose de découvrir, cet après-midi, les "Coulisses de l'océan", en direct du centre Océanopolis à Brest.

Océanopolis, c'est le Centre de culture scientifique, technique et industrielle de la mer à Brest. Il s'agit d'un immense aquarium-muséum qui reconstitue l'univers sous-marin, avec sa faune et sa flore. Une autre partie de l'émission se déroulera sur un bateau de 900 tonnes qui appartient à la Marine nationale.

Pendant l'émission, nous allons raconter l'océan en commençant par l'histoire des pionniers de l'aventure océanographique moderne. Ensuite, on va s'intéresser à la vie dans les océans. On expliquera également le fonctionnement des océans, qui est intimement lié à l'atmosphère. Enfin, on parlera de l'exploitation des océans (la pêche, le pétrole...), et de ses dangers. Par exemple, au 20ème siècle, on a vu la disparition de plusieurs espèces qui vivaient dans les océans depuis des milliers d'années.

1 Your brother is interested in the environment, and asks you to explain these extracts to him.
Answer his questions in English.

1. Why has *Médecins Sans Frontières* left North Korea?
2. What would the government not allow them to do?
3. What do they think was happening to the food and medical supplies?
4. What is *Coulisses de l'océan*?
5. What exactly is Oceanopolis?
6. Why is British Columbia so important to Canada?
7. What does industry do which worries Greenpeace so much?
8. According to Camille, what could they do instead?

Les industriels coupent les arbres sans distinction

Quinze ados viennent de s'envoler pour le Canada, direction la Colombie-Britannique où une forêt millénaire est menacée par les industriels qui la détruisent. Leur but : alerter la planète sur cette menace.

«Non à la mort des forêts millénaires !»

C'est le cri d'alarme des ados, qui sont arrivés en Colombie-Britannique, qui regroupe 75% des espèces végétales et animales du pays. La plupart d'entre elles, comme le grizzli ou l'ours noir, habitent dans cette forêt. *«Elle est menacée par des industriels qui font des coupes à blanc. C'est-à-dire qu'ils abattent tous les arbres sans distinction, et détruisent ainsi les espèces qui s'y trouvent»*, dit Ludovic Frère, de l'association Greenpeace, qui s'occupe de cette opération.

DITES-LEUR QUE S'ILS RASENT MA FORÊT, JE VAIS RASER LEUR VILLE !

Sauver la forêt

«Au lieu de détruire ces vieux arbres irremplaçables, ils pourraient faire des plantations de jeunes arbres qui ne serviraient qu'à l'industrie», poursuit Camille, 15 ans. Avec les autres, elle ira demander au Parlement de protéger la forêt. Au cours de son voyage, elle rencontrera aussi des enfants de la tribu indienne Nuxalk, qui vit dans cette forêt depuis des siècles.

2 Lis les phrases suivantes.
Si la phrase est vraie, écris simplement V.
Si la phrase est fausse, écris F, et aussi une phrase vraie.

1. Les habitants de la Corée du Nord n'ont pas assez à manger.
2. Médecins Sans Frontières a quitté volontiers la Corée du Nord.
3. Il y a un lien important entre les océans et l'atmosphère.
4. Le groupe va au Canada pour couper des arbres.
5. Quand on abat les arbres, les animaux s'échappent.

La pince à ongles

MARIE-CLAUDE et Luc Matisse descendirent du taxi devant l'hôtel Paradis. C'était un hôtel de luxe, trois étoiles, vieux mais propre : un ancien château, en fait, entouré de beaux jardins et de gros arbres. Un hôtel qui se trouvait au milieu de la campagne, loin de la ville industrialisée et bruyante.

Le chauffeur de taxi prit les valises de M. et Mme Matisse, et les apporta à l'entrée. Luc remplit une fiche à la réception.

– Chambre numéro huit, dit le patron, donnant la clé de cette chambre à Monsieur Matisse.

Puis le patron appela un jeune employé qui prit les valises et les monta à la chambre numéro huit, au premier étage. Les Matisse préférèrent prendre l'ascenseur, qui était juste assez grand pour deux adultes, et qui monta très lentement jusqu'au premier étage.

L'employé tourna la clé dans la porte de la chambre numéro huit; les Matisse entrèrent dans la chambre. C'était une chambre immense, avec un grand lit, deux armoires, une petite table et un bureau. En plus, un poste de télévision, un petit frigo rempli de bouteilles et de fruits frais, et une vue splendide sur les beaux jardins.

En fait, c'était la chambre la plus luxueuse de tout l'hôtel. Avec salle de bains privée, bien sûr.

* * *

LUC MATISSE donna un pourboire à l'employé, qui partit. Il ferma la porte derrière lui.

Dans le taxi, et depuis leur arrivée, Luc et Marie-Claude n'avaient pas prononcé un seul mot. Ils n'avaient pas l'habitude de se parler. Entre eux les relations étaient froides. Il ne se parlaient que rarement.

Toujours sans parler, Marie-Claude commença à défaire sa valise. Puis elle mit ses robes et ses pulls dans l'armoire. Luc, un peu fastidieux, examina la petite table pour savoir si elle était poussiéreuse; puis les draps, pour savoir s'ils étaient propres. Puis, il regarda bien la lampe près du lit, pour voir si elle marchait. Luc voulait toujours la perfection. Dans cet hôtel tout était parfait. La table était très propre, les draps blancs, et la lampe s'alluma sans problème.

Luc ouvrit sa valise. Il sortit des papiers, qu'il mit dans un tiroir; il rangea son costume et ses chemises dans l'armoire. Puis il mit sa trousse de toilette dans la salle de bains.

Fatigué, il s'assit sur le lit et, un peu ennuyé, examina l'ongle de son index. L'ongle était cassé. Alors il rentra dans la salle de bains chercher sa pince à ongles dans sa trousse de toilette. Il retourna dans la chambre, se coupa l'ongle cassé, et posa la pince sur la petite table.

* * *

PUIS il regarda de nouveau ses ongles. Il décida de se couper tous les ongles. Mais …

– Tiens! Tu n'as pas vu ma pince à ongles?

Marie-Claude n'était pas habituée à parler avec son mari.

– Non.

– Mais elle était sur la table.

Luc ne comprit pas. Il chercha sur la table. Sous la table. Dans le sac à main de sa femme. Mais sans succès.

– C'est bizarre.

Il alla vers la salle de bains.

– Je l'avais prise dans la salle de bains, dans ma trousse de …

Il regarda dans la salle de bains.

– Mais … je ne comprends pas. Ma trousse de toilette a disparu aussi. Ce n'est pas possible, Marie-Claude, ce n'est pas possible.

Marie-Claude regarda son mari.

– Je ne comprends pas. J'avais pris la pince dans ma trousse de toilette. J'avais pris la trousse dans ma val …

Il indiqua la chaise où il avait posé sa valise. La valise avait disparu! La pince à ongles … la trousse de toilette … la valise …

– Ce n'est vraiment pas possible, répéta Luc Matisse, consterné.

Il alla à la porte de la chambre, l'ouvrit, et regarda dans le couloir. Une femme de chambre passait l'aspirateur. Luc ne voyait personne d'autre.

Il referma la porte de la chambre, se retourna afin de discuter du problème avec sa femme. Mais sa femme n'était plus assise sur le lit.

* * *

LUC chercha dans la salle de bains. Il chercha même dans l'armoire. Mais Marie-Claude n'était ni dans la salle de bains ni dans l'armoire. Comme la pince à ongles, comme la trousse de toilette, comme la valise, Marie-Claude avait disparu!

Et à ce moment-là, Luc eut peur. Il essaya de se persuader qu'il imaginait ces événements. Il commença même à se paniquer.

Encore une fois, il regarda dans l'armoire: ses vêtements avaient disparu. Les vêtements de Marie-Claude aussi! Il ouvrit le tiroir. Ses papiers avaient disparu. Furieux mais tremblant de peur, il décrocha le téléphone.

– Allô! Réception? C'est urgent. Voulez-vous monter à la chambre numéro huit, s'il vous plaît?

– Tout de suite, monsieur.

Le patron posa son journal sur le comptoir et monta l'escalier. Le patron frappa à la porte de la chambre numéro huit, et attendit. Il frappa de nouveau.

Puis, il ouvrit la porte et entra.

– Monsieur? Monsieur?

Mais Monsieur n'était pas là. Le propriétaire de l'hôtel chercha partout – dans la chambre, dans la salle de bains, sous le lit. La chambre était complètement vide. Il n'y avait plus personne. Il n'y avait plus rien.

Le propriétaire partit, et ferma la porte. Il n'avait pas vu la pince à ongles qui se trouvait sur la petite table.

1 Remplis en français les blancs dans les phrases suivantes.

1 M. et Mme Matisse sont montés à leur chambre en ________ .
2 M. Matisse n'a pas ________ à sa femme.
3 M. Matisse a ________ la propreté de la chambre.
4 Il a voulu ________ un ongle cassé.
5 D'abord, la pince à ongles a ________ .
6 M. Matisse ________ au patron.
7 Tout ce qui ________ , c'était la pince à ongles.

2 Ecris quelques phrases (huit au maximum) en français pour raconter cette histoire à un(e) ami(e).

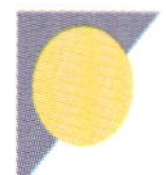

Grammaire

Table des matières

1 Les Verbes (Verbs)

1.1 L'infinitif et le radical (The infinitive and the stem)

Verbs are words which show an action. They are something you can do e.g. to run, to think, to sit, to eat, to buy.

There are three main types of regular verb in French.

Those that end in	-er	e.g.	jou**er**
	-ir	e.g.	fin**ir**
	-re	e.g.	répond**re**

If you take the ending off, the rest of the verb is called the stem: *jou-*, *fin-*, *répond-*. This is used in making other forms of the verb.

1.2 Les temps (The tenses)

Tenses tell us when something happens – in the past, present or future. These are the main tenses you will need:

Past: Passé composé
Imparfait

Present: Présent

Future: Futur
Futur proche

PAST

Passé composé (Perfect)

J'ai fait	I did/have done
Je suis allé(e)	I went/I have gone

tells us about something which has happened or happened once in the past, i.e. a completed action

Imparfait (Imperfect)

Je faisais	I was doing/I used to do
Je jouais	I was playing/I used to play

tells us about something which used to happen, happened for a long time or was happening, i.e. a regular, long term or interrupted action

PRESENT

Présent (Present)

Je fais	I do/I am doing
Je joue	I play/I am playing

tells us about something that is happening now or usually happens (there are two forms in English but only one in French)

FUTURE

Futur (Future)

Je ferai	I will do
J'irai	I will go

tells us about something that will happen in the future

Futur proche (Near future)

Je vais faire	I'm going to do
Je vais aller	I'm going to go

tells us about something that will happen in the near future

For more information on the use and formation of the tenses see sections **1.3** to **1.13**. For more information on irregular verbs see the tables on pages 188–195.

1.3 Le présent (Present)

To form the present take the stem of the infinitive and add the endings. There are three main groups:

-er verbs

singulier

je donn**e**	I give/am giving
tu donn**es**	you give/are giving
il/elle donn**e**	he/she/it gives/is giving

pluriel

nous donn**ons**	we give/are giving
vous donn**ez**	you give/are giving
ils/elles donn**ent**	they give/are giving

-ir verbs

singulier	*pluriel*
je fin**is**	nous fin**issons**
tu fin**is**	vous fin**issez**
il/elle fin**it**	ils/elles fin**issent**

-re verbs

singulier	*pluriel*
je répond**s**	nous répond**ons**
tu répond**s**	vous répond**ez**
il/elle répond	ils/elles répond**ent**

For the present tense of irregular verbs see the tables on pages 188–195.

Fill the gaps with the correct form of the present.

1 Mon père _____ dans un atelier. (*travailler*)
2 A six heures je _____ une douche. (*prendre*)
3 Normalement je _____ mes devoirs avant 7 heures. (*finir*)
4 Les employés de cette usine ne _____ pas beaucoup. (*gagner*)
5 Nous _____ la télévision. (*regarder*)
6 Elle _____ très vite. (*courir*)
7 Les joueurs _____ beaucoup après le match. (*boire*)
8 _____ -vous la France? (*aimer*)
9 Qu'est-ce que tu _____ comme boisson? (*préférer*)
10 Le mercredi nous _____ beaucoup de devoirs. (*avoir*)

1.4 Avoir et être

The most used verbs are *avoir* – to have and *être* – to be. They are important as they are also used in the formation of some of the other tenses.

AVOIR

Présent

singulier	
j'ai	I have
tu as	you have
il/elle a	he/she/it has
pluriel	
nous avons	we have
vous avez	you have
ils/elles ont	they have

Passé composé

singulier	
j'ai eu	I had
tu as eu	you had
il/elle a eu	he/she had
pluriel	
nous avons eu	we had
vous avez eu	you had
ils/elles ont eu	they had

Imparfait: j'avais **Futur**: j'aurai

ETRE

Présent

singulier	
je suis	I am
tu es	you are
il/elle est	he/she/it is
pluriel	
nous sommes	we are
vous êtes	you are
ils/elles sont	they are

Passé composé

singulier	
j'ai été	I was
tu as été	you were
il/elle a été	he/she was
pluriel	
nous avons été	we were
vous avez été	you were
ils/elles ont été	they were

Imparfait: j'étais **Futur:** je serai

For more information on *être* and *avoir* see the verb tables on pages 188 and 190.

1.5 Le passé composé (Perfect)

The *passé composé* is formed with the present tense of an auxiliary verb (*avoir* or *être*) and the past participle. To make the past participle of regular verbs, take off the ending to find the stem of the verb and add the appropriate ending:
-er verbs: stem + **é** e.g. jouer ➪ jou**é**
-ir verbs: stem + **i** e.g. finir ➪ fin**i**
-re verbs: stem + **u** e.g. répondre ➪ répond**u**

For the past participles of irregular verbs see the tables on pages 188–195.

1.6 Le passé composé avec avoir

Most verbs form the *passé composé* with *avoir* e.g.

jouer – to play

singulier

j'ai joué	I (have)played
tu as joué	you (have) played
il/elle a joué	he/she (has) played

pluriel

nous avons joué	we (have) played
vous avez joué	you (have) played
ils/elles ont joué	they (have) played

The past participle must agree with the direct object if it precedes the verb.

J'ai perdu ma trousse.
Je l'ai perdu**e**.
La trousse que j'ai perdu**e** est rouge.
J'ai acheté des chaussettes.
Je les ai achet**ées**.
Les chaussettes que j'ai achet**ées** sont blanches.

1.7 Le passé composé avec être

Verbs which take *être*:

a) aller – venir, naître – mourir, arriver – partir, rester – tomber, entrer – sortir, retourner, monter – descendre
b) verbs made up of those above e.g. revenir, devenir, rentrer, repartir
c) all reflexive verbs

aller – to go

singulier

je suis allé(e)	I went/have gone
tu es allé(e)	you went/have gone
il/elle est allé(e)	he/she/it went/has gone

pluriel

nous sommes allé(e)s	we went/have gone
vous êtes allé(e)(s)	you went/have gone
ils/elles sont allé(e)s	they went/have gone

If a verb takes *être* the past participle has to agree with the subject i.e. the person or thing doing the action.

If the subject is feminine add an '**e**'
Marie est allée au cinéma.

If the subject is plural add an '**s**'
Pierre et Paul sont allés au cinéma.

If the subject is both feminine and plural add '**es**'
Marie et Anne sont allées au cinéma.

1.8 Les verbes réfléchis (Reflexive verbs)

se laver – to wash (oneself)

Présent

singulier

je me lave	I wash/am washing myself
tu te laves	you wash/are washing yourself
il/elle se lave	he/she washes/is washing himself/herself

pluriel

nous nous lavons	we wash/are washing ourselves
vous vous lavez	you wash/are washing yourself/ves
ils/elles se lavent	they wash/are washing themselves

Passé composé

je me suis lavé(e) (I washed/have washed myself)

tu t'es lavé(e)
il/elle s'est lavé(e)
nous nous sommes lavé(e)s
vous vous êtes lavé(e)(s)
ils/elles se sont lavé(e)s

If a verb takes *être* the past participle has to agree with the subject.

If the subject is feminine add an '**e**'
If the subject is plural add an '**s**'
If the subject is both feminine and plural add '**es**'

Change the following account of Sophie's day into the past using the *passé composé*:

1. Je me lève à sept heures.
2. Je téléphone à ma copine.
3. Nous nous rencontrons au café.
4. On boit un coca.
5. Puis on va aux magasins.
6. Ma copine achète un CD.
7. On voit le frère de ma copine.
8. Ma copine et son frère rentrent chez eux.
9. Je reste en ville pour faire des courses.
10. Je rentre assez tard.

1.9 L'imparfait (Imperfect)

To form the imperfect take the *nous* form of the verb in the present tense, cross off the *-ons* and add the endings.

	nous form	**–ons**	**+ ais**
jouer	jouons	jou-	je jouais
faire	faisons	fais-	je faisais
voir	voyons	voy-	je voyais

The endings are:

singulier		*pluriel*	
je	**-ais**	nous	**-ions**
tu	**-ais**	vous	**-iez**
il/elle	**-ait**	ils/elles	**-aient**

There is one verb which does not follow the above pattern – *être*. With *être* the endings are added to *ét-* (*j'étais* etc.)

Passé composé ou imparfait?

1. L'année dernière nous ______ (aller) en Grèce. Il ______ (faire) très chaud.
2. Quand j' ______ (être) petit, j'______ (avoir) les cheveux plus blonds.
3. Elle ______ (faire) ses devoirs quand le téléphone ______ (sonner).
4. J'______ (écrire) souvent des lettres pendant les vacances.
5. Ils ______ (être) dans le jardin quand elle ______ (partir).
6. Quand elle ______ (être) institutrice elle ______ (travailler) tous les soirs.
7. Samedi on ______ (aller) à la boum de Patrick. C'______ (être) super!
8. Hier je ______ (se coucher) à dix heures.

1.10 Le futur (Future)

The future tense is formed by adding the endings to the infinitive. If the infinitive ends in '**e**' take off the '**e**' first.

	-er	**-ir**	**-re**
je	donner**ai**	finir**ai**	répondr**ai**
tu	donner**as**	finir**as**	répondr**as**
il/elle/on	donner**a**	finir**a**	répondr**a**
nous	donner**ons**	finir**ons**	répondr**ons**
vous	donner**ez**	finir**ez**	répondr**ez**
ils/elles	donner**ont**	finir**ont**	répondr**ont**

See the tables on pages 188–195 for the formation of the future for irregular verbs.

The *futur* in *quand* clauses:
Elle **viendra** quand elle **sera** prête.
(Literally: She will come when she will be ready.)

Change the infinitives into the correct form of the *imparfait*.

1. C'(être) formidable!
2. A l'âge de dix ans elle (avoir) les cheveux courts.
3. Nous (jouer) au tennis quand il a commencé à pleuvoir.
4. Quand j'(être) étudiant je (vendre) des glaces pour gagner de l'argent.
5. Elle (regarder) la télé quand son copain est arrivé.
6. Je (dormir) quand il est arrivé.

1.11 Le futur proche (Near future)

This is formed with the present tense of *aller* plus the infinitive.
Je vais faire mes devoirs.
Ils vont manger au restaurant.

Change the following sentences into
i) *Futur proche* ii) *Futur*

1 Nous allons à la piscine.
2 On mange à McDonald's.
3 Elle prend l'avion.
4 Ils partent à deux heures.
5 Tu as des problèmes.
6 Je mets ma veste en cuir.
7 Elles jouent au tennis.
8 Vous voyez loin du sommet de la colline.
9 Je me lève tot.
10 Elle achète une nouvelle voiture.

1.12 Le plus-que-parfait (Pluperfect)

The *plus-que-parfait* is used to say what **had happened** (i.e. before something else happened). In the same way as in English, it is usually formed by using the past tense of *avoir*, plus the past participle, e.g.
Elle **avait fini**, alors elle est sortie.
She had finished, so she went out.

As you might expect, verbs using *être* in the *passé composé* also require it in the *plus-que-parfait*, e.g.
Comme je m'**étais lavé**, je me suis couché.
As I had washed, I went to bed.

1.13 Le passé simple (Past historic)

The *passé simple* is used to write about what **happened once**, in the past. You are only likely to find it in newspaper articles or stories. In regular verbs it is formed with the infinitive stem plus:

-er verbs	-ir/-re verbs	Some irregular verbs
-ai	-is	-us
-as	-is	-us
-a	-it	-ut
-âmes	-îmes	-ûmes
-âtes	-îtes	-ûtes
-èrent	-irent	-urent

1.14 La voix passive (Passive voice)

The *voix passive* is used to express an action from the point of view of the person/thing on the receiving end, e.g.
Elle **a été renversée** par un bus.
She **was knocked down** by a bus.

It is formed in the same way for all verbs, using the perfect tense of *être* (*j'ai été, tu as été* etc.) followed by the past participle (which must agree with the subject).

Note: Reflexive verbs, and verbs which use *être* to form the *passé composé*, cannot be used in this way.

The French often use other ways of expressing the idea of the *voix passive*:

- Use of *on*: On m'a volé mon passeport.
  My passport has been stolen.
- Use of reflexive:
  Les timbres se vendent au bureau de tabac.
  Stamps are sold at the post office.

1.15 Venir de + Infinitif

In English we say that we have **just done** something, when we have only just finished. The French say they 'are coming from doing' it, e.g.
Je viens de revoir *Orphée* à la télé.
I've just seen *Orphée* again on TV.

Note also:
je **venais de** voir... I **had just** seen...

1.16 Après avoir + Participe passé

In English we say that **after doing** something, we did something else. The French equivalent of this is *après avoir* (or *être*) plus the past participle, e.g.

Après avoir payé, j'ai quitté le café.
After paying, I left the café.
Après être rentré chez moi, j'ai dîné.
After getting home, I had supper.

1.17 Présent + depuis

In English we say that we **have been doing** something **for** some time (and we still are doing it). French focuses more strongly on the 'still are' part of the

situation, and so it uses the present tense plus *depuis* (since).
J'apprends le français **depuis** quatre ans.
I've been learning French for four years. (Translating literally, 'I **am learning** French **since** four years.')

1.18 Imparfait + depuis

The use of the *imparfait* moves the action one step further into the past.
Elle **étudiait depuis** quatre ans.
She **had been studying** for four years.

1.19 Le conditionnel (Conditional)

The *conditionnel* is used to say what **would** happen.
Si j'avais assez d'argent, **j'irais** en Australie.
If I had enough money, I'd go to Australia.

Note its use for politeness:
Pourriez-vous ouvrir la fenêtre?
Could you open the window?
Je **voudrais** un kilo de pommes.
I'd like a kilo of apples.

The endings are added to the infinitive e.g.

je donner**ais**	vous donner**iez**
tu donner**ais**	nous donner**ions**
il/elle/on donner**ait**	ils/elles donner**aient**

If the infinitive ends in an '**e**' omit the '**e**'.

Finally, the conditional tense is used in reported speech just as it would be in English:

'J'y **irai**.'
'I **shall** go there.'
Il a dit qu'il y **irait**.
He said he **would** go there.

1.20 Le conditionnel passé (Conditional perfect)

The *conditionnel passé* is used to say what **would have** happened.
Il **aurait réussi** à ses examens (s'il avait travaillé).
He **would have succeeded** in his exams (if he had worked).

The *conditionnel passé* is formed with the conditional tense of *avoir* or *être* and the past participle.

J'aurais mangé	I would have eaten
Je serais parti	I would have left
Je me serais arrêté	I would have stopped

1.21 Le présent du subjonctif (Present subjunctive)

The subjunctive does exist in English, though it is relatively little used. It is rather commoner in French, particularly in the present tense, but at this stage you will normally only be expected to recognise it. Usually the forms are close enough to the usual ones to enable you to recognise the meaning, but watch out for the following irregular verbs:

Infinitive	Subjunctive
avoir	j'aie (note also nous ayons)
boire	je boive
être	je sois (note also nous soyons)
faire	je fasse
pouvoir	je puisse
savoir	je sache

1.22 L'impératif (Imperative)

The *impératif* is used to tell people what to do. To form it, start with the *tu* and *vous* forms of the present tense.

To tell more than one person (or someone you don't know well) what to do, use the *vous* form unchanged:
Ecoutez et répondez à ces questions.
Listen and answer these questions.

The *tu* form (used for people you know well) also remains the same for most verbs:
Finis tes devoirs! Finish your homework!
Réponds à la question!
Answer the question!

However, with *-er* verbs, the final '**s**' is dropped:
Ecoute! Listen!
Ferme la porte! Close the door!

Note also these exceptions:

avoir	aie	ayez
être	sois	soyez

Reflexive verbs: With these you need to use a reflexive pronoun, e.g.

Levez-**vous**! Lève-**toi**!
Taisez-**vous**! Tais-**toi**!

Note that *te* becomes *toi* and *me* becomes *moi* in the imperative.

Turn the statements into commands.

1 Vous vous levez tôt.
2 Tu regardes la télévision.
3 Tu parles plus fort.
4 Vous continuez tout droit.
5 Tu tournes à gauche.
6 Vous êtes tranquilles.

1.23 La négation (Forming the negative)

ne ... pas = not
Il pleut. ➪ Il **ne** pleut **pas**.

Before a vowel the *ne* is shortened to *n'*, e.g.
Je **n'**aime **pas** les légumes. Je **n'**en ai **pas**.

Where there are object pronouns before the verb, *ne* goes in front of all of them, e.g.
Il **ne** vous le donnera **pas**.

In the *passé composé* the *ne* and *pas* go either side of *avoir* (or *être*), e.g.
J'ai mis ma clé dans ma poche.
➪ Je **n'**ai **pas** mis ma clé dans ma poche.

Ne and *pas* are placed together before an infinitive (and also before any pronouns which go with that infinitive), e.g.
Il a décidé de **ne pas** l'acheter.

ne ... plus	no more, no longer
ne ... rien	nothing, not anything
ne ... jamais	never, not ever
ne ... personne	no one, not anyone
ne ... nulle part	nowhere, not anywhere
ne ... ni ... ni	neither ... nor
ne ... que	not ... except, only
ne ... aucun	not a ... , no ...

The first three work exactly like *ne ... pas*, but when the others are used with the *passé composé* they go **after** the past participle, e.g.
Il **n'**a trouvé **personne** dans la maison.
Je **ne** l'ai vu **nulle part**.

Change the sense of the sentences as indicated.

1 Je l'aime. (no longer)
2 Elle a beaucoup d'argent. (not)
3 Je l'ai trouvé. (nowhere)
4 J'ai une soeur. (only)
5 Il a vu quelqu'un dans le jardin. (no-one)
6 Elle a décidé de le faire. (never)
7 Nous avons un chat et un chien. (neither ... nor)

1.24 On pose des questions (Asking questions)

Word order

There are three main ways of asking a question expecting a yes/no answer:

a) Using intonation only
As in English you can ask a question by making a statement, and then raising your voice at the end, e.g.
Tu as fini? Marie est arrivée?
This is quite common in spoken French.

b) Putting the subject after the verb
With pronoun subjects, you simply put the verb first, and place a hyphen between verb and subject, e.g.
Tu finis. ➪ Finis-tu?
Tu as fini. ➪ As-tu fini?

A *t* is placed between two vowels to make pronunciation easier, e.g.
A-t-elle commencé? Va-t-on? Viendra-t-il?

If the subject is a noun, you have to use a pronoun **as well**, e.g.
Marie est-**elle** arrivée?

c) Using *Est-ce que* ...
You can place *Est-ce que* ... before the statement, e.g.
Est-ce que Marie est arrivée?

Question words

In English, these are words like 'who?', 'what?', 'which?', 'where?', 'why?' and 'how?' They are often called **interrogative** words. There are interrogative pronouns (e.g. '**Who** is coming?'); interrogative adjectives (e.g. '**Which** apple do you want?'); and interrogative adverbs (e.g. '**Where** is it?') French has similar words.

Les pronoms interrogatifs

qui? who(m)?
que? (or qu'?) what?
lequel/laquelle/lesquels/lesquelles? which one(s)?

Where *qui* or *lequel* etc. is the subject of the sentence you can use the normal statement order and intonation.
Qui a fait ça?
Lequel est le meilleur?

If *qui* is the subject you can also use *est-ce qui*:
Qui est-ce qui vient?

Where *qui*, *que* or *lequel* etc. is the object you can ask questions by putting the object before and the subject after the verb.
Qui a-t-il vu là?
Que veux-tu?
Laquelle veux-tu?

Or you can use *est-ce que*:
Qui est-ce que nous allons voir?
Qu'est-ce qu'il veut?
Laquelle des émissions est-ce que tu préfères?

Les adjectifs interrogatifs

quel/quelle/quels/quelles? which?

If the noun following *quel* etc. is the subject use the normal statement order and intonation.
Quelle couleur est la plus belle?

If it is the object you can put the object before and the subject after the verb.
Quelle couleur préfère-t-elle?

Or you can use *est-ce que*.
Quelle couleur est-ce qu'elle préfère?

Les adverbes interrogatifs

où? where?
quand? when?
comment? how?
pourquoi? why?

You can use the ordinary statement form with rising intonation.
Elle y va quand?

You can put the subject after the verb.
Quand va-t-elle y aller?

You can use *est-ce que*.
Quand est-ce qu'elle va y aller?

2 Les substantifs (Nouns)

2.1 Le genre (Gender)

In French all nouns have a grammatical gender: they are either masculine or feminine. With people, the gender is normally what you would expect, e.g.

un père une mère un frère une soeur

However, with other nouns there are no easy rules to work out gender. For example:

Masculine		Feminine
un bateau	but	une auto
le Japon	but	la France

Some nouns relating to people have both masculine and feminine forms, e.g.
un ami/une amie un acteur/une actrice

Here are some common pairs of endings:

-ant/-ante	-er/-ère	-e/-esse
-é/-ée	-en/-enne	-eur/-euse

2.2 Pluriels (Plurals)

Most nouns form the plural by adding *s*
porte ➪ portes enfant ➪ enfants

Nouns ending in *-eu* or *-eau* add *x*
bateau ➪ bateaux neveu ➪ neveux

Nouns ending in *-al* change to *-aux*
cheval ➪ chevaux

Nouns ending in *-s*, *-x* or *-z* don't change
bois ➪ bois prix ➪ prix nez ➪ nez

Nouns ending in *-ou* usually add *s*
trou ➪ trous

but note exceptions adding *x*:
bijou ➪ bijoux
caillou ➪ cailloux
chou ➪ choux
genou ➪ genoux

Note also the following plurals:
oeil ➪ yeux   travail ➪ travaux
monsieur ➪ **mes**sieurs (and **mes**dames, **mes**demoiselles)
grand-père ➪ grand**s**-pères (and grands*-mères)
* **NB** Not grandes

2.3 La possession (Possession)

There is no French equivalent of the apostrophe *s* which shows possession in English. You have to use *de* (= of) in all cases, e.g.

la soeur de mon ami	my friend's sister
la mère de Claudette	Claudette's mother

2.4 Les compléments directs et indirects (Direct and indirect objects)

In English we can say: The teacher gave John a book.

We mean: The teacher gave **a book** to John.

'A book' is the direct object as it is the thing being given. 'John' is the indirect object as it is being given **to** him.

In French you always put the direct object first.
Le prof donne **un livre** à John.
Il a donné un livre à John.

2.5 L'article défini (Definite article)

	Singular Masculine	Feminine
the	le or l'	la or l'
(to the)	(au or à l')	(à la or à l')
(of the)	(du or de l')	(de la or de l')

	Plural Masculine	Feminine
the	les	les
(to the)	(aux)	(aux)
(of the)	(des)	(des)

Note: French uses the definite article in a few situations where English does not:

- For languages, countries, and geographical areas and other features, e.g.
  le français **l'**Angleterre **la** Bretagne
- In talking about the price of a quantity, e.g.
  onze francs **le** kilo (compare English: **a** kilo)
- In making generalisations about something, e.g.
  J'aime **les** glaces. (English: I like ice-creams.)
- In talking about parts of the body, e.g.
  Il a les yeux marron.
  (English: He has brown eyes.)
  Elle s'est cassé la jambe.
  (English: She broke her leg.)

2.6 L'article indéfini (Indefinite article)

	Singular Masculine	Feminine
French	un	une
English	a/an	a/an

	Plural Masculine	Feminine
French	des	des
English	some (or 'any' in questions)	

With adjectives that are placed before the noun, *de* is used rather than *des*, e.g.
Ils ont fait **de** graves erreurs.
They have made some big mistakes.

Note: In the sentence above, we might have left out the 'some' altogether. In French, however, an indefinite article **must** be included. Here is another example:
J'ai acheté des pommes et des poires.
I've bought (some) apples and (some) pears.

On the other hand, English uses the indefinite article in one or two places where French does not:

- In talking about jobs, e.g.
  Ma mère est médecin.
  My mother is **a** doctor.

- In expressions like 'What a pity!' French just uses *quel(le)*:
  Quel dommage!

2.7 Ne ... pas de

After a **negative**, where English uses 'any', French uses just *de* (or *d'*), e.g.
Nous n'avons plus **d'**oeufs.
We haven't **any** eggs left.

2.8 Du, de la, des

Some things cannot be counted (e.g. butter, water, sugar). The words for them therefore have no plurals. The partitive article is used before such nouns in French; you use *du*, *de l'* and *de la*, e.g.
Voici du beurre, du pain et de la confiture.
Here is (some) butter, (some) bread and (some) jam.

You use *de* alone after most negatives:
Je n'ai pas **de** papier. I haven't **any** paper.

3 Les pronoms (Pronouns)

3.1 Le genre (Gender)

A pronoun is a word which stands in for a noun.

John est grand.	**Il** est grand.
Anne est grande.	**Elle** est grande.
Le livre est bleu.	**Il** est bleu.
Ma voiture est rouge.	**Elle** est rouge.

All nouns in French are masculine or feminine, so all pronouns are also masculine or feminine.

3.2 Tu, vous

Vous is used when you are talking to more than one person or you are talking to someone of higher status, or whom you don't know very well.

Tu is used when you are talking to an equal – someone you do know well (including animals!)

3.3 Les compléments directs et indirects (Direct and indirect objects)

Subject	Direct object	Indirect object
je (j')	me (m')	me (m')
tu	te (t')	te (t')
il	le (l')	lui
elle	la (l')	lui
on	se (s')	se (s')
nous	nous	nous
vous	vous	vous
ils	les	leur
elles	les	leur

Indirect object pronouns replace '*à* + noun'. They mean 'to me', 'to them', and so on, e.g.
Je **lui** ai donné un cadeau.
I gave him a present.

Remember that some French verbs must be followed by *à*, when the equivalent verb in English takes a direct object. So you must say, e.g.
Il **lui** a demandé ... He asked him (or her) ...

Also: répondre, téléphoner, ressembler

3.4 La position

Object pronouns usually go **before the verb**, e.g.
Je prépare une omelette – puis je **la** mange!
I make an omelette – then I eat it!
Pierre? Je ne **l'**ai pas vu aujourd'hui.
Pierre? I haven't seen him today.

But note: With the near future (*futur proche*):
Je vais **le** voir demain.
I'm going to see him tomorrow.

With the imperative:
Ecoutez-**moi** bien!
Listen to me carefully!
Voici un nouveau cahier. Donne-**le** à Marie.
Here is a new exercise book. Give it to Marie.

With the negative imperative:
Ne **les** touche pas!
Don't touch them!
Ne **me** quittez pas!
Don't leave me!

3.5 Plus d'un pronom

Object pronouns must follow a fixed order. When they are in front of the verb, the indirect object goes before the direct object, except that *lui* and *leur* are exceptions and follow the direct object. The order is:

❶ before		❷ before	❸ before	❹
me	te	le/la/l'	lui	y
nous	vous	les	leur	en

For example:
Il **me l'**a donné.
Je **le lui** ai envoyé.
Je **lui en** ai parlé.

But in positive commands and requests, where the pronouns follow the imperative, the rule is different. Direct object pronouns **always** go before indirect object pronouns, e.g.
Dites-**le-moi**! Envoyez-**la-leur** vite!

Replace the words in italics with a pronoun.

1 J'écris une longue lettre *à mon amie*.
2 J'ai acheté *ce pantalon* hier.
3 Je vais parler *à mon frère* demain.
4 Il a vu *sa mère* au marché.
5 Elle a donné *les livres* à son cousin.
6 Elle va offrir *un cadeau* à sa soeur.
7 Je donne *la clef à mon frère*.
8 Il m'a envoyé *une carte*.
9 Vous nous montrerez *les photos*.
10 Mes parents offrent *un CD à ma soeur*.

3.6 Y et en

Y

Y replaces *à* + place. Its position is before the verb, except with a command. In English its equivalent is often 'there' (i.e. a place which has already been mentioned).
Tu vas souvent au cinéma?
Oui, j'**y** vais une fois par semaine.
Non, je n'**y** vais jamais.

Y is also found in some 'set' phrases such as '*Il y a …*'

En

En replaces a word or phrase beginning with *du/de la/de l'/des*. Its position is before the verb (except in a command). In English its meaning is 'some, any, of it/them'.

Tu manges souvent des frites?
Oui, j'**en** mange assez souvent.

Note that you can add a precise number or quantity after the verb:
Tu as des animaux à la maison?
Oui, j'**en** ai deux – un chat et un hamster.
Non, je n'**en** ai pas.
Tu vas acheter des pommes de terre?
Oui, je vais **en** acheter un kilo.

En also forms part of some common 'set' phrases, e.g. *J'en ai marre* (I'm fed up with it).

Y and *en* always come after all other object pronouns (see section 3.5).

3.7 Moi, toi etc.

When pronouns are used on their own, some persons have special forms:
moi (je) toi (tu) lui (il) soi (on) eux (ils)
Qui est là? – **Moi**. Who's there? – Me.

These forms are also used after prepositions, e.g.
chez **eux** après **toi** pour **moi**

You can also use these special forms to emphasise an ordinary subject pronoun, e.g.
Moi, je ne le crois pas. **I** don't think so.

3.8 Les pronoms relatifs – qui et que (Relative pronouns)

The relative pronouns *qui* and *que* mean 'who' (or 'whom', in the case of *que*), 'which' or 'that'.

Qui is used as the **subject** of the clause which follows, e.g.
L'homme **qui** entre s'appelle M. Dutoit.
The man **who** is coming in is called M. Dutoit.
(*qui* is the subject of *entre*.)

Voici le livre **qui** est si intéressant.
This is the book **which** is so interesting.
(*qui* is the subject of *est*.)

Que is used as the object of the clause which follows, e.g.
Le tableau **que** vous voyez là est de Degas.
The painting (**which**) you see there is by Degas.
L'homme **que** je cherchais était parti.
The man (**whom**) I was looking for had left.

Qui or *que*?

1 Le train _________ je prends part à six heures.
2 J'ai perdu le livre _________ était dans mon sac.
3 Le CD _________ j'ai acheté était très bon marché.
4 Elle a mangé les chocolats _________ Pierre avait achetés pour sa mère.
5 Nous avons vu la fille _________ était chez Sarah samedi.
6 Je préfère les films _________ me font rire.

3.9 Dont

Dont means 'of which', 'of whom', or 'whose', e.g.
Le livre **dont** je parle ...
The book **of which** I speak ...
La fille **dont** la mère vient d'arriver ...
The girl **whose** mother has just arrived ...

Note also:
La chose **dont** je me souviens ...
The thing (**which**) I remember ...

3.10 Les pronoms relatifs suivant une préposition

For people, you can use *qui*, e.g.
L'homme à **qui** elle a parlé ...

For things, you need to use *lequel*, *laquelle*, *lesquels* or *lesquelles*. Note that the form chosen must agree with the related noun, e.g.
La rue dans **laquelle** je me suis trouvé ...

Note: à + lequel ➪ auquel
de + lesquelles ➪ desquelles
etc.

3.11 Les pronoms interrogatifs (Interrogative pronouns)

See section **1.24** (page 175).

3.12 Les pronoms démonstratifs (Demonstrative pronouns)

To say 'this one', 'that one', 'these (ones)' and 'those (ones)' in French, the basic words are *celui*, *celle*, *ceux* and *celles*. To make things clearer, you can add *-ci* for 'this', and *-là* for 'that':

Singular

	Masculine	**Feminine**
-ci	celui-ci	celle-ci
	this one	this one
-là	celui-là	celle-là
	that one	that one

Plural

	Masculine	**Feminine**
-ci	ceux-ci	celles-ci
	these (ones)	these (ones)
-là	ceux-là	celles-là
	those (ones)	those (ones)

Examples:
Laquelle des deux préférez-vous? – Celle-ci.
Which of the two do you prefer? – This one.
Ceux-là sont moins intéressants que ceux-ci.
Those are less interesting than these.

Note also:
Quel livre lis-tu? – Celui que tu m'as donné.
Which book are you reading? – The one you gave me.

4 Les adjectifs (Adjectives)

4.1 L'accord (Agreement)

Adjectives describe nouns. In French, they need to 'agree' with the noun they describe in both **gender** and **number**. The following table summarises all the forms of regular adjectives. (For common irregular adjectives, see page 181.)

Regular adjectives

Singular

Masculine	**Feminine**
grand	grand**e**
important	important**e**
inconnu	inconnu**e**
joli	joli**e**
vert	vert**e**

Plural

Masculine	**Feminine**
grand**s**	grand**es**
important**s**	important**es**
inconnu**s**	inconnu**es**
joli**s**	joli**es**
vert**s**	vert**es**

Adjectives ending in *e*: no extra *e* in the feminine

jeune   jeune   jeune**s**   jeune**s**

Those ending in *s*: no extra *s* in the masculine plural

mauvais   mauvais**e**   mauvais   mauvais**es**

Those ending in *-er*: note the *è* in the feminine forms

premier   premi**è**r**e**   premier**s**   premi**è**r**es**

Adjectives ending in *x* use a different pattern

sing	merveilleu**x**	merveilleu**se**
pl	merveilleu**x**	merveilleu**ses**

Some adjectives ending in a final consonant double it before adding *e* in the feminine forms

bon	bon**ne**	bon**s**	bon**nes**
gros	gros**se**	gros	gros**ses**
		(NB no extra *s*)	

Irregular adjectives

A number of French adjectives are irregular – including some of the commonest ones. The table in the next column summarises those you are most likely to meet.

Singular

Masculine	**Feminine**
beau (bel*)	belle
blanc	blanche
long	longue
nouveau (nouvel*)	nouvelle
principal	principale
public	publique
secret	secrète
vieux (vieil*)	vieille

Plural

Masculine	**Feminine**
beaux	belles
blancs	blanches
longs	longues
nouveaux	nouvelles
principaux	principales
publics	publiques
secrets	secrètes
vieux	vieilles

* This form is the one used before a masculine noun beginning with a vowel or a silent *h*.

4.2 Position

Most adjectives go **after** the noun in French, e.g.

ma jupe **verte**

However, some common ones go in front of the noun:

bon	good	mauvais	bad
court	short	long	long
grand*	big, tall	petit	small
vieux	old	jeune	young

beau	beautiful
excellent	excellent
gentil	kind
gros	fat
haut	high
joli	pretty
ancien*	former
cher*	dear
propre*	own

Examples:

le **petit** garçon   une **haute** colline

Note: The words starred have a different meaning if they are placed **after** the noun, e.g.

un **grand** homme	a **great** man
un homme **grand**	a **tall** man
l'**ancien** régime	the **former** government
un bâtiment **ancien**	an **old** building
mon **cher** ami	my **dear** friend
un pull-over **cher**	an **expensive** pullover
ma **propre** maison	my **own** house
une maison **propre**	a **clean** house

Complete/Expand the following sentences by adding adjectives of your choice.
i) Make sure the adjective(s) agree(s).
ii) Put it/them in the right place.

1 J'ai acheté une jupe.
2 Les maisons étaient ...
3 Ma copine est ...
4 Je porte des baskets.
5 J'habite une ville.
6 C'est un film ...
7 Les arbres étaient ...
8 Mon chanteur préféré est ...
9 Elle avait les cheveux ...
10 Nous avons un chien.

4.3 Les comparatifs et les superlatifs (Comparatives and superlatives)

In English short adjectives commonly use '-er' and '-est' to form the comparative and superlative (e.g. 'bigger' and 'biggest'), while the longer ones use 'more' and 'most' (e.g. 'more important', 'most important'). French almost always uses the latter system.

For 'more' and 'most' French uses *plus* (more) and *le plus* (most), e.g.
Cette jupe est **plus chère** que l'autre.
This skirt is more expensive than the other one.
La plus grande île du monde est le Groënland.
The biggest island in the world is Greenland.

Two common adjectives have irregular forms:

bon	meilleur	better
	le meilleur	the best
mauvais	pire*	worse
	le pire*	the worst

* *plus mauvais* and *le plus mauvais* are becoming more common

For 'less' and 'least', French uses *moins* and *le moins*, e.g.
Ces pommes-ci sont **moins** chères que celles-là.
These apples are less expensive than those.
Mais celles-là sont **les moins** chères.
But those (over there) are the least expensive.

Note also: *aussi ... que* – as big as etc.

Make sentences which include comparative or superlative adjectives.

1 éléphant / chien
2 football / hockey / tennis
3 le vin / la bière / l'eau
4 Paris / Londres
5 les actualités / les films / les documentaires
6 les filles / les garçons

4.4 Les adjectifs démonstratifs (Demonstrative adjectives)

The English 'this/that' and 'these/those' have the following equivalents in French:

Singular

Masculine	**Feminine**
ce (cet*)	cette

Plural

Masculine	**Feminine**
ces	ces

* Before a masculine noun starting with a vowel or a silent *h*.

Note that, as adjectives, these need to agree with the noun in gender and number, e.g.

ce bureau	**cet** homme
cet arbre	**cet** excellent repas
cette femme	**ces** églises
ces oeufs	

To make things clearer, you can add *-ci* for 'this', and *-là* for 'that', e.g.
Je préfère cette couleur-ci.
I prefer this colour.
Connais-tu cet homme-là?
Do you know that man (over there)?

4.5 Les adjectifs possessifs (Possessive adjectives)

	Singular	
	Masculine	**Feminine**
my	mon	ma (mon*)
your (sing.)	ton	ta (ton*)
his/her	son	sa (son*)
our	notre	notre
your (pl.)	votre	votre
their	leur	leur

	Plural
	Masculine and Feminine
my	mes
your (sing.)	tes
his/her	ses
our	nos
your (pl.)	vos
their	leurs

* Used before a feminine word starting with a vowel or a silent *h*, e.g.
Son histoire est très amusante.

Note that, as adjectives, these need to agree with the noun in gender and number. (It is this that matters, not the sex of the 'owner' – so, for example, ***son*** *frère* can mean either '**her** brother' or '**his** brother'.)

> Fill in the gaps.
>
> Ma soeur, Sylvie, habite en Australie avec ____ mari et ____ deux enfants. ____ maison est assez petite mais ____ jardin est énorme. ____ cousins ont beaucoup d'animaux. ____ chien s'appelle César et ____ chats s'appellent Minnie et Mickey. L'année prochaine j'irai à Sydney avec ____ père. Et toi? Où habitent ____ frère et ____ soeur?

5 Les adverbes (Adverbs)

5.1 La formation

Adverbs provide further information about verbs, adjectives or other adverbs: e.g. 'He **drives well**', 'It's an **extremely old** building', 'He did it **alarmingly badly**.' In English we form most adverbs by adding '-ly' to an adjective. Similarly, in French you add *-ment*. In the majority of cases the *-ment* is added to the feminine form of the adjective, e.g.
lente ➪ lentement
complète ➪ complètement

However, where the **masculine** form of the adjective ends in *-i* or *-u*, you add *-ment* to that, e.g.
absolu ➪ absolument
vrai ➪ vraiment

5.2 Les comparatifs et les superlatifs (Comparatives and superlatives)

These are formed in much the same way as with adjectives, e.g.

lentement	plus lentement	le plus lentement
slowly	more slowly	(the) most slowly

And for 'less' and 'least', you say *moins* and *le moins*, e.g.

moins difficile	le moins difficile
less difficult	(the) least difficult

Note: *bien* has an irregular comparative and superlative:

bien	good
mieux	better
le mieux	(the) best

Quantifiers are special adverbs used to say **to what extent** something is so. The most common ones in French are:

assez	rather, quite, fairly
bien	very; (sometimes) rather
peu	a little, not very
presque	almost, nearly
si	so, such a
tout à fait	absolutely, entirely, completely
très	very
trop	too

They are used with adjectives and with other adverbs, e.g.
Je suis tout à fait épuisé!
I'm completely exhausted!
Elle l'a fait presque parfaitement.
She did it almost perfectly.

6 Les prépositions (Prepositions)

6.1 Les prépositions principales

Prepositions tell you where a person or thing is, i.e. its position. For example:

à	at, to
dans	in, into
derrière	behind
devant	in front of
entre	between
sous	under

Other prepositions include:

après	after
avant	before
avec	with
chez	at the house of
de	of
en	in, to, by
pendant	during
pour	for
sans	without

A few common English prepositions are translated by short phrases in French:

près de	near
en face de	opposite
à côté de	beside

6.2 Verbe + Préposition + Infinitif

Some verbs can be followed by an infinitive without any linking word:

aimer	détester	laisser	préférer
aller	devoir	pouvoir	

Examples:
Je peux faire ça. J'aime danser.

Other verbs must be linked to the infinitive with a preposition. The following verbs take *à* before the infinitive:

aider à	se mettre à	commencer à
apprendre à	réussir à	

Examples:
Il aide son frère à faire ses devoirs.
Il commence à pleuvoir.

Other verbs must be linked to the infinitive by *de*.

avoir envie de	essayer de
avoir peur de	éviter de
cesser de	finir de
conseiller de	oublier de
décider de	se souvenir de
défendre de	tenter de
empêcher de	

Examples:
Il a oublié d'acheter un cadeau.
J'ai envie de sortir.

7 Les quantités (Quantities)

General words expressing quantity are usually followed by *de* in French. The most common ones are:

assez (de)	enough
beaucoup (de)	much, many, a lot of
peu (de)	not much, little, few
tant (de)	so much, so many
trop (de)	too much, too many
un peu (de)	a little

Examples:
Nous n'avons pas assez **de** crayons.
We haven't enough pencils.
Il a beaucoup **d'**amis.
He has many friends.

But note: you do not need to use *de* after the quantity word *plusieurs* (= several):
J'ai plusieurs bonnes idées.
I've several good ideas.

You also use *de* after other quantity expressions:

un demi-kilo **de** pêches	half a kilo of peaches
une portion **de** frites	a portion of chips
une bouteille **de** vin	a bottle of wine

8 Les nombres (Numbers)

8.1 Les nombres cardinaux (Cardinal numbers)

0	zéro	7	sept	14	quatorze
1	un	8	huit	15	quinze
2	deux	9	neuf	16	seize
3	trois	10	dix	17	dix-sept
4	quatre	11	onze	18	dix-huit
5	cinq	12	douze	19	dix-neuf
6	six	13	treize	20	vingt

21	vingt et un	31	trente et un
22	vingt-deux	40	quarante
23	vingt-trois	50	cinquante
24	vingt-quatre	60	soixante
25	vingt-cinq	70	soixante-dix
26	vingt-six	71	soixante-onze
27	vingt-sept	80	quatre-vingts
28	vingt-hui	81	quatre-vingt-un
29	vingt-neuf	90	quatre-vingt-dix
30	trente	91	quatre-vingt-onze

100	cent
101	cent un
122	cent vingt-deux
200	deux cents
220	deux cent vingt
1 000	mille
2 000	deux mille
1 000 000	un million
2 000 000	deux millions

8.2 Les nombres ordinaux (Ordinal numbers)

1er/re	premier/première
2me	deuxième
3me	troisième
4me	quatrième
5me	cinquième
6me	sixième
7me	septième
8me	huitième
9me	neuvième
10me	dixième
11me	onzième
12me	douzième
20me	vingtième
21me	vingt et unième
22me	vingt-deuxième
40me	quarantième
100me	centième

9 Le calendrier (The calendar)

Les jours de la semaine

lundi mardi mercredi jeudi vendredi samedi dimanche

Les mois de l'année

janvier février mars avril mai juin juillet août septembre octobre novembre décembre

You do not normally use either a preposition or an article when you mention the day, e.g.

J'y suis allée **lundi**.
I went there on Monday.

But note: You always include *le* if you are talking about something you **usually** or **always** do, e.g.

J'y vais (toujours) le lundi.
I (always) go there on Mondays.

Les quatre saisons

le printemps l'été l'automne l'hiver

au printemps	in spring
en été	in summer
en automne	in autumn
en hiver	in winter

10 L'heure (The time)

1.00	Une heure
1.05	Une heure cinq
1.10	Une heure dix
1.15	Une heure et quart
1.20	Une heure vingt
1.25	Une heure vingt-cinq
1.30	Une heure et demie
1.35	Deux heures moins vingt-cinq
1.40	Deux heures moins vingt
1.45	Deux heures moins **le** quart
1.50	Deux heures moins dix
1.55	Deux heures moins cinq

Examples:
Quelle heure est-il? – Il est neuf heures et quart.
What time is it? – It's a quarter past nine.
Il est arrivé à sept heures moins vingt-cinq.
He arrived at twenty-five to seven.

Note the use of the twenty-four hour clock with trains etc.:

00.10	Zéro heures dix
01.15	Une heure quinze
11.30	Onze heures trente
22.45	Vingt-deux heures quarante-cinq

Tableaux de conjugaison

A Verbes réguliers

	-er verbs	-ir verbs	-re verbs	Reflexive verbs
Infinitif (Infinitive)	donner *to give*	finir *to finish*	répondre *to answer*	se laver *to get washed*
Participes (Participles)	donnant donné	finissant fini	répondant répondu	(se) lavant (s'étant) lavé(e)(s)
Présent (Present)	je donne tu donnes il/elle/on donne nous donnons vous donnez ils/elles donnent	je finis tu finis il/elle/on finit nous finissons vous finissez ils/elles finissent	je réponds tu réponds il/elle/on répond nous répondons vous répondez ils/elles répondent	je **me** lave tu **te** laves il/elle/on **se** lave nous **nous** lavons vous **vous** lavez ils/elles **se** lavent
Imparfait (Imperfect)	je donnais tu donnais il/elle/on donnait nous donnions vous donniez ils/elles donnaient	je finissais tu finissais il/elle/on finissait nous finissions vous finissiez ils/elles finissaient	je répondais tu répondais il/elle/on répondait nous répondions vous répondiez ils/elles répondaient	je **me** lavais tu **te** lavais il/elle/on **se** lavait nous **nous** lavions vous **vous** laviez ils/elles **se** lavaient
Passé simple (Past historic)	je donnai tu donnas il/elle/on donna nous donnâmes vous donnâtes ils/elles donnèrent	je finis tu finis il/elle/on finit nous finîmes vous finîtes ils/elles finirent	je répondis tu répondis il/elle/on répondit nous répondîmes vous répondîtes ils/elles répondirent	je **me** lavai tu **te** lavas il/elle/on **se** lava nous **nous** lavâmes vous **vous** lavâtes ils/elles **se** lavèrent
Passé composé (Perfect)	j'**ai** donné tu **as** donné il/elle/on **a** donné nous **avons** donné vous **avez** donné ils/elles **ont** donné	j'**ai** fini tu **as** fini il/elle/on **a** fini nous **avons** fini vous **avez** fini ils/elles **ont** fini	j'**ai** répondu tu **as** répondu il/elle/on **a** répondu nous **avons** répondu vous **avez** répondu ils/elles **ont** répondu	je **me suis** lavé(e) tu **t'es** lavé(e) il/elle/on **s'est** lavé(e)(s) nous **nous sommes** lavé(e)s vous **vous êtes** lavé(e)(s) ils/elles **se sont** lavé(e)s
Plus-que parfait (Pluperfect)	j'**avais** donné tu **avais** donné il/elle/on **avait** donné nous **avions** donné vous **aviez** donné ils/elles **avaient** donné	j'**avais** fini tu **avais** fini il/elle/on **avait** fini nous **avions** fini vous **aviez** fini ils/elles **avaient** fini	j'**avais** répondu tu **avais** répondu il/elle/on **avait** répondu nous **avions** répondu vous **aviez** répondu ils/elles **avaient** répondu	je **m'étais** lavé(e) tu **t'étais** lavé(e) il/elle/on **s'était** lavé(e)(s) nous **nous étions** lavé(e)s vous **vous étiez** lavé(e)(s) ils/elles **s'étaient** lavé(e)s
Futur (Future)	je donnerai tu donneras il/elle/on donnera nous donnerons vous donnerez ils/elles donneront	je finirai tu finiras il/elle/on finira nous finirons vous finirez ils/elles finiront	je répondrai tu répondras il/elle/on répondra nous répondrons vous répondrez ils/elles répondront	je **me** laverai tu **te** laveras il/elle/on **se** lavera nous **nous** laverons vous **vous** laverez ils/elles **se** laveront
Conditionnel (Conditional)	je donnerais tu donnerais il/elle/on donnerait nous donnerions vous donneriez ils/elles donneraient	je finirais tu finirais il/elle/on finirait nous finirions vous finiriez ils/elles finiraient	je répondrais tu répondrais il/elle/on répondrait nous répondrions vous répondriez ils/elles répondraient	je **me** laverais tu **te** laverais il/elle/on **se** laverait nous **nous** laverions vous **vous** laveriez ils/elles **se** laveraient

Verbes réguliers – attention à l'orthographe!

With most *-er* verbs, as you can see on the previous page, you simply take the *-er* ending off the infinitive, and add the endings you need for a particular tense. (E.g. with ***donner*** you get *je donne, j'ai donné* and so on.) However, watch out for the spelling changes shown below.

Verbs with infinitives ending in *-yer* (note where the *y* changes to *i*) – e.g. *payer*

Présent *Present*	**Imparfait** *Imperfect*	**Passé simple** *Past historic*	**Futur** *Future*	**Conditionnel** *Conditional*
je paie			je paierai	je paierais
tu paies			tu paieras	tu paierais
il/elle/on paie			il/elle/on paiera	il/elle/on paierait
ils/elles paient			nous paierons	nous paierions
			vous paierez	vous paieriez
			ils/elles paieront	ils/elles paieraient

Verbs with infinitives ending in *-ger* (note the *e* is left in before an *a* or an *o*) – e.g. *manger*

Présent *Present*	**Imparfait** *Imperfect*	**Passé simple** *Past historic*	**Futur** *Future*	**Conditionnel** *Conditional*
nous mangeons	je mangeais	je mangeai		
	tu mangeais	tu mangeas		
	il/elle/on mangeait	il/elle/on mangea		
(Note also	ils/elles mangeaient	nous mangeâmes		
mangeant)		vous mangeâtes		

Verbs with infinitives ending in *-cer* (note the *c* changes to *ç* before an *a* or an *o*) – e.g. *commencer*

Présent *Present*	**Imparfait** *Imperfect*	**Passé simple** *Past historic*	**Futur** *Future*	**Conditionnel** *Conditional*
nous	je commençais	je commençai		
commençons	tu commençais	tu commenças		
	il/elle/on commençait	il/elle/on commença		
(Note also	ils/elles commençaient	nous commençâmes		
commençant)		vous commençâtes		

Verbs with infinitives ending in *-é* + consonant(s) + *er* (note where the *é* changes to *è*) – e.g. *espérer*

Présent *Present*
j'espère
tu espères
il/elle/on espère
ils/elles espèrent

Note: *-éger* verbs (e.g. *protéger*, to protect) change *é* to *è* in this way. They also follow the usual *-ger* pattern (see above), leaving in an *e* before *-ons* and *-ant* – e.g. *nous protégeons, protégeant*.

Acheter, mener, se promener, lever, peser (note where *e* changes to *è*) – e.g. *acheter*

Présent *Present*	**Imparfait** *Imperfect*	**Passé simple** *Past historic*	**Futur** *Future*	**Conditionnel** *Conditional*
j'achète			j'achèterai	j'achèterais
tu achètes			tu achèteras	tu achèterais
il/elle/on achète			il/elle/on achètera	il/elle/on achèterait
ils/elles achètent			nous achèterons	nous achèterions
			vous achèterez	vous achèteriez
			ils/elles achèteront	ils/elles achèteraient

Appeler, se rappeler, épeler, jeter (note where the *l* or *t* doubles) – e.g. *jeter*

Présent *Present*	**Imparfait** *Imperfect*	**Passé simple** *Past historic*	**Futur** *Future*	**Conditionnel** *Conditional*
je jette			je jetterai	je jetterais
tu jettes			tu jetteras	tu jetterais
il/elle/on jette			il/elle/on jettera	il/elle/on jetterait
ils/elles jettent			nous jetterons	nous jetterions
			vous jetterez	vous jetteriez
			ils/elles jetteront	ils/elles jetteront

C Verbes irréguliers

Infinitif *Infinitive* **Participes** *Participles*	**Présent** *Present*	**Imparfait** *Imperfect* **Passé simple** *Past historic*	**Passé composé** *Perfect* **Plus-que-parfait** *Pluperfect*	**Futur** *Future* **Conditionnel** *Conditional*
aller	je vais	j'allais	je suis allé(e)	j'irai
to go	tu vas			
	il/elle/on va			
allant	nous allons	j'allai	j'étais allé(e)	j'irais
allé	vous allez			
	ils/elles vont			
apercevoir, *to observe* – see **recevoir**				
apprendre, *to learn* – see **prendre**				
s'asseoir	je m'assieds	je m'asseyais	je me suis assis(e)	je m'assiérai
to sit down	tu t'assieds			
	il/elle/on s'assied			
asseyant	nous nous asseyons	je m'assis	je m'étais assis(e)	je m'assiérais
étant assis	vous vous asseyez			
	ils/elles s'asseyent			
avoir	j'ai	j'avais	j'ai eu	j'aurai
to have	tu as			
	il/elle/on a			
ayant	nous avons	j'eus	j'avais eu	j'aurais
eu	vous avez			
	ils/elles ont			
battre	je bats	je battais	j'ai battu	je battrai
to beat	tu bats			
	il/elle/on bat			
battant	nous battons	je battis	j'avais battu	je battrais
battu	vous battez			
	ils/elles battent			
boire	je bois	je buvais	j'ai bu	je boirai
to drink	tu bois			
	il/elle/on boit			
buvant	nous buvons	je bus	j'avais bu	je boirais
bu	vous buvez			
	ils/elles boivent			
comprendre, *to understand* – see **prendre**				
conduire	je conduis	je conduisais	j'ai conduit	je conduirai
to drive, lead	tu conduis			
	il/elle conduit			
conduisant	nous conduisons	je conduisis	j'avais conduit	je conduirais
conduit	vous conduisez			
	ils/elles conduisent			

Infinitif *Infinitive* **Participes** *Participles*	**Présent** *Present*	**Imparfait** *Imperfect* **Passé simple** *Past historic*	**Passé composé** *Perfect* **Plus-que-parfait** *Pluperfect*	**Futur** *Future* **Conditionnel** *Conditional*
connaître *to know* connaissant connu	je connais tu connais il/elle/on connaît nous connaissons vous connaissez ils/elles connaissent	je connaissais je connus	j'ai connu j'avais connu	je connaîtrai je connaîtrais
construire *to build* construisant construit	je construis tu construis il/elle/on construit nous construisons vous construisez ils/elles construisent	je construisais je construisis	j'ai construit j'avais construit	je construirai je construirais
convaincre, *to convince* – see **vaincre**				
courir *to run* courant couru	je cours tu cours il/elle/on court nous courons vous courez ils/elles courent	je courais je courus	j'ai couru j'avais couru	je courrai je courrais
couvrir *to cover* couvrant couvert	je couvre tu couvres il/elle/on couvre nous couvrons vous couvrez ils/elles couvrent	je couvrais je couvris	j'ai couvert j'avais couvert	je couvrirai je couvrirais
craindre *to fear* craignant craint	je crains tu crains il/elle/on craint nous craignons vous craignez ils/elles craignent	je craignais je craignis	j'ai craint j'avais craint	je craindrai je craindrais
croire *to believe* croyant cru	je crois tu crois il/elle/on croit nous croyons vous croyez ils/elles croient	je croyais je crus	j'ai cru j'avais cru	je croirai je croirais
cueillir *to pick,* *gather* cueillant cueilli	je cueille tu cueilles il/elle/on cueille nous cueillons vous cueillez ils/elles cueillent	je cueillais je cueillis	j'ai cueilli j'avais cueilli	je cueillerai je cueillerais
cuire, *to cook* – see **conduire**				
découvrir, *to discover* – see **ouvrir**				

Infinitif *Infinitive* **Participes** *Participles*	**Présent** *Present*	**Imparfait** *Imperfect* **Passé simple** *Past historic*	**Passé composé** *Perfect* **Plus-que-parfait** *Pluperfect*	**Futur** *Future* **Conditionnel** *Conditional*
décrire, *to describe* – see **écrire**				
détruire, *to destroy* – see **conduire**				
devenir, *to become* – see **venir**				
devoir *to have to;* *to owe* devant dû	je dois tu dois il/elle/on doit nous devons vous devez ils/elles doivent	je devais je dus	j'ai dû j'avais dû	je devrai je devrais
dire *to say* disant dit	je dis tu dis il/elle/on dit nous disons vous dites ils/elles disent	je disais je dis	j'ai dit j'avais dit	je dirai je dirais
disparaître, *to disappear* – see **paraître**				
dormir *to sleep* dormant dormi	je dors tu dors il/elle/on dort nous dormons vous dormez ils/elles dorment	je dormais je dormis	j'ai dormi j'avais dormi	je dormirai je dormirais
écrire *to write* écrivant écrit	j'écris tu écris il/elle/on écrit nous écrivons vous écrivez ils/elles écrivent	j'écrivais j'écrivis	j'ai écrit j'avais écrit	j'écrirai j'écrirais
s'endormir, *to go to sleep* – see **dormir** (**But** remember use of *être* in reflexive verbs)				
entretenir, *to maintain* – see **tenir**				
éteindre, *to extinguish, put out* – see **craindre**				
être *to be* étant été	je suis tu es il/elle/on est nous sommes vous êtes ils/elles sont	j'étais je fus	j'ai été j'avais été	je serai je serais
faire *to do;* *to make* faisant fait	je fais tu fais il/elle/on fait nous faisons vous faites ils/elles font	je faisais je fis	j'ai fait j'avais fait	je ferai je ferais

Infinitif *Infinitive*	**Présent** *Present*	**Imparfait** *Imperfect*	**Passé composé** *Perfect*	**Futur** *Future*
Participes *Participles*		**Passé simple** *Past historic*	**Plus-que-parfait** *Pluperfect*	**Conditionnel** *Conditional*
falloir	il faut	il fallait	il a fallu	il faudra
to be necessary				
fallu		il fallut	il avait fallu	il faudrait
joindre	je joins	je joignais	j'ai joint	je joindrai
to join	tu joins			
	il/elle/on joint			
joignant	nous joignons	je joignis	j'avais joint	je joindrais
joint	vous joignez			
	ils/elles joignent			
lire	je lis	je lisais	j'ai lu	je lirai
to read	tu lis			
	il/elle/on lit			
lisant	nous lisons	je lus	j'avais lu	je lirais
lu	vous lisez			
	ils/elles lisent			
mettre	je mets	je mettais	j'ai mis	je mettrai
to put	tu mets			
	il/elle/on met			
mettant	nous mettons	je mis	j'avais mis	je mettrais
mis	vous mettez			
	ils/elles mettent			
mourir	je meurs	je mourais	je suis mort(e)	je mourrai
to die	tu meurs			
	il/elle/on meurt			
mourant	nous mourons	je mourus	j'étais mort(e)	je mourrais
mort	vous mourez			
	ils/elles meurent			
naître	je nais	je naissais	je suis né(e)	je naîtrai
to be born	tu nais			
	il/elle/on naît			
naissant	nous naissons	je naquis	j'étais né(e)	je naîtrais
né	vous naissez			
	ils/elles naissent			
obtenir, *to obtain* – see **tenir**				
offrir	j'offre	j'offrais	j'ai offert	j'offrirai
to offer	tu offres			
	il/elle/on offre			
offrant	nous offrons	j'offris	j'avais offert	j'offrirais
offert	vous offrez			
	ils/elles offrent			
ouvrir	j'ouvre	j'ouvrais	j'ai ouvert	j'ouvrirai
to open	tu ouvres			
	il/elle/on ouvre			
ouvrant	nous ouvrons	j'ouvris	j'avais ouvert	j'ouvrirais
ouvert	vous ouvrez			
	ils/elles ouvrent			

Infinitif *Infinitive* **Participes** *Participles*	**Présent** *Present*	**Imparfait** *Imperfect* **Passé simple** *Past historic*	**Passé composé** *Perfect* **Plus-que-parfait** *Pluperfect*	**Futur** *Future* **Conditionnel** *Conditional*
paraître *to appear* paraissant paru	je parais tu parais il/elle/on paraît nous paraissons vous paraissez ils/elles paraissent	je paraissais je parus	j'ai paru j'avais paru	je paraîtrai je paraîtrais
partir *to leave* partant parti	je pars tu pars il/elle/on part nous partons vous partez ils/elles partent	je partais je partis	je suis parti(e) j'étais parti(e)	je partirai je partirais
peindre, *to paint* – see **craindre**				
permettre, *to permit* – see **mettre**				
plaire *to please* plaisant plu	je plais tu plais il/elle/on plaît nous plaisons vous plaisez ils/elles plaisent	je plaisais je plus	j'ai plu j'avais plu	je plairai je plairais
pleuvoir *to rain* pleuvant plu	il pleut	il pleuvait il plut	il a plu il avait plu	il pleuvra il pleuvrait
pouvoir *to be able* pouvant pu	je peux tu peux il/elle/on peut nous pouvons vous pouvez ils/elles peuvent	je pouvais je pus	j'ai pu j'avais pu	je pourrai je pourrais
prendre *to take* prenant pris	je prends tu prends il/elle/on prend nous prenons vous prenez ils/elles prennent	je prenais je pris	j'ai pris j'avais pris	je prendrai je prendrais
prévoir, *to forecast, to predict* – see **voir**				
produire, *to produce* – see **conduire**				
promettre, *to promise* – see **mettre**				
recevoir *to receive* recevant reçu	je reçois tu reçois il/elle/on reçoit nous recevons vous recevez ils/elles reçoivent	je recevais je reçus	j'ai reçu j'avais reçu	je recevrai je recevrais

Infinitif *Infinitive* Participes *Participles*	Présent *Present*	Imparfait *Imperfect* Passé simple *Past historic*	Passé composé *Perfect* Plus-que-parfait *Pluperfect*	Futur *Future* Conditionnel *Conditional*
reconnaître, *to recognise* – see **connaître**				
réduire, *to reduce* – see **conduire**				
remettre, *to put back* – see **mettre**				
reprendre, *to take back* – see **prendre**				
retenir, *to keep* – see **tenir**				
revenir, *to return* – see **venir**				
revoir, *to see again* – see **voir**				
rire *to laugh* riant ri	je ris tu ris il/elle/on rit nous rions vous riez ils/elles rient	je riais je ris	j'ai ri j'avais ri	je rirai je rirais
rompre *to break* rompant rompu	je romps tu romps il/elle/on rompt nous rompons vous rompez ils/elles rompent	je rompais je rompis	j'ai rompu j'avais rompu	je romprai je romprais
satisfaire, *to satisfy* – see **faire**				
savoir *to know;* *to know how* sachant su	je sais tu sais il/elle/on sait nous savons vous savez ils/elles savent	je savais je sus	j'ai su j'avais su	je saurai je saurais
sentir *to feel;* *to smell* sentant senti	je sens tu sens il/elle/on sent nous sentons vous sentez ils/elles sentent	je sentais je sentis	j'ai senti j'avais senti	je sentirai je sentirais
servir *to serve* servant servi	je sers tu sers il/elle/on sert nous servons vous servez ils/elles servent	je servais je servis	j'ai servi j'avais servi	je servirai je servirais
sortir *to go out* sortant sorti	je sors tu sors il/elle/on sort nous sortons vous sortez ils/elles sortent	je sortais je sortis	je suis sorti(e) j'étais sorti(e)	je sortirai je sortirais

Infinitif *Infinitive* **Participes** *Participles*	**Présent** *Present*	**Imparfait** *Imperfect* **Passé simple** *Past historic*	**Passé composé** *Perfect* **Plus-que-parfait** *Pluperfect*	**Futur** *Future* **Conditionnel** *Conditional*
souffrir *to suffer* souffrant souffert	je souffre tu souffres il/elle/on souffre nous souffrons vous souffrez ils/elles souffrent	je souffrais je souffris	j'ai souffert j'avais souffert	je souffrirai je souffrirais
sourire, *to smile* – see **rire**				
se souvenir de, *to remember* – see **venir**				
suivre *to follow* suivant suivi	je suis tu suis il/elle/on suit nous suivons vous suivez ils/elles suivent	je suivais je suivis	j'ai suivi j'avais suivi	je suivrai je suivrais
surprendre, *to surprise* – see **prendre**				
se taire *to be quiet* taisant tu	je me tais tu te tais il/elle/on se tait nous nous taisons vous vous taisez ils/elles se taisent	je me taisais je me tus	je me suis tu(e) je m'étais tu(e)	je me tairai je me tairais
tenir *to hold* tenant tenu	je tiens tu tiens il/elle/on tient nous tenons vous tenez ils/elles tiennent	je tenais je tins	j'ai tenu j'avais tenu	je tiendrai je tiendrais
traduire, *to translate* – see **conduire**				
vaincre *to defeat, beat* vainquant vaincu	je vaincs tu vaincs il/elle/on vainc nous vainquons vous vainquez ils/elles vainquent	je vainquais je vainquis	j'ai vaincu j'avais vaincu	je vaincrai je vaincrais
valoir *to be worth* valant valu	je vaux tu vaux il/elle/on vaut nous valons vous valez ils/elles valent	je valais je valus	j'ai valu j'avais valu	je vaudrai je vaudrais

Infinitif *Infinitive* **Participes** *Participles*	**Présent** *Present*	**Imparfait** *Imperfect* **Passé simple** *Past historic*	**Passé composé** *Perfect* **Plus-que-parfait** *Pluperfect*	**Futur** *Future* **Conditionnel** *Conditional*
venir *to come* venant venu	je viens tu viens il/elle/on vient nous venons vous venez ils/elles viennent	je venais je vins	je suis venu(e) j'étais venu(e)	je viendrai je viendrais
vivre *to live* vivant vécu	je vis tu vis il/elle/on vit nous vivons vous vivez ils/elles vivent	je vivais je vécus	j'ai vécu j'avais vécu	je vivrai je vivrais
voir *to see* voyant vu	je vois tu vois il/elle/on voit nous voyons vous voyez ils/elles voient	je voyais je vis	j'ai vu j'avais vu	je verrai je verrais
vouloir *to want* voulant voulu	je veux tu veux il/elle/on veut nous voulons vous voulez ils/elles veulent	je voulais je voulus	j'ai voulu j'avais voulu	je voudrai je voudrais

Vocabulaire français–anglais

A

(aux) Antilles *(f)* (in/to the) Caribbean
d' abord first
un abricot apricot
abrité(e) screened, shaded
abruti(e) stupid
être d' accord to be in agreement
accueillir to welcome, receive
faire des achats to go shopping
acheter to buy
l' addition *(f)* bill
un(e) adhérent(e) member
admettre to admit
adroit(e) skilful, deft
un(e) adversaire opponent
les affaires *(f pl)* belongings
affreux horrible
affronter to face up to, confront
(en) Afrique (to/in) Africa
agacer to annoy
une agence de voyages travel agency
un agenda diary
un(e) agriculteur/trice farmer
une aide familiale home help
un aigle eagle
une aiguille needle
ailleurs elsewhere
aimable kind
aîné(e) older, elder
ajouter to add
les alentours surroundings, neighbourhood
l' alimentation *(f)* food
(en) Allemagne (in/to) Germany
l' allemand *(m)* German
aller mieux to feel better
un aller-retour return ticket
un aller-simple single ticket
allumer to light (up)
une allure look, appearance
alors then
un amateur de lover of
améliorer to improve
amer/ère bitter
s' amoindrir weaken
une ampoule light bulb; blister
un ananas pineapple
ancien(ne) (before noun) former; (after noun) ancient
anémié(e) anaemic
l' anglais *(m)* English
(en) Angleterre (in/to) England
l' angoisse *(f)* anxiety
animé(e) lively
une année year
les annonces immobilières *(f pl)* property ads
à l' appareil on the telephone
apporter to carry
apprendre to learn
un(e) apprenti(e) apprentice
après-demain the day after tomorrow
l' argent de poche *(m)* pocket-money
une armoire wardrobe
s' arrêter to stop
les arrhes *(f pl)* deposit
l' arrivée arrival
un ascenseur lift
un aspirateur vacuum cleaner
une assiette plate
un atelier workshop
attendre to wait
faire attention to pay attention, to be careful
attirer to attract
une auberge de jeunesse youth hostel
(ne) aucun(e) none, no
augmenter to increase
un auteur author
autrefois in the past, before
(en) Autriche (in/to) Austria
autrui others
avant before
avant hier the day before yesterday
avare mean
un avenir future
avide greedy
(à mon) avis *(m)* (in my) opinion
un avocat lawyer

B

se bagarrer to fight
la baie de genièvre juniper berry
la baignoire bath (tub)
le bain-marie bain-marie (dish filled with water for cooking in oven)
baisser to lower
la banlieue suburbs
bas(se) low
en bas below, downstairs
le basket basketball
les baskets *(f pl)* trainers
le bâtiment building
battre to beat
bavard(e) talkative
bavarder to chat
le beau-frère step-brother, brother-in-law
le beau-père step-father, father-in-law
la belge Belgian language
(en) Belgique (in/to) Belgium
la belle-mère step-mother, mother-in-law
la belle-soeur step-sister, sister-in-law
avoir besoin de to need
la bêtise stupidity
le béton concrete
bientôt soon
la bille marble
le billet note; ticket
bizarre odd
tu blagues! you're kidding!
la boisson drink
la boîte box, tin; night club
le bol bowl
bon marché cheap
bonne chance! good luck!
le bord edge
au bord de la mer by the sea
les bottines *(f pl)* boots
la bouche mouth
le boucher(ère) butcher
la boucle curl; buckle; loop
bouclé(e) wavy
bouder to sulk
la boue mud

la bouffée puff
bouger to move
bouilli(e) boiled
un boulange(ère) baker
le boulot *(slang)* job, work
la boum *(slang)* party
la bousculade rush, crush
la boussole compass
au bout de at the end of
le bouton button; spot
(en) Bretagne (in/to) Brittany, Britain
le brevet certificate
bricoler to do odd jobs/DIY
la broderie embroidery
le brouillard fog, mist
la brousse bush
le bruit noise
brûler le feu rouge to jump the red light
(à) Bruxelles (in/to) Brussels
bruyant(e) noisy
le bulletin report
le bureau de renseignements tourist information office
le but aim, goal
le/la buveur/se drinker

C

la cabine fitting room; phone booth
le cabinet médical surgery
la cacahuète peanut
se cacher to hide
le cadeau present
le cadre context
la caisse pay point, till
le/la caissier(ère) cashier
le/la camarade friend
le caméscope camcorder
le canard duck
la cantine school canteen
car because
le car de ramassage school bus
à carreaux checked
le carrefour crossroads
la carte routière road map
la case box
le casse-pieds nuisance, pain in the neck
casser to break
casser les pieds à quelqu'un to get on somebody's nerves
la cave cellar
la ceinture belt
célèbre famous
célibataire single
le cendrier ashtray
le centre commercial shopping centre
cérébral(e) cerebral, of the brain
la cerise cherry
le cerveau brain
ceux/celles qui those who/which
le chahut uproar
la chaîne-stéréo hi-fi system
la chaleur heat
chaleureux/se warm
se chamailler to bicker
la chambre d'hôte bed and breakfast
le champ field
le championnat championship
la chance luck
le chantier building site
chaque each
la chasse hunting
le chauffage heating
le chauffagiste heating engineer
le chèque de voyage travellers' cheque
les cheveux *(m pl)* hair
chiant(e) *(slang)* damned annoying
le chiffre figure, number
la chimie chemistry
chimique chemical
(en) Chine (in/to) China
choisir to choose
le choix choice
au chômage unemployed
le/la chômeur(se) unemployed person
le chou cabbage
la choucroute sauerkraut
chouette great, fantastic
le chou-fleur *(pl* **choux-fleurs***)* cauliflower
le/la cinéaste film-maker
le/la citoyen(ne) citizen
la claque smack
le clignotant indicator
la cloche bell
le clou de girofle clove
cocher to tick
la cocotte-minute pressure cooker
le coin corner
collant(e) clinging
coller to stick
le collier necklace
la colonie de vacances children's holiday camp
combien how many
la commande order
commencer to start
comment how
commenter to discuss, comment on
le/la commerçant(e) tradesperson
la commune rurale rural district
se complaire à to take pleasure in
comporter to consist of
se comporter to behave
composter to stamp, date (ticket)
le comprimé tablet
y compris including
compter to count
le concours competition
conduire to drive
la confiance confidence
se confier à (quelqu'un) to confide in (someone)
la confiserie sweets
la confiture jam, marmalade
le congé holiday
le congélateur freezer
connu(e) known
consacrer à to devote to, spend on
le Conseil council
conseiller to advise
les conseils *(m pl)* advice
la consigne (automatique) left-luggage lockers
le consommateur consumer
le contenu contents
contraire opposite
contre against
convenable acceptable
les coordonnées *(f pl)* details, name and number
coriace tough
le corps body

le/la correspondant(e) pen-pal
corrigé(e) corrected
à côté de beside
le cou neck
la couche layer
la couette duvet, continental quilt
couiner to whine
d'un seul coup all at once
le coup d'oeil glance
la cour yard, playground
le courrier éléctronique email
le cours class, lesson, course; exchange rate
la course race
faire les courses to do the shopping
court(e) short
le couteau knife
côuter to cut
la craie chalk
craquer to crunch, crack
la cravate tie
créer to create
crevé(e) punctured
croire to believe
croiser to pass, meet (by chance)
les crudités *(f pl)* raw vegetables
cru(e) raw
la cuiller(ère) spoon
en cuir made of leather
cuire to cook
le/la cuisinier/ière cook
cuit(e) cooked

D

le danois Danish language
le dauphin dolphin
débarrasser to clear
débordant(e) (de) overflowing (with)
debout standing
débraillé(e) untidy, scruffy
au début at the beginning
la décharge discharge
décongeler to defrost
découvrir to discover
décrire to describe
décrocher to pick up (telephone)
défaire to unpack
la défense defence; tusk (of elephant)
défense de (fumer) (smoking) forbidden
les dégâts *(m pl)* damage
dégoûtant(e) disgusting
dégueulasse *(slang)* revolting
le déguisement fancy dress
dehors outside
démontrer to show, demonstrate
le dentifrice toothpaste
dépasser to exceed
dépenser to spend
en dépit de despite
le dépliant brochure
déprimé(e) depressed
depuis for, since
déranger to disturb
déraper to skid
dernier/ière last, latest
dès from
désemparé(e) distraught
être désolé(e) to be sorry
le dessin drawing, art
le dessin animé animated cartoon
en dessous de underneath
au- dessus de above
la détente relaxation
devenir to become
deviner to guess
la devise currency
les devoirs *(m pl)* homework
le dévouement devotion, dedication
digne (de) worthy (of)
diriger to run, be in charge of
discuter to discuss
se disputer to argue
dissiper to disperse, clear away
le divertissement entertainment
les dommages *(m pl)* damage
quel dommage what a shame
donc so, therefore
la douane customs
doué(e) (de) gifted (with)
doux/ce gentle, sweet
le dramaturge playwright
le drap sheet
le drapeau flag
le droit right; law
drôle funny
dur(e) hard
durer to last

E

l' eau *(f)* water
un écart gap
une écharpe scarf
les échecs *(m pl)* chess
une éclaircie sunny spell
économiser to save (up)
écossais(e) Scottish
(en) Ecosse (in/to) Scotland
un écran screen
un écrivain writer
l' écume *(f)* scum
une écurie stable
(à) Edimbourg (to/in) Edinburgh
effectuer to do, carry out
effilé(e) sharpened
également also, too
un égoïste selfish person
un égout sewer
égoutter to drain
l' électrotechnique *(f)* electrical engineering
s' éloigner to distance oneself, go away
élu(e) elected
l' emballage *(m)* packaging
emballer to wrap up
une émission (TV/radio) programme
empêcher to prevent
s' empêtrer to get caught up
un emplacement site
un emploi job
un emploi du temps timetable
emporté(e) quick to get angry
l' encaustique *(f)* polish
enchanté delighted
l' encre *(f)* ink
encroûté(e) in a rut
s' endormir to fall asleep
un endroit place
s' énerver to get angry
l' enfer *(m)* hell
s' engager to commit oneself
enlever to remove

ennuyeux/se boring
une **enquête** inquiry
enregistrer to record
être **enrhumé(e)** to have a cold
enrichissant(e) fulfilling
l' **enseignement** *(m)* teaching, education
ensuite then
entendre to hear, understand
s' **entendre** to get on
enterrer to bury
entêtant(e) heady
l' **entêtement** *(m)* stubbornness
entier/ière whole
entraîné(e) dragged along
s' **entraîner** to train
une **entreprise** company, firm
envahir to invade
à l' **envers** on the other side; back to front
avoir **envie (de)** to feel like
environ about
aux **environs (de)** in the region (of)
s' **envoler** to fly away
envoyer to send
épeler to spell
les **épinards** *(m pl)* spinach
éplucher to peel
l' **épouvante** *(f)* terror
une **épreuve** test, paper; (sporting) event
épris(e) smitten, in love
équilibré(e) balanced
une **équipe** team
l' **équitation** *(f)* horse-riding
un **érable** maple
(en) **Espagne** (in/to) Spain
l' **espagnol** Spanish
un **esprit** spirit
essayer to try
l' **essence** *(f)* petrol
l' **essuie-glace** *(m)* windscreen wiper
essuyer to wipe
un **établissement** establishment
un **étage** floor
une **étape** stage (in a race, etc.)
un **état** state
(aux) **Etats-Unis** *(m pl)* (in/to the) United States
une **étiquette** label
une **étoile** star
étranger/ère foreign
un(e) **étranger/ère** foreigner
à l' **étranger** *(m)* abroad
étriqué(e) tight fitting
étroit(e) narrow
les **études** *(f pl)* schooling, studies
étudier to study
évidemment of course
éviter to avoid
évoquer to evoke
exigeant(e) demanding
expliquer to explain
extensible extendable

F

fabriquer to produce
en **face de** opposite
se **fâcher** get angry
facile easy
faible weak
fantaisiste fanciful, fantasy
la **farine** flour
il **faut** you have to/must
la **faute** fault
le **faux-filet** sirloin steak
le **faux-semblant** sham, pretence
félicitations! congratulations!
le **fer** iron
le (jour) **férié** (public) holiday
la **fermeture** closing
la **fermeture éclair** zip
la **fête foraine** funfair, carnival
le **feuilleton** serial, soap opera (TV)
les **feux** *(m pl)* traffic lights
la **fiche** form
s'en **ficher** not to care less
fidèle faithful
le **fier-à-bras** braggart
fier/fière proud
la **fierté** pride
le/la **fils/fille unique** only child
finlandais Finnish
(en) **Finlande** (in/to) Finland
flairer to scent, smell
la **flèche** arrow
le **fleuve** river (flowing into sea)
le **foie** liver
la **fois** time
foncé(e) dark
foncer to charge
au **fond de** at the end/bottom of
la **force** strength
la **formation** training
formidable fantastic
la **formule** formula; set menu
fort(e) en good at
le **fouet** whisk, whip
fouetter to whisk
fougueux/se fiery
fouiller to search, rummage through
le **fouillis** muddle, mess
la **fouine** snooper
le **four** oven
le **four à micro-ondes** microwave oven
le/la **fourbe** deceitful rogue
fourrer *(slang)* to stick, put
le **foyer** entrance hall, home
les **frais** *(m pl)* costs
la **fraise** strawberry
la **framboise** raspberry
la **frange** fringe
frappant(e) striking
frapper to hit, strike
le **frein** brake
les **fringues** *(f pl) (slang)* gear, clothes
frisé(e) curly
le **fromage** cheese
le **front** forehead
les **fruits de mer** *(m pl)* seafood
la **fumée** smoke
fumer to smoke

G

la **gaffe** blunder
le/la **gagnant(e)** winner
gagner to win, earn
le **gallois** Welsh (language)
le **gant** glove
le **garagiste** mechanic
le **garçon d'honneur** best man
garder to look after, keep
la **gare routière** bus station
le **gars** *(slang)* lad

le gaspillage waste
gaspiller to waste
geler to freeze
gémir to groan
gêné(e) embarrassed
gêner to embarrass, bother
génial! great!
le genou knee
le genre type
les gens *(m pl)* people
gentil(le) kind
le gîte (holiday) lodge
le glaçon ice cube
glisser to slide, slip
se goinfrer *(slang)* to make a pig of oneself
la gomme rubber
la gorge throat
le/la gosse kid
le goût taste
le goûter snack, tea
la grande surface hypermarket
gratuit(e) free
le grec Greek language
la grille table, grid
grossir to get fat, put on weight
le guêpier wasp's nest
la guerre war
le guichet pay-desk, position (train station)

H

s' habiller to get dressed, dress
un(e) habitant(e) inhabitant
d' habitude usually
s' habituer à to get used to
hacher to mince
harceler to harass
un Harpagon Scrooge
en hausse on the increase
haut de gamme up-market
la hauteur height
le haut top, height
heurter to hit, run into
se hisser to haul oneself up
le hollandais Dutch language
un horaire timetable, schedule
un(e) horticulteur/trice gardener
l' huile *(f)* oil
humiliant(e) humiliating

I

idolâtrer to idolise
une image picture
l' immatriculation *(f)* registration number
un immeuble block of flats
l' immobilier *(m)* property, real estate
s' impatienter to be/get impatient
impitoyable pitiless
n' importe où no matter where
un imperméable raincoat
impuissant(e) impotent
inconnu(e) unknown
un inconvénient drawback, disadvantage
l' infirmier(ère) nurse
l' informaticien(ne) computer operator
les informations *(f pl)* news
l' informatique *(f)* computer studies
ingrat(e) ungrateful
inquiéter to worry
s' inquiéter to be/get worried
un instant moment
un(e) instituteur/trice primary school teacher
insuffisant(e) inadequate, poor
interdire (qch à quelqu'un) to forbid (someone to do something)
interdit(e) forbidden
interpréter to play (a role)
inutile useless, pointless
l' irlandais *(m)* Irish
(en) Irlande (in/to) Republic of Ireland
(en) Irlande du Nord (in/to) Northern Ireland
(en) Italie (in/to) Italy
l' italien *(m)* Italian

J

ne jamais never
le jambon ham
le jardinage gardening
en jean made of denim
tous les jours every day
Joyeux Noël! Happy Christmas!
jumeau/elle twin
jumelé(e) twinned
le jus juice
jusqu'à until
juste fair, just

L

là-bas over/down there
le labo laboratory
laid(e) ugly
en laine woollen
laisser faire (quelqu'un) to give (someone) a free rein
laitier/ière dairy
la langue language, tongue
le lapin rabbit
le lard de poitrine fumé smoked streaky bacon
large wide
larmoyer to water, run (eyes)
le lavabo wash basin
la laverie automatique launderette
le lave-vaiselle dishwasher
la leçon de conduite driving lesson
la lecture reading
léger(ère) light
le légume vegetable
le lendemain next day
lentement slowly
la lessive washing powder
se lever to get up
la librairie bookshop
libre free, unoccupied
avoir lieu to take place
le linge washing, laundry
lisse soft
faire le lit to make the bed
livrer to deliver
le livret booklet
loin far
le livre book
le loisir leisure, hobby
longtemps (for) a long time
le lotissement housing estate
le long de along, the length of
louer to rent
lourd(e) heavy (going)
le loyer rent

M

le maçon builder
le grand magasin department store

le maillot de bain swimming costume
la mairie town hall
le maïs maize
le maître nageur swimming instructor
donner mal au coeur (à quelqu'un) to make (someone) feel sick
se faire mal to hurt oneself
le/la malade invalid, ill person
maladroit(e) clumsy
malheureusement unfortunately
malin(e) crafty, clever
mal payé(e) badly paid
la manche sleeve
la Manche Channel
manquer (de) to lack
le marché market
la marche à pied walking
marrant(e) funny
j'en ai marre! I'm fed up with it!
le marronnier chestnut tree
la matière subject
le matin morning
mauvais(e) bad, wrong
la méchanceté spitefulness
méchant(e) malicious, spiteful, naughty
le médecin doctor
meilleur better
le/la meilleur(e) best
le mélange mixture
mélanger to mix
même same
en même temps que at the same time as
le mépris scorn
faire le ménage to do the housework
la Mer du Nord North Sea
mériter to deserve
la météo weather forecast
le métier job, trade
le meuble piece of furniture
le meurtre murder
à mi-temps part-time
le Midi south of France
le midi mid-day
le miel honey
mieux better
le mieux best
mille thousand
mince slim
le miroir mirror
moche awful, ugly
la mode fashion
le/la modéliste designer
moins less
au moins at least
le moins least
moins que less than
moitié ... moitié ... half ... and half ...
mon Dieu! my God!
le monde world
tout le monde everyone
la monnaie change, currency
la montgolfière hot-air balloon
montrer to show
se moquer de to make fun of, laugh at
la moquette carpet
le morceau piece, bit
la mosquée mosque
le mouchoir handkerchief
mouillé(e) wet
mourir to die
la moutarde mustard
le mouton sheep
le moyen (de) way, means (of)
moyen(ne) medium
la moyenne average
le mur wall

N

nager to swim
la naissance birth
naître to be born
la natation swimming
le naufrage shipwreck
ne ... ni ... neither ... nor ...
(je suis) né(e) (I was) born
néfaste harmful
la neige snow
nettoyer to clean
neuf/neuve new
névrosé(e) neurotic
le niveau level, class
le Noël Christmas
la noix walnut
(en) Norvège (in/to) Norway
la note mark
nourrir to feed
la nourriture food
nouveau/elle new
le nouvel an New Year
le noyau stone, kernel
le nuage cloud
nul(le) useless, awful
le numéro de poste extension number
la nuque nape of the neck

O

les objets trouvés *(m pl)* lost property
occupé(e) occupied, busy
occuper to take up (space)
l' odeur smell
un oeil (*pl* **yeux**) eye
mon oeil! my foot! pull the other one!
un oeuf à la coque boiled egg
une oeuvre work (of art)
une oie goose
un oiseau bird
un ongle fingernail
opiniâtre opinionated
un orage storm
un ordinateur computer
les ordures *(f pl)* rubbish
une oreille ear
un oreiller pillow
l' orientation *(f)* direction, specialisation
l' orthographe *(f)* spelling
un os bone
oser to dare
oublier to forget
un ours bear
ouvrier/ière worker

P

le palmier palm tree
le pamplemousse grapefruit
le panier basket
en panne broken (down)
le panneau (road) sign
le pansement bandage
le pantalon pair of trousers
le papier hygiénique toilet paper
le Pâques Easter
le parapente paragliding
pareil(le) the same
paresseux/se lazy
parfois sometimes
le parfum flavour, scent

parler to speak
parmi among
la parole word
parsemer (de) to sprinkle (with)
de la part de qui? who is speaking?
partager to share, divide
à partir de from
partout everywhere
la passade passing fancy
les passe-temps *(m pl)* hobbies
passer to spend (time), pass
se passer to take place, happen
passionnant(e) fascinating
les pâtes *(f pl)* pasta
patienter to wait
la pâtisserie pastry, cake shop
le/la patron(ne) owner, boss
la pause de midi lunch break
le pavillon (suburban) house
le pays country, countryside
(aux) Pays-Bas (in/to the) Netherlands
(aux) Pays de Galles (in/to) Wales
le paysage scenery, countryside
la pêche fishing; peach
le/la pédiatre children's doctor
le/la peintre painter
la peinture painting
peler to peel
la pellicule film (for camera)
la pelouse lawn
la peluche soft toy
la pelure peel, skin
pendant during
pendant que while
le pendentif pendant
la pension (complète) full board
perdre to lose
permettre (à quelqu'un de ...) to allow, enable (someone to ...)
personne (ne ...) nobody
la perte loss
le/la petit(e) ami(e) boyfriend/girlfriend
la petite annonce small ad
le pétrolier oil tanker
la physique physics
la pièce de théâtre (theatre) play
à pied on foot
le piège trap
la pile battery
la pince à ongles nail clippers
la pincée pinch
piquer to nettle, sting
le placard sign, cupboard
la plage beach
se plaindre to complain
plaire (à quelqu'un) to please (someone)
plaisant(e) pleasant, amusing
la plaque chauffante hotplate
la plaquette block, pat (of butter)
plat(e) flat, level
le plat du jour dish of the day
le plat principal main course
pleurer to cry
pleuvoir to rain
plier to fold
le plombier plumber
la plongée (sous-marine) (scuba) diving
le/la plongeur/se washer up
la pluie rain
la plupart (de) most (of)
le plus the most
plus de/que more than
ne ... plus no longer, no more
plusieurs several
plutôt rather
le poids weight
le poignet wrist, cuff
la pointure (shoe) size
la poire pear
le polar detective story/film
poli(e) polite
(en) Pologne (in/to) Poland
polyvalent(e) able to do many different jobs
les pommes allumettes French fries
les pommes vapeur boiled potatoes
le pommier apple tree
le pont bridge
le pop (musique) pop music
le portefeuille wallet
porter to wear, carry
le portrait-robot photo-fit picture
le portugais Portuguese
(en) Portugal (in/to) Portugal
poser to lie, sit
posséder (une matière) to master (a subject)
le pot jar, pot
le potage soup
la poubelle rubbish, waste
la poule hen, fowl
le poulet chicken
le pouls pulse
le poumon lung
le pourboire tip
poursuivre to follow, pursue
pourtant however, but
faire pousser to grow
poussiéreux/se dusty
pouvoir to be able to
préconisé(e) recommended
préféré(e) favourite
prendre to take
prendre garde à to be careful of, watch out for
prendre la relève to take over (from someone)
prendre rendez-vous to arrange a meeting
le prénom Christian name
tout près really near
présenter (quelqu'un) to introduce (someone)
le préservatif condom
presque almost
la pression pressure; draught beer
prêter to lend
se prévaloir de to take advantage of
les prévisions *(f pl)* estimates
le principal principal, head
prier d'agréer (mes meilleurs salutations) yours sincerely

le printemps spring
le prix price; prize
le/la prochain(e) next
profiter (de) to take advantage (of)
faire des promenades to take a walk
promettre to promise
le promontoire promontory
le pronom pronoun
proposer to offer
propre clean
protéger to protect
en provenance de originating from (i.e. train)
la publicité advertising
puis then

Q

le quai bank (of a river), quayside
le quart d'heure quarter of an hour
le quartier quarter, district
faire les quarts to work shifts
ne … que nothing except …
quelque chose something
quelquefois sometimes
quelqu'un someone
la queue tail; queue
la quincaillerie hardware shop
les quinze jours *(m pl)* fortnight
quitter to leave

R

le rabat-joie killjoy
le racket bullying
raconter to tell (story)
le raisin grape
avoir raison to be right
avoir raison de quelqu'un to get the better of someone
la randonnée walk, ramble, hike
ranger to tidy; put away
se rappeler to remember
le rapport relationship
rater to miss
être ravi(e) to be delighted
le rayon department; shelf
réagir to react
recevoir to receive
la recherche research, search
la récompense reward
réconfortant(e) comforting
reconnaissant(e) grateful
reconnaître to recognise
la récré break, playtime
être reçu(e) à to pass (an exam)
reculer to reverse, step back
la rédaction editing, editorial team
redémarrer to restart an engine
rédiger to write, compose, edit
redoubler to repeat a school year
réduit(e) reduced
se refermer to close again
regarder to look
le régime diet
la règle ruler
les reins *(m pl)* kidneys, small of one's back
se faire remarquer to stand out
rembourser to refund
remercier to thank
s'en remettre à quelqu'un to leave something in someone's hands
remplacer to replace
rempli(e) de full of, filled with
remplir to fill
remuer to stir, move
rencontrer to meet
se rencontrer to meet, to occur
le rendez-vous meeting, appointment
renifler to sniffle
les renseignements *(m pl)* information
rentrer to get home
le repassage ironing
repasser to iron
le répondeur answering machine
répondre to reply
la réponse reply
résoudre to resolve
le/la responsable person in charge
ressembler à (quelqu'un) to resemble, look like (someone)
ressentir to feel
rester to stay, to remain
le retard delay
en retard late
la retraite retirement
se retrouver to meet (up)
la réunion meeting
réussir to succeed
le rêve dream
le réveil alarm clock
revenir to return
rêver to dream
le rez-de-chaussée ground floor
le rhume cold
le rideau curtain
de rien you're welcome, with pleasure
ne … rien nothing
rigoler to laugh
rigolo funny, comical
rire to laugh
le rire laugh
le riz rice
la robe dress
le robinet tap
les Rocheuses *(f pl)* the Rockies
le rock rock music
le roman novel
romanesque romantic
le rondpoint roundabout
rôti(e) roasted
la roue wheel
rougir to blush
le rouleau roll
roux/rousse red hair
(au) Royaume-Uni (in/to the) United Kingdom
la ruche beehive
la rumeur rumour

S

le sac à dos rucksack
sain(e) healthy
la saison season
le salaire salary
sale dirty
la salle hall
la salle d'attente waiting room
la salle de bains bathroom
la salle à manger dining room

la salle de séjour living room
le salon drawing room
salut! hi!
le sang blood
la santé health
satisfaisant(e) satisfactory
sauf unless, except
le saut à la corde/à l'élastique bungee jumping
sauvage wild
le sauveteur lifeguard
savoir to know
le savon soap
la séance performance
le seau bucket
sec/seche dry
au secours! help!
au sein de within
le séisme earthquake
le séjour stay
selon according to
la semaine week
sensass! fantastic!, sensational!
la sensibilité sensitivity
sentir to feel; smell
se sentir to feel (e.g. tired)
se serrer (of heart) to flutter, feel a pang
la serviette towel
seulement only
le short shorts
le siège seat; headquarters
siffler to whistle
le singe monkey
la société company
la soeur sister
en soie made of silk
avoir soif to be thirsty
soigner to look after, nurse
le soir evening
la soirée evening, party
le solde sale
le sommeil sleep
la sortie exit
la sortie de secours emergency exit
sortir to leave, to go out
le souci worry
la soucoupe saucer
le souffle breath
souhaiter to wish
souligner to underline
la soupape value
sourire to smile
la souris mouse
le sous-sol basement
soutitré(e) subtitled
se souvenir (de) to remember
souvent often
le sparadrap sticking plaster
le spectacle play, show
sportif/ve sporty
le stade stadium
le stage course
le/la stagiaire trainee
le/la standardiste telephonist
subir to suffer
sucer to suck
(en) Suède (in/to) Sweden
le suédois Swedish
suggérer to suggest
(en) Suisse (in/to) Switzerland
tout de suite immediately
suivre to follow
sur le point de about to
surtout above all, especially
surveillant(e) de baignade lifeguard
survivre to survive
en sus in addition
sympa(thique) nice, kind
le syndicat d'initiative tourist information office

T

le tabac newsagent
le tabagisme addiction to smoking
le tableau notice-board
la tablette bar (of chocolate)
la tache mark, stain
la taille height, (clothes) size, waist
le taille-crayon pencil sharpener
tandis que while
taper to type
le tapis carpet
tapisser to line
tard late
la tartine slice of bread and butter
la tasse cup, mug
le taux rate
le/la technicien(ne) de surface floor cleaner
tel(le) such
tellement so; so much
la tentative attempt
terminer to end, to finish
le terrain pitch, court
le terrain de sport sports ground
le tiédeur warmth
le tiers third
le tilleul lime
le timbre stamp
timide shy
tirer to pull
le tiroir drawer
la tisane herbal tea
le tissu fabric
tomber amoureux/se (de) to fall in love (with)
avoir tort to be wrong
tôt early
toujours still, always
la tour tower
le tour turn
tourner un film to shoot a film
tousser to cough
tracer trace
traduire to translate
en train de (faire quelque'chose) in the middle of (doing something)
se traîner to hang around, drag oneself along
le trajet journey
la tranche slice, layer
travailler to work
travailler à mi-temps to work part-time
les travaux légers *(m pl)* small jobs
les travaux ménagers *(m pl)* housework
à travers across
la traversée crossing
trempé(e) soaked
le tricotage knitting
trimestriel(le) termly
la trisaïeule great-great-grandmother
triste sad

se tromper to make a mistake, be mistaken
trop too
le trou hole
la trousse pencil case
la trousse de premiers secours first-aid kit
trouver to find
se trouver to be situated
le truc thing
tutoyer to use the **tu** form

U
une usine factory
utile useful
utiliser to use

V
les grandes vacances *(f pl)* summer holidays
varié(e) varied
vautré(e) slouched
le veau veal, calf
la vedette film star
la veille the day before
le/la vendeur/se salesperson
venez-ici/viens ici come here
le vent wind
le ventre stomach, belly
vérifier to check
le verre glass
vers towards
verser to pour, shed (tears)
version française (of film) dubbed into French
version original (of film) in original language
la veste jacket
les vêtements *(m pl)* clothes
la viande meat
vide empty
vieillir to grow older
la viennoiserie bread and buns
le vin wine
le visage face
vite quickly
vivre to live
voici here is, are
la voie track (e.g. train), way, route
voilà there is, are
se voir to be seen
la voiture car
la voix voice
voler to steal, to fly
vouloir to wish, want
vouloir dire to mean
vouvoyer to use the **vous** form
vrai(e) correct, true
vraiment really, truly

W
le wapiti wapiti (type of moose)

Y
les yeux *(m pl)* eyes

Z
zut! *(slang)* gosh!, blimey!

Phrases utiles

Est-ce que je peux ... ?	May I ... ?
Je ne comprends pas	I don't understand
Il/Elle ne comprend pas	He/She doesn't understand
Je ne le sais pas	I don't know
Est-ce que vous pouvez m'aider?	Can you help me?
Je n'ai pas de ...	I haven't a/any ...
Il/Elle a pris mon/ma/mes ...	He/She has taken my ...
C'est à quelle page?	Which page is it on?
J'ai fini	I have finished
Je n'ai pas fini	I haven't finished
Qu'est-ce que je fais maintenant?	What do I do now?
Comment ça s'écrit en français?	How do you spell that in French?
Qu'est-ce que c'est en anglais?	What is that in English?
J'ai besoin ...	I need ...
d'une feuille de brouillon	some scrap paper
d'un petit dico	a dictionary
d'un(e) partenaire	a partner
d'un livre/d'un crayon	a book/a pencil
d'une cassette/d'une disquette	a cassette/a disk

Vocabulaire anglais–français

Starred words are verbs. The French translations are given in the infinitive and the past participle: **ajouter/ajouté**. If a verb takes **être** in the perfect and the past participle agrees with the subject, this is shown as follows: **aller/allé(e)**. To indicate the gender (masculine/feminine) of French nouns, the definite article (**le/la**) is usually given, but for those which begin with a vowel the indefinite article (**un/une**) is given where appropriate.

A

a un/une
* **to be able** pouvoir/pu
I can je peux
* **to add** ajouter/ajouté
advantage un avantage
(I am) afraid of (j'ai) peur de
after après
afternoon un(e) après-midi
again encore une fois
against contre
agreed d'accord
I agree je suis d'accord
alone seul(e)
also aussi
* **to annoy** énerver/énervé
another encore un(e)
they are ils/elles sont (*from* être)
are you? es-tu? êtes-vous? (*from* être)
* **to arrive** arriver/arrivé(e)
* **to ask** demander/demandé
average moyen(ne)

B

bad mauvais(e)
bag le sac
* **to be** être/été
beautiful/nice beau/belle
because parce que
bedroom la chambre
before avant
behind derrière
* **to believe** croire/cru
beside à côté de
better mieux, meilleur(e)
between entre
boss le/la chef
boy le garçon
boyfriend le petit ami
building site le chantier
busy occupé(e)
but mais
* **to buy** acheter/acheté

C

camera un appareil (-photo)
* **to carry/wear** porter/porté
career le métier
careers advice l'orientation (*f*)
cellar la cave
(I am) cold (j'ai) froid
the cold le froid
country (= countryside) la campagne; (= **state**) le pays

D

day le jour, la journée
dear cher/chère
* **to deliver** livrer/livré, distribuer/distribué
department (in a firm) le service; **(in a shop)** le rayon
(it) depends (ça) dépend (*from* dépendre)
disadvantage un inconvénient
* **to do** faire/fait
* **to drink** boire/bu

E

each/every chaque
each one chacun(e)
* **to eat** manger/mangé
especially surtout
evening le soir, la soirée
this evening ce soir
every day tous les jours
except sauf
excuse me pardon
* **to explain** expliquer/expliqué
extension (phone) le poste

F

factory une usine
far loin
fat gros(se)
favourite préféré(e)
field le champ
* **to fill** remplir/rempli
fir tree le sapin
firm la société, l'entreprise (*f*)
first premier/première
on the first floor au premier étage
flower la fleur
for (me) pour (moi)
forest la forêt
free (= without ties) libre; (= **no charge**) gratuit(e)
friend le copain/la copine, un(e) ami(e)
in front of devant

G

* **to get by** se débrouiller/débrouillé(e)
I got by je me suis débrouillé(e)
* **to get on** s'entendre/entendu
we get on well nous nous entendons bien
girl la fille
girlfriend la petite amie
* **to give** donner/donné
* **to go** aller/allé(e)
I go je vais
* **to go out** sortir/sorti(e)
I go out je sors
good bon(ne)
graph le graphique
ground floor le rez-de-chaussée

H

* **to have** avoir/j'ai eu
I have j'ai
I haven't a ... je n'ai pas de ...
have you? as-tu? avez-vous?
* **to have to** devoir/j'ai dû
I have to je dois
you have to il faut
(I have a) headache (j'ai) mal à la tête
he il
* **to help** aider/aidé
her son/sa/ses
his son/sa/ses
home/at my house chez moi
horse le cheval (*pl* chevaux)
house la maison
how? comment?
(I am) hungry (j'ai) faim

I

if si
ill malade
immediately tout de suite
in dans
in France/in Canada en France/au Canada
is est (*from* être)

J

job un emploi